suhrkamp taschenbuch 218

In diesem Band schildert Siegfried Unseld seine Begegnungen mit Hermann Hesse. Erinnerungen und Berichte über literarische und persönliche Begegnungen wechseln mit Dokumenten Hesses, in denen sich ein Stück Verlagsgeschichte spiegelt, die Geschichte der Beziehung Hermann Hesses zu seinem Verlag und zu seinen Verlegern.

Siegfried Unseld, 1924 geboren, promovierte mit einer Arbeit »Hermann Hesses Anschauung vom Beruf des Dichters«, wurde in der Nachfolge von Peter Suhrkamp Hermann Hesses Verleger. 1973 erschien von ihm »Hermann Hesse, eine Werkgeschichte«.

Siegfried Unseld

Begegnungen mit Hermann Hesse

Suhrkamp

Erstausgabe

suhrkamp taschenbuch 218
Erste Auflage 1975

Druck: Ebner, Ulm · Printed in Germany
Umschlag nach Entwürfen
von Willy Fleckhaus und Rolf Staudt

Für Hilde

Vorbemerkung

Dieses Buch möchte Erinnerungen sammeln und gleichzeitig ein Zeugnis der Dankbarkeit sein. Fast drei Jahrzehnte durfte ich mich mit Hermann Hesse beschäftigen, in persönlichen Begegnungen mit ihm in Montagnola, in Bern und in Sils Maria und in Begegnungen mit seinem Werk als Leser, Doktorand, Kritiker, Editor und Verleger. In einer »Werkgeschichte« legte ich die Entstehung seines Werkes dar und zeigte den biographischen Hintergrund, auf dem es entstand. Das jetzige Buch möchte von Einsichten, Erfahrungen und Erlebnissen berichten, die sich mir aus der Beschäftigung und der Begegnung mit Hermann Hesse ergaben. In die Erinnerungen sind auch Briefe Hesses eingefügt, die, bislang unbekannt, ein Stück Verlagsgeschichte, die Beziehung Hermann Hesses zu Peter Suhrkamp und seinem Verlag, belegen.
Die Texte eines solchen Erinnerungsbuches können nicht einheitlich sein, sie sind zu verschiedenen Zeiten und zu verschiedenen Anlässen entstanden. Überschneidungen konnten nicht immer vermieden werden, denn immer wieder beziehen sich Überlegungen auf Grunderlebnisse zurück. Daß dieses Buch jetzt erscheint, hat sicherlich auch persönliche Gründe, die im Lebenslauf seines Verfassers liegen; er kann sich darauf berufen, daß auch für Josef Knecht der Gedanke, ein Buch zu schreiben, »etwas köstlich Lockendes« hatte; worauf es Knecht dann ankäme, das wäre »der Ton, ein Ton nicht der Belehrung, sondern der freundschaftlichen Mitteilung und Aussprache über dies und jenes, was ich erfahren und gelernt zu haben glaube«. Dieses Buch erscheint aber auch zu einem Zeitpunkt, zu dem die Durchsicht und die Aufarbeitung des Nachlasses von Hermann Hesse neue Beschäftigungen und neue wissenschaftliche Untersuchungen möglich und erforderlich machen.

Frankfurt, 28. September 1974 S. U.

Inhalt

Meine erste Begegnung

Meine erste Begegnung mit Hermann Hesse ist ganz unmittelbar mit der deutschen Stunde Null verbunden. 21 Jahre alt, stand ich 1945 buchstäblich vor einem Nichts. Zwar hatte ich einen dreieinhalbjährigen Kriegsdienst physisch heil überstanden, obschon ich mancherlei Gefahren zu überwinden, zu durchschwimmen, zu durchstehen hatte. Im Unglück hatte ich immer das größtmögliche Glück. Die Gefangenschaft blieb mir durch günstiges Geschick erspart. Der Heimkehrer von 1946 stand zwar vor seiner durch Bomben zerstörten heimatlichen Wohnung in Ulm, aber seine Familie schuf sich durch harte Arbeit wieder eine wenn auch durch Umstände bedingte bescheidene Existenz. Damals räumte man allerorts in großen Aktionen den Bombenschutt beiseite, in der vagen Hoffnung, daß wieder Leben aus den Ruinen entstünde. Doch mit dem anderen Schutt, den das Bewußtsein mit sich herumschleppte, war weit schwieriger fertig zu werden. Nachdem die Devise der letzten Kriegszeit, »Überstehn ist alles«, sich erfüllt hatte, nachdem die erste Euphorie, tatsächlich Überlebender zu sein, sich in den Alltagssorgen des ersten Nachkriegsjahres aufgelöst hatte, wurde jenes bis heute weder zu verdrängende noch zu vergessende geistige Vakuum deutlich und schmerzlich spürbar, jenes Bewußtsein von Schuld und Scham und persönlichem Versagen, jenes Wissen, persönlich nie schuldig geworden zu sein und doch auch nichts beigetragen zu haben, was das hätte verhindern oder auch nur schwächen können, was damals im deutschen Namen geschah. Ich hatte nichts getan, was ich mir vorwerfen mußte, wenig aber auch, was mir jetzt in der Stunde Null hätte helfen können. Ich existierte und wußte nicht worauf hin. Erst allmählich, mit der »Wandlung« der Zeit, wuchs ein Wollen, dessen Ziel unklar blieb, und entstand die Gewißheit, nie mehr für eine politische Diktatur bereit zu sein; die Berichte von den Nürnberger Kriegsverbrecher-Prozessen und die beiden Bücher des Jahres 1946, Pliviers »Stalingrad« und Kogons »SS-Staat«, trugen das Ihre dazu bei.

Ich wußte nicht, was ich werden wollte. Der Wunsch der Mutter, ihr Sohn möchte Medizin studieren, scheiterte an den damaligen Numerus-clausus-Bedingungen der Universitäten, meine Lust dazu war ohnehin nicht groß. Für eine Zeitlang geisterte die Idee, Schauspieler zu werden, in mir herum. Dann besuchte ich, obschon ich das Notabitur besaß, noch einmal, um ein reguläres Abitur abzulegen, meine alte Schule; sie trug wieder, zum zweiten Mal, einen neuen Namen; erst war sie nach einem Flüßchen meiner Kindheit benannt, der Blau, dann nach einer Nazigröße meiner Jugend, und schließlich mutierte sie wieder demokratisch: ein Steinchen im Mosaik deutscher Geschichte.

Neu an der Schule waren auch die Lehrer, nur der Mathematikprofessor und der Kunsterzieher waren noch die alten, die anderen wiesen auf dem Fragebogen der amerikanischen Militärregierung braune Flecken auf und durften, zumindest in dieser ersten Nachkriegszeit, die lautstark unter dem Zeichen eines »Umerziehungsprozesses« stand, nicht lehren und durften und konnten wohl auch nicht den Schülern das neue demokratische Pensum beibringen. So mußte auch meine Schule auf ältere, ausgediente Lehrer zurückgreifen, und einer von ihnen wurde mein Lehrer für Deutsch, Professor Eugen Zeller.

Er war ein in jeder Hinsicht ungewöhnlicher Pädagoge. Er lehrte nicht so sehr, er erzählte Beispiele. Der fast Achtzigjährige besaß natürliche Autorität, und an ihr zerstob jener Spott und jene Gleichgültigkeit, die Schüler immer dann an den Tag legen, wenn etwas anders ist als das Gewohnte oder Gewollte. Eugen Zeller führte uns an die Probleme des Tages, an die Probleme unserer geistigen Desorientierung, indem er uns Vorgänge aus der Literaturgeschichte erzählte: wie Dichter Notzeiten überwanden und wie sie sie in ihren Werken gestaltet haben. Zeller erzählte von jenen Romanen, in denen der innere und äußere Werdegang eines Menschen bis zur Reifung der Persönlichkeit sich in der Auseinandersetzung mit der Umwelt vollzog; von ihm angeregt las ich damals den »Anton Reiser«, den »Ofterdingen«, Jean Pauls »Titan«, Eichendorffs »Ahnung und Gegenwart« und, mit besonderer Intensität, Kellers »Grünen Heinrich«. Drei Dichter jedoch spielten im intellektuellen Haushalt des Professor Zeller die größte Rolle: Goethe, Mörike und Hermann Hesse; die Kenntnisse ihrer Werke durften nicht benotet werden. »Wilhelm Meisters Lehrjahre« und der »Maler Nolten« waren heilige Schriften für ihn, über sie durften keine Aufsätze geschrieben werden. Ob Eugen Zeller damals jenen Beitrag kannte, den Hesse auf Bitten von Romain Rolland 1932 für die Zeitschrift »Europe« mit dem Titel »Dank an Goethe« schrieb, oder ob er ihm unbekannt war, jedenfalls handelte er aus diesem Geist. »Wenn ich eine Schule oder Hochschule zu leiten hätte«, schrieb Hesse damals, »so würde ich die Lektüre Goethes verbieten und sie als höchste Belohnung den Besten, Reifsten, Wertvollsten vorbehalten. Sie würden mit Erstaunen entdecken, wie unmittelbar er heute den Leser vor die große Frage des Heute stellt, vor die Frage Europas.« Eugen Zeller vermittelte mir als erster Lehrer die Einsicht, daß die Elemente einer Dichtung aus Hingabe, Liebe und Ehrfurcht bestehen und daß über diese Erfahrung sich Dichtung dem Leser leichter erschließt als über die anderen Wege.

Wenn ich mich recht entsinne, war Hermann Hesse der einzige zeitgenössische Autor, von dem Eugen Zeller sprach, dessen Werke er gelesen und gesammelt hatte und mit dem der zehn Jahre Ältere fast fünfzig Jahre in brieflichem Kontakt stand. Sie haben sich wohl bei jener ersten Dichterlesung Hermann Hesses in Ulm kennengelernt; in einem Brief mit dem Datum von 1949/1950 erinnert sich Hesse, daß er damals im Restaurant »Zur schwarzen Henne« in Ulm mit Zeller die Nacht durchzecht habe; in der »Nürnberger Reise« erzählt Hesse von seinem Aufenthalt in Ulm. Zeller hat von dieser persönlichen Begegnung wenig gesprochen; ihm lag das Werk am Herzen. Beharrlich wiederholte er uns dem Krieg Entkommenen, wie Hesse die Jahre 1918 und 1919 erlebte. Auch damals war eine Situation des totalen Zusammenbruchs, des Verlustes eines Deutschlands, für das sich gerade die jüngere Generation gläubig geopfert hatte. Zeller erzählte vom Buche »Demian«, das unter dem Pseudonym Emil Sinclair 1919 erschienen war, und von seiner elektrisierenden Wirkung auf die Jugend. Hesse schrieb über »jene brennende Epoche«, über »das Hinsterben einer schönen und unwiederbringlichen Welt, das erst schmerzliche, dann innig bejahte Erwachen zu einem neuen Verstehen der Welt und Wirklichkeit, das Aufblitzen einer Einsicht in die Einheit im Zeichen der Polarität, des Zusammenfallens der Gegensätze, wie es vor tausend Jahren die Meister des ZEN in China auf magische Formeln zu bringen versucht haben«.

Eugen Zeller las uns dann aus jener Flugschrift vor, die Hesse ebenfalls 1919 veröffentlichte: »Zarathustras Wiederkehr. Ein Wort an die deutsche Jugend. Von einem Deutschen«. Dieser Flugschrift war ein Motto Friedrich Nietzsches vorangestellt, das mit den Sätzen endete: »Krankheit ist jedesmal die Antwort, wenn wir an unserem Recht auf unsere Aufgabe zweifeln wollen, wenn wir anfangen, es uns irgendworin leichter zu machen. Sonderbar und furchtbar zugleich? Unsere Erleichterungen sind es, die wir am härtesten büßen müssen! Und wollen wir hintendrein zur Gesundheit zurück, bleibt uns keine Wahl: wir müssen uns schwerer belasten als wir je vorher belastet waren.« Zeller schilderte uns die Situation der Flugschrift: Unter den jungen Menschen in der Hauptstadt hatte sich das Gerücht herumgeflüstert, Zarathustra sei wieder erschienen; so machten sich einige Jünglinge, welche vom Krieg heimgekehrt und in der veränderten und umgestürzten Heimat voll Besorgnis waren, auf, um Zarathustra zu sehen, ihn zu fragen und seine Antworten zu hören. Und dann las uns Zeller von Zarathustras Ansichten vor, vom Schicksal; vom Leiden und vom Tun; von der Einsamkeit; vom Deutschen; über Spartacus und über Weltverbesserung. Nicht selten wirkte Zeller für uns als ein solcher Zarathustra, und wir jungen Leute waren begierig nach seiner Erfahrung. In der ersten nicht mehr anonymen Ausgabe dieser Flugschrift von 1920, also ein Jahr nach dem ersten Erscheinen, schrieb Hesse über die damalige Zeit: »Es gab einmal einen deutschen Geist, einen deutschen Mut, eine deutsche Mannhaftigkeit, welche sich nicht nur im Herdenlärm und der Massenbegeisterung äußerte. Der letzte große Geist dieser Art ist Nietzsche gewesen, und er ist, inmitten des damaligen Gründertums und der damaligen Herdengesinnung, in Deutschland zum Anti-Patrioten und Anti-Deutschen geworden. An ihn will mein Ruf erinnern, an seinen Mut, an seine Einsamkeit. Statt des Herdengeschreis, dessen weinerliche jetzige Note um nichts lieblicher ist als während der ›großen Zeit‹ seine großmäulige und brutale es war, will dieser Ruf die Geistigen unter der deutschen Jugend an einige einfache, unerschütterte Tatsachen und Erfahrungen der Seele erinnern. Möge jeder sich zum Volk und zur Allgemeinheit verhalten wie Bedürfnis und

Gewissen es ihm eingibt – wenn er darüber sich selbst, seine eigene Seele versäumt, so wird es wertlos sein. Erst wenige im verarmten und besiegten Deutschland haben begonnen, das Weinen und Schimpfen als unfruchtbar zu erkennen und sich tüchtig und mannhaft zu machen für das, was kommen soll. Erst wenige haben eine Ahnung von dem Verfall des deutschen Geistes, in dem wir lang vor dem Kriege schon lebten. Wir müssen nicht hinten beginnen, bei den Regierungsformen und politischen Methoden, sondern wir müssen vorn anfangen, beim Bau der Persönlichkeit, wenn wir wieder Geist und Männer haben wollen, die uns Zukunft verbürgen. – Davon spricht meine kleine Schrift.«

»Wir müssen vorn anfangen.« Das war auch mein Gefühl und meine Erfahrung des Jahres 1946. Freilich, wie das zu bewerkstelligen sei, wußte ich nicht. So erhoffte ich mir von der Lektüre des Werkes Hesses Rat und Aufschluß.

Wenn das Leben eines Menschen richtig angelegt ist, so gibt es anfänglich immer wieder Zufälle; irgendwann ereignet sich eine Initialzündung, der dann nur noch Kettenreaktionen folgen. Für mich hatte sich diese Initialzündung in der Lektüre und in der Auseinandersetzung mit dem Werk Hesses ergeben.

Ich hatte seinen Namen vordem nie gehört, oder nur ein einziges Mal flüchtig und doch nicht ohne Eindruck. Eine Freundin hatte mir im vorletzten Kriegsjahr zur Ägäis-Insel, auf der ich Funkdienst ausübte, ein Bündel handschriftlich abgeschriebener dichterischer Texte geschickt, Gleichnisse von Tschuang Tse, Zitate von Platon, Maximen französischer Moralisten, Gedichte von Hölderlin, Nietzsche, George und dann ein Gedicht mit dem Titel »Im Nebel«; dieses Gedicht lernte ich auswendig, weil es meine Situation beschrieb und die Erfahrung meines Augenblicks richtig ausdrückte; der Name des Verfassers sagte mir wenig, und ich vergaß ihn bald. Um so deutlicher wurde er mir nun unter dem Eindruck der Lektüre jetzt in diesen Jahren des Von-vorne-Beginnens. Ich besuchte eines Tages Eugen Zeller in seinem kleinen Häuschen in Schorndorf im Remstal. Dort war alles noch heil, und er hatte seine ganze Bibliothek über den Krieg hinweg gerettet. Hier standen sie nun, die Werke Hermann

Hesses, Buch um Buch, geordnet nach Erstausgaben und nach den Neudrucken in jener Gesamtausgabe, die S. Fischer hatte in blaues Leinen binden lassen. Aufs neue hatte ich das Erlebnis, was eine Bibliothek, die sinnvoll geordnet ist, bewirken kann: ein Leben mit Büchern; man läßt die Blicke streichen von Autor zu Autor, von Titel zu Titel, und irgendwann springt der eigene Geist, von fremden Träumen, Assoziationen und Erfahrungen geleitet, in die eigene Bahn. Angesichts der Fülle dieser Hesse-Bibliothek, ganz unter dem Eindruck der Lektüre der einzelnen Werke, die ich mir nun Buch für Buch von Eugen Zeller entliehen hatte, und ganz besonders unter der mich verändernden Wirkung des »Steppenwolfs« wuchs der Entschluß, »Hesse« studieren zu wollen, was immer auch das bedeuten konnte. Aus diesem Entschluß ergab sich der Wunsch, Literaturgeschichte an einer Universität zu studieren und möglichst über Hesse zu promovieren. Das war freilich reines Wunschdenken, denn an ein Studium an einer Universität war damals nicht zu denken. Dreimal wurde ich von der Universität Tübingen abgelehnt, dann aber – es ist eine Geschichte für sich – nahm mich derjenige Leiter des Universitätszulassungsausschusses auf, der mich dreimal abgelehnt hatte.

Dazwischen lag noch ein großes Lese-Ereignis. Zu den Kettenreaktionen meines Lebens gehört eine durch die Auseinandersetzung mit Hesse erreichte neue Aufgeschlossenheit für den intellektuellen Bereich. Als ich eine Gelegenheit erhielt, in einem literarischen Verlag in Ulm zu volontieren, ergriff ich sie am 1. Oktober 1946. Für Weihnachten desselben Jahres hatte der Suhrkamp Verlag als Buchereignis die erste deutsche Ausgabe des »Glasperlenspiels« angekündigt; die Auslieferung erfolgte im Zuteilungsverfahren. Von unserem Verlag wurden drei Exemplare bestellt; ich hatte die Bestellung mit einem Brief an den mir persönlich unbekannten, jedoch legendären Verleger Peter Suhrkamp geschrieben, in dem ich begründete, warum ich unbedingt dieses Buch lesen müßte; und das Wunder traf ein, nicht der Chef des Verlages, sondern der junge Adept bekam ein Exemplar des »Glasperlenspiels«; ich kann nicht beschreiben, was dieser »Besitz« für mich bedeutete; ich ließ die beiden Pappbände neu in Leder binden, damit sie dem zu erwartenden Gebrauch standhalten könnten. Die Lektüre dieses Buches war sicherlich ein solches Leseerlebnis, wie es sich im Leben nicht oft ereignen kann. In ihm war alles zusammengefaßt, was ein Mensch für dieses Dasein an intellektueller Hilfe benötigte, ein Buch, durch das ich mich und meine Situation, aber auch meine Möglichkeiten deutlicher sah und das mir Mut gab, von vorne anzufangen, in ungesicherte Regionen aufzubrechen, nicht an Berufsstudium und Karriere zu denken, sondern das zu machen, was mir persönlich wichtig war. Die Forderung Josef Knechts: »wir sollen heiter Raum um Raum durchschreiten, an keinem wie an einer Heimat hängen . . .« wurde zum Leitmotiv dieser Jahre. Und ich versuchte auch den Rat des Altmusikmeisters im »Glasperlenspiel« zu befolgen: »Du sollst dich nicht nach einer vollkommenen Lehre sehnen, sondern nach einer Vervollkommnung deiner selbst.«

Tübinger Hesse-Studien

Mein Studienbuch weist den Tag der Aufnahme an die Eberhard-Karls-Universität zu Tübingen mit dem 7. Oktober 1947 nach, meinen Abgang mit dem Ende des Wintersemesters 1950/51; sieben Semester notiert dieses Buch, doch im ersten Semester war ich noch in dem Ulmer Verlag, um mein Volontariat abzuschließen; dann arbeitete ich zwei Jahre, um das Geld für mein Studium zu verdienen, im Verlag J.C.B. Mohr, Paul Siebeck, Tübingen, ich war also vom zweiten bis zum fünften Semester Werkstudent und danke es heute noch Hans Georg Siebeck, daß er es mir ermöglichte, in den »Randstunden« der Mohrschen Arbeitszeit Vorlesungen und Seminare besuchen zu können; das sechste Semester studierte ich »frei«, dann schrieb ich meine Dissertation und gab sie am Ende des siebten Semesters ab. Dann verließ ich die Universität.

Da ich Hesses Werk studieren wollte, war das Studienfach Germanistik obligatorisch, ich mußte freilich unter den Tübinger Germanisten einen Lehrer finden, der ein so fast modisch-modernes Thema als Dissertation zuließ und der mich mit dieser Arbeit promovieren lassen wollte. Das Unternehmen war nicht einfach, da ich zeitlich beschränkt und in der Wahl meiner Studienfächer auch eigenwillig war. Aus Neigung studierte ich Philosophie bei Eduard Spranger, Walter F. Otto, Gerhard Krüger und vor allem bei Wilhelm Weischedel, aus Opportunitätserwägungen Bibliothekswissenschaft bei Georg Leyh, aus Pflichterfüllung mein Fach Germanistik bei Paul Kluckhohn und Hermann Schneider, den damaligen Matadoren des Fachs, und dann vor allem bei dem Lehrer, der meine Absicht und mein Thema akzeptierte, Friedrich Beißner; bei ihm erfuhr ich auch die Höhepunkte meines Fachs, seine »Poetik«-Vorlesungen, die mich über die Macht und Bedeutung dichterischer Form belehrten und sein Oberseminar »Die Editionstechnik historisch-kritischer Ausgaben«, dessen Details mich heute noch bei kniffligen editorischen Fragen sicher machen. Doch immer drängten meine Neigungen über die drei vorgezeichneten Studienfächer hinaus. Man kann sich heute kaum mehr vorstellen, wie tief die Aufgeschlossenheit der damaligen Studenten war gegenüber allgemeinen, im Politischen Orientierung gebenden Vorlesungen des Tübinger Studium generale. So waren

Eschenburgs »Einführung in die Bonner Verfassung« und Carlo Schmids Vorlesungen über Völkerrecht und Geschichte der Demokratie Orientierungsdaten. Ich entdeckte aber für mich noch einen anderen Studienzweig: im »Glasperlenspiel« fand ich immer wieder Hinweise auf chinesische Studien, auf die konfuzianische Tugendlehre und auf das große Orakelbuch »I Ging«. So studierte ich vier Semester lang chinesische Sprache und chinesische Philosophie; es waren immer vier oder fünf Leute, die mittags im kleinsten Hörsaal der Universität zusammenkamen, um den Dozenten Bünger über die Grundlagen des chinesischen Denkens, über die Philosophie in freier Bewegung, über Lao Tse und Konfuzius, über das »I Ging« und über Yin und Yang, über die Welt des Wechsels zu hören. Faszinierend waren die Lektüre und die Entzifferung der chinesischen Schriftzeichen; hätte ich in dieser Zeit nicht doch schon eine klare Vorstellung von meinem Berufe gehabt, so hätte mich wohl das Studium des Chinesischen als Lebensaufgabe anziehen können. Den Chinesen interessierten vornehmlich die Fragen der praktischen Wirklichkeit des Lebens, der Mensch ist der Mittelpunkt, die chinesischen Denker überprüfen die Stellung des Einzelnen in der Gemeinschaft, die Pflichten und Rechte der Menschen, die Normen menschlich gesellschaftlichen Lebens und die Probleme des Staatswesens in Verbindung mit den Künsten. Die alten Chinesen waren keine Systematiker, sie kennzeichnet eine freie Bewegung der Gedanken. Ausdruck dieser Haltung war und ist die chinesische Schrift; sie weicht von allen anderen Schriftarten und Sprachen insofern ab, als sie nicht das ausdrückt, was der Mund spricht, sondern was er unter einem gesprochenen Laut versteht; der Chinese schreibt nicht Buchstaben sondern Bildzeichen, die einen bestimmten Gegenstand oder Begriff bedeuten. 50 000 solcher Zeichen soll es geben! Dabei gibt es keine Grammatik, ein und derselbe Satz kann verschiedene grammatische Deutungen zulassen. Beim chinesischen Text kommt es also nicht darauf an, was der Autor sagen wolle, sondern was er denke. Diesen Denkinhalten müsse man als Übersetzender nachspüren. So gibt es immer wieder die verschiedensten Interpretationen der gleichen Zeichen. Man kann den Anfangssatz des Tao Te King so wiedergeben:

»Das Tao (der Weg), in dem man wandeln kann, ist nicht das ewige Tao; der Name, den man nennen kann, ist nicht der ewige Name.«

Man kann den Satz aber auch so übersetzen:

»Im Tao sollt ihr wandeln, es ist nicht ein gewöhnlicher Weg; seinen Ruhm sollt ihr rühmen, der ist kein gewöhnlicher Ruhm.«

Beide Versionen sind möglich, beide sind anders und doch ist keine falsch. Überhaupt war die Einheit der Gegensätze das vorherrschende Prinzip, ausgedrückt in den beiden Zeichen Yin und Yang, die die beiden mächtigen Weltpotenzen der Erde und des Himmels, des Dunklen und des Lichten bezeichnen. Ich bin sicher kein Meisterschüler geworden, ich habe keine höheren Weihen erreicht, aber eine Ahnung dieser großen Welt hat mich erfaßt, mit der wir uns im nächsten Jahrzehnt oder sicherlich im nächsten Jahrhundert auseinanderzusetzen haben; und es blieb für mich der Eindruck: Wo ai Chung-kuo-jen!

Höhepunkte meiner Tübinger Zeit waren Privatissima, so bei dem klassischen Philologen Walter F. Otto, der uns die Götter Griechenlands sehr diesseitig vorstellte; bei Carlo Schmid, der neben seinen öffentlichen Vorlesungen kleine literarische Zirkel abhielt; bei ihm, in den Diskussionen um Machiavelli und um Dante, habe ich gelernt, was Literatur sein kann. Was Philosophie sein kann, lernte ich bei Wilhelm Weischedel, in seinem Schülerkreis, der wöchentlich zusammentraf, und in den beiden philosophischen Ferien, in denen wir mit ihm Hegels »Phänomenologie des Geistes« und Heideggers »Holzwege« »mit heißem Bemühen« lasen und diskutierten.

Von Hermann Hesse war in all diesen Zirkeln und Bereichen nie die Rede. Die Moderne wurde an anderen literarischen Größen diskutiert, die Götter hießen Kafka, Faulkner, Hemingway, Virginia Woolf, Thomas Mann, T. S. Eliot (über den Hans Egon Holthusen in Tübingen einen vielbeachteten Vortrag hielt). Der Verfasser des Buches »Die Stadt hinter dem Strom«, das eben erschienen war, Hermann Kasack, kam nach Tübingen und hielt in dem überbesetzten Auditorium maximum der Universität einen Vortrag über die »Aufgabe der Dichtung«, der für mich ein erster Anstoß zur Formulierung meines Themas war. Tübingen war damals das, was man eine Hochburg der Germanistik nannte. Die 1948 im Verlag J.C.B. Mohr erschienene Festschrift »Paul Kluckhohn und Hermann Schneider. Gewidmet zu ihrem 60. Geburtstag. Herausgegeben von ihren Tübinger Schülern« war Summe und Bilanz; einzelne Beiträge, etwa Friedrich Beißners »Unvorgreifliche Gedanken über den Sprachrhythmus«, wurden von Studenten abgeschrieben und von Hand zu Hand gereicht. Noch konnten sich germanistische Studien in akademischer Freiheit vollziehen. Aber es gab ungeschriebene Gesetze der germanistischen Hierarchie. Um promovieren zu können, mußte man ein Doktorandenseminar besuchen. Die Aufnahme in diesen ausgewählten Kreis hing ab von der Note »Gut« in einem Oberseminar, und dieses war nur mit Note »Gut« im Mittelseminar, und dieses wiederum war nur mit den Noten »Gut« in den Proseminaren Neuere Literaturgeschichte, Mittelhochdeutsch und Althochdeutsch zu erreichen. Ich habe schon an anderer Stelle jenem Dozenten gedankt, der mir in den altsprachlichen Sparten mit der (unverdienten) Note »Gut« den Weg nach oben nicht versperrte.

Diesen Weg von Seminar zu Seminar, die glücklicherweise in den Spätnachmittagsstunden stattfanden und deshalb von mir besucht werden konnten, beschritt ich mit Referaten, in denen ich über spezifische Themen des Hesseschen Œuvres oder aus der Umwelt Hermann Hesses, von seinem Herkommen und seinem literarischen Vorleben berichtete. Mein erstes Referat »Eduard Mörike und sein Verhältnis zur schwäbischen Dichtung seit der Romantik« war schon in den Hintergrund Hesse eingebettet, und so auch die anderen Referate über den Begriff der Novelle und über den »Grünen Heinrich«. Drei Referate galten dem »Glasperlenspiel«, eine Untersuchung der ›Einführung‹, eine Studie dem Sprachmaterial und der Syntax und schließlich ein allgemeines Referat den Gestaltungsprinzipien des Werks. Sicherlich war dieses Fachstudium beschränkt, aber ich hatte ja tagsüber zu arbeiten, und so blieb für das Studium nur eine kurze Zeit und für die Lektüre der Werke Hesses nur der Abend und die Nacht. Immerhin war in meinem kleinen

Tübinger Zimmer eine vollständige Hesse-Bibliothek vorhanden, die ich mir vor und nach der Währungsreform erstanden hatte. Und Buch für Buch ging ich der Entwicklung dieses Schriftstellers nach und versuchte auch das zu lesen, was Hesse in bestimmten Zeiträumen beeindruckt und beeinflußt hatte: Goethe, die Romantiker, Jean Paul. So standen diese einem jungen Menschen sehr einprägsamen Jahre ganz im Zeichen von Hermann Hesse, und ich war damals bei meinen Mitstudenten als Hesse-Experte so bekannt wie Martin Walser, der ebenfalls bei Friedrich Beißner studierte und promovierte, als Experte für Franz Kafka.

Eines Tages wurde ich von dem Herausgeber der Tübinger »Studentischen Blätter«, Hans Bausch, aufgefordert, in seinem Blatt das »Glasperlenspiel« zu rezensieren. Ich kam der Aufforderung gerne nach. Mein Beitrag erschien im Oktober 1948.

Hermann Hesse: »Das Glasperlenspiel«
Eine Besprechung

Fünf Jahre sind nun vergangen, seit Hesses »Glasperlenspiel« im Verlag Fretz und Wasmuth in Zürich erschienen ist, nachdem alle Versuche, es in Deutschland zu veröffentlichen, fehlgeschlagen waren. Die deutsche Ausgabe, die der Suhrkamp Verlag in Berlin im Dezember 1946 vorlegte, wurde glücklich vorbereitet durch die Verleihung des Goethepreises an Hermann Hesse. Diese Auszeichnung ist mehr als nur ein Dank, den wir dem Dichter, dem beständigen Mahner und Warner schulden. Sie wirkt gleichsam als Symbol der innigen Verbundenheit, die Goethe und Hesse umschließt. »Das Glasperlenspiel« wurde zu Recht mit Goethes »Wilhelm Meister« verglichen; Goethes »pädagogische Provinz« ist im Bezirke Kastaliens Wirklichkeit geworden, ja man darf vielleicht sagen, daß das »Glasperlenspiel« in der Konzentration seiner Gedanken, in einer fast an Zauber grenzenden Verdichtung feinster psychologischer Studien und in dem durchweg musikalischen, ehrfürchtig-meditativen Ton wohl an Goethes Alterswerk heranreicht. »Wieder ist es ein abstraktes Buch geworden«, schreibt Hermann Hesse einmal und meint damit die im Jahre 1932 erschienene »Morgenlandfahrt«. Diesen Morgenlandfahrern, deren »Brüder weniger eine intellektuelle als eine seelische Zucht, eine Pflege der Frömmigkeit und Ehrfurcht« betrieben, widmet Hesse sein neues Buch. Und so will es auch verstanden werden: als letzte Entwicklung Hermann Hesses, als oberste Stufe seines reichen Schaffens, das ohne die unterste nicht das geworden wäre, was es ist. Wer aber Hesses verästelten, abstrakten und oft spekulativen Weg nicht mitzugehen gewillt ist, wem die Weisheit des alten China, die Frömmigkeit des alten Indien nicht vertraut sein mag, wem der Sinn für die großen Dialektiker von Heraklit über Nikolaus von Kues bis Hegel abgeht, der Sinn für die Einheit über den Gegensätzen, der lege dieses Buch beiseite, oder aber er wird in den Chor derjenigen mit einstimmen, die das Werk als skurril-abstrakte Spielerei eines Alternden abtun wollen.

Hermann Hesse schreibt als Krönung seines Lebens jene spezifische Art des deutschen Romans, die mit »Parcival« beginnt und über den »Simplicissimus«, »Wilhelm Meister«, »Maler Nolten«, »Grünen Heinrich« zum »Doktor Faustus« führt. Josef Knecht, die Hauptfigur des Romans, wird als Schüler, Lehrer und Spielmeister gezeigt. Hesse nimmt damit seine früheren literarischen Themen wieder auf (»Narziß und Goldmund«, »Unterm Rad«) und führt sie zu einer höheren Stufe; denn der Lebenslauf des Magister Ludi Josef Knecht ist doch nichts anderes als eine Überhöhung all jener Lebensbeschreibungen, die Hesse im »Camenzind« und im »Siddhartha« gibt. Und noch mehr: Da Hesses Werk sich nicht von seinem Leben trennen läßt, erkennen wir in Knechts Lebenslauf das Leben Hermann Hesses, widergespiegelt im Elemente von »Dichtung und Wahrheit«. Nicht umsonst trägt der Held der Geschichte den Namen »Knecht«, wie sich uns Hesse auch stets als der große Dienende am Reiche des Geistigen zeigt. Hesse zieht in diesem Werk die Summe seines Lebens; staunend und ergriffen zugleich durchwandern wir die Seiten dieses Buches.

Wie uns das Titelblatt unterrichtet, ist »Das Glasperlenspiel« der »Versuch einer Lebensbeschreibung des Magister Ludi Josef Knecht samt Knechts hinterlassenen Schriften, herausgegeben von Hermann Hesse«. Nach der Widmung an die Morgenlandfahrer folgt ein Motto in altfränkischem Latein. Sowohl die dunklen und geheimnisvollen Worte des Leitspruches wie der Autor Albertus Secundus sind erfunden. Was wollen sie uns wohl sagen? Es scheint mir, als würde uns Hesse zurufen: Ich, Hermann Hesse, Knecht, Diener am Reiche des Geistigen, will versuchen, euch zu zeigen, wie eure Welt, die nicht nur durch äußere Ereignisse, sondern auch durch eine innere Entwicklung zugrunde gegangen ist, wieder von innen her neugeordnet werden kann. »Frommen und gewissenhaften Menschen« wird die Einheit des Lebens, die »Verschwisterung von Wissenschaft und Kunst« offenbar werden. Dienet wie ich! Diesen rätselvollen Worten, die nur aus dem Gesamt des Werkes deutlich erklärbar sind, folgt der »Versuch einer allgemeinverständlichen Einführung« in die Geschichte des Glasperlenspiels, in jene Kunst der Künste, die es nie gegeben hat. »Versuch« und »allgemeinverständlich« nennt der Dichter seine Einleitung. Gerade diese Einleitung jedoch ist das wohl am schwersten Verständliche des ganzen zweibändigen Werkes. Hier verwirrt sich der Leser leicht. Diese Einleitung ist Irreführung *und* Deutung, zugleich aber auch aktuelle Kritik an der Kultur des zwanzigsten Jahrhunderts. Das Glasperlenspiel wird an der obersten Schule der »pädagogischen Provinz« Kastaliens gespielt. Die Glasperlenspieler, der Orden von wahrhaften Dienern am Geiste, nennen sich Kastalier, nach Kastalia, jener heiligen Quelle in Delphi, dem Sinnbild echter dichterischer Begeisterung. Der Orden der Glasperlenspieler ist hierarchisch gegliedert: In den niederen Schulen werden Wissenschaften und Künste, in Waldzell das Glasperlenspiel gelehrt, dessen oberster Leiter der Glasperlenspielmeister (Magister Ludi) ist. Dieser untersteht wiederum der obersten Erziehungsbehörde. Symbol dieser Hierarchie ist eben das Glasperlenspiel, das in den Jahresspielen besonders feierlich zelebriert wird. Höchste Pflicht der Ordensbrüder ist es, im Glasperlenspiel »die Wahrheit, d. h. das Streben nach Wahrheit« als obersten Glaubenssatz zu pflegen. In seiner Einleitung geht es Hesse nicht darum, die Technik des Spiels zu zeigen und das so oft erwähnte Instrument dem gespannt wartenden Leser genau zu schildern (er kann es gar nicht, da es ein solches nicht gibt), vielmehr aber will er uns den Sinn, den geistigen Gehalt deuten. Die Einleitung erklärt uns das Glasperlenspiel als »ein Spiel mit sämtlichen Inhalten und Werten unserer Kultur«. »Theoretisch ließe sich mit diesem Spiel der ganze geistige Weltinhalt im Spiele reproduzieren.« Es basiert auf der Mathematik und der Musik(wissenschaft) des 15. bis 18. Jahrhunderts, in der Hesse den »Extrakt und Inbegriff unserer Kultur« sieht. Vorgang des Spieles ist, alles Wissen und allen kulturellen Willen der Zeit »systematisch und synoptisch auf ein Zentrum hinzuordnen und zusammenzupassen« und mit ihnen zu spielen, »wie etwa in den Blütezeiten der Künste ein Maler mit den Farben seiner Palette gespielt haben mag«. Wie dies im einzelnen geschehen soll, darüber schweigt Hesse. Hier muß sich der Leser – und dies scheint mir für das Verstehen des Werkes wichtig zu sein – vollständig von einem äußeren Erscheinungsbild eines etwaigen Instruments freimachen, er muß jene abstrakte

Konstruktion in sich selbst abstrahieren und nur den Sinn des Spieles im Auge behalten: Das Glasperlenspiel als »Inbegriff des Geistigen und Musischen«, der »sublime Kult, die Unio Mystica aller getrennten Glieder der Universitas Litterarum«.

Und noch eines: Der Biograph Hermann Hesse transponiert das Leben seines Helden in die Zeit um 2300. In seiner Einleitung nun, in der er – uns irreführend – die Geschichte seines Spieles zu deuten sucht, setzt er sich mit unserem Zeitalter auseinander, das Hesse das feuilletonistische nennt; das Zeitalter einer brutalen Ungeistigkeit, eines verantwortungslosen Individualismus und Chauvinismus, der grausamen Kriege und Selbstzerfleischungen, die Zeit, in der sich der Geist jeder noch so utilitaristischen Machtpolitik unterordnete. Die Zeichen dieser Zeit sind »die öde Mechanisierung des Lebens, das tiefe Sinken der Moral, die Glaubenslosigkeit der Völker und die Unechtheit der Kunst«. Hier spüren wir ganz deutlich die aktuelle Nähe dieses angeblich so wirklichkeitsfernen Werkes. Das Wissen um den Verlust der geistigen Einheit der abendländischen Kultur und um die ihr deshalb drohende Auflösung mag der Grundantrieb gewesen sein, der Hesse zu dieser Dichtung veranlaßte.

Wenden wir uns nun dem Hauptteil des Werkes zu: der Lebensbeschreibung Josef Knechts. Seine Herkunft und äußere Erscheinung werden nicht näher beschrieben. Als einer unter vielen wächst er in den Eliteschulen heran. Was den jungen Schüler besonders auszeichnet, ist seine innige Neigung zur Musik. Von seinem Musiklehrer empfohlen, wird Knecht von dem Altmusikmeister des Ordens auf seine Eignung als Glasperlenspieler geprüft. Diese Prüfung – ihre Darstellung gehört zu den reifsten Studien Hessescher Prosa – wird für Knecht zur ersten Berufung. Nicht in einem Examen, das doch nur Fleiß und Verstand feststellen kann, wird der Schüler geprüft, sondern im harmonischen Musikspiel mit dem Musikmeister wird Knecht erwählt und seine Aufnahme in die Schule in Eschholz bestimmt. Der Altmusikmeister – der als einziger des Werkes namenlos bleibt, gleichsam als wolle Hesse damit das Überpersönliche dieser Gestalt dem Leser vor Augen führen – wacht auch weiterhin über die Ausbildung seines Zöglings, der zu den Begabtesten unter seinen Schülern gehört. Als Knechts Eintritt in den Orden bevorsteht, wird er von dem Altmusikmeister eingeladen. Es war dies eine große und seltene Ehre und für Knecht das zweite bedeutende Ereignis seines Lebens. In der Stunde eines beseligenden Zusammenspiels am Klavier führt der Meister den Schüler in die Kunst und Tiefe der Meditation ein; er spricht zu ihm das Wort, das wie ein Leitspruch über Knechts (und Hesses) Leben stehen könnte: »Du selbst sollst aber nie vergessen . . .: unsere Bestimmung ist, die Gegensätze richtig zu erkennen, erstens nämlich als Gegensätze, dann aber auch als die Pole einer Einheit . . . Jeder von uns ist nur ein Mensch, ein Unterwegs. Er soll aber dorthin unterwegs sein, wo das Vollkommene ist, er soll ins Zentrum streben, nicht an die Peripherie.«

In Waldzell, der höchsten Schule des Ordens, wird Josef Knecht zunächst in die Grundregeln des Glasperlenspiels eingeweiht, bis er dann von Schritt zu Schritt tiefer in das Wesen des Spieles eindringt. Noch einmal wird das Glasperlenspiel beschrieben – diesmal äußerlich – als ein System farbiger Glaskugeln. Gleichsam, als wollte uns ein Zauber vom Wege locken, wird die entsinnlichte Musik des 18. Jahrhunderts besonders betont, bis plötzlich ein Lichtstrahl in das geheimnisvolle Dunkel unserer Vorstellungen dringt, und wir begreifen, daß das Glasperlenspiel nur ein Gleichnis ist für jede reife schöpferische Fähigkeit. Dann erkennt man auch im Glasperlenspielmeister Thomas von der Trave die Züge Thomas Manns.

Das Glasperlenspiel

Musik des Weltalls und Musik der Meister
Sind wir bereit in Ehrfurcht anzuhören,
Zu reiner Feier die verehrten Geister
Begnadeter Zeiten zu beschwören.

Wir lassen vom Geheimnis uns erheben
Der magischen Formelschrift, in deren Bann
Das Uferlose, Stürmende, das Leben,
Zu klaren Gleichnissen gerann.

Sternbildern gleich ertönen sie kristallen,
In ihrem Dienst ward unserm Leben Sinn,
Und keiner kann aus ihren Kreisen fallen,
Als nach der heiligen Mitte hin.

Von Josef Knecht hören wir, wie er sich 1½ Jahre gänzlich der Musik verschreibt und wie er dann deutsche Philosophie studiert, insbesondere Leibniz, Kant und die deutschen Romantiker, »von denen ihn Hegel weitaus am stärksten anzog«. Auch hier dürfen wir an die Stelle von Knecht Hermann Hesse setzen. Immer wieder werden wir in dem Werk diese Selbstbetrachtungen finden. Dann aber zerreißt ein Mann von außen, Plinio Designori, die Stille von Knechts Studium. Designori ist der chevalereske Vertreter der »profanen« Welt, der Welt außerhalb Kastaliens. Er war ein feuriger, anmutiger Jüngling, mit großen rhetorischen Gaben ausgezeichnet. Mit scharfen Worten läuft er Sturm gegen die hochmütige Geistesaristokratie Kastaliens und wirft dem Orden alle Fehler und die Fragwürdigkeit seiner Existenz im politischen Sinne vor. Im Auftrage der Schule kommt es zwischen Knecht und Designori zu einem offiziellen Streitgespräch. Nach außen hin geht Knecht als der Sieger hervor. In Knechts Innern jedoch geschieht Merkwürdiges. Während er hervorragend die Belange Kastaliens vertritt und Designori keine Erklärung und nichts an Schärfe schuldig bleibt, wächst in seinem Innern plötzlich eine Unsicherheit gegen seine bisherige Welt, und er erkennt auch Richtiges und Wahres an der Haltung des andern. Jetzt erinnert sich Knecht auch wieder der Worte des Altmusikmeisters. Nun hat auch er seinen Gegenpol gefunden; er hatte von da an, wie der Biograph berichtet, heimlich viel zu leiden. In diesem Gedanken der Polarität müssen wir die Grundhaltung des Werkes erblikken; um ihn ranken sich alle inneren Spannungen (äußere Handlungen gibt es fast keine) wie die einzelnen Stimmen um eine Melodie. Aus jener Zeit, in der Knecht die Geistigkeit Kastaliens fragwürdig zu werden beginnt, finden wir seine Gedichte, die uns seine ganze Unsicherheit und Verzweiflung zeigen.

Mit 24 Jahren ist Knechts Schulzeit abgeschlossen, nun beginnen die Jahre des Studierens. Die Studenten konnten sich ihre Fächer frei wählen. Von der Erziehungsbehörde wurde nur jährlich einmal die Abfassung eines Lebenslaufes, einer fiktiven, in eine beliebige Zeit zurückverlegten Selbstbiographie verlangt. Es war dies eine »Übung, sich das eigene Ich in veränderter Lage und Umgebung vorzustellen«. Die drei erhaltenen Lebensläufe Josef Knechts führen in die vorgeschichtliche Zeit einer magischen Kultur (»Der Regenmacher«), in die frühchristliche Welt der Eremiten und Büßer (»Der Beichtvater«) und in die Hesse besonders vertraute Welt des alten Indien, mit seinen reich quellenden Daseinsströmen und seiner tiefen Erkenntnis vom Scheincharakter alles Seienden, aller Freude und alles Leids (»Indischer Lebenslauf«). Die Lebensbeschreibungen sind wohl das Schönste an diesem Werk, eine Bewertung, die bestimmt nicht leichtfällt. Die reife Kunst der Darstellung, der zarte Glanz, der über den Gleichnissen und Bildern liegt und die meditative Kraft östlicher Weisheit, die die Erzählungen ausströmen, verleihen ihnen wie auch dem ganzen Werke jenen einzigartigen Zauber, dessen nur ein Meister fähig ist. So verschieden die äußeren Geschehnisse dieser Lebensbeschreibungen sind, eines einigt sie: »Jenes Streben nach dem letzten Sinn alles Lebens, nach der Mitte alles Seins und nach der Vollendung des wahren Menschen.« Und damit ist zugleich der Sinn des ganzen Werkes ausgesprochen.

Doch wenden wir uns wieder Josef Knecht zu. Er wird feierlich in den Orden aufgenommen und steigt in der Hierarchie von Stufe zu Stufe. Längst zählt er zu der Elite der Glasperlenspieler, als ihn ein ehrenvoller Auftrag in das Benediktinerkloster Mariafels abberuft. Auch in Mariafels sind die äußeren Geschehnisse weniger wichtig. Wesentlich wird für Knecht die Begegnung mit Pater Jakobus, dem Historiker der Benediktiner. Auch dieser zeigt Knecht, der eben die kastalische Stufenleiter aufzusteigen beginnt, die ganze Fragwürdigkeit Kastaliens in seiner »dünnen sublimierten Atmosphäre« und seinem »gelehrt-artistischen Dasein«. Er stellt dem geschichtslosen reinen Sein der Kastalier die Geschichte und die Gegebenheiten der wirklichen Welt gegenüber. »Geschichte treiben heißt: sich dem Chaos überlassen und dennoch den Glauben an die Ordnung und an den Sinn bewahren.« Knecht hört und erkennt. Seine Augen sind schärfer geworden für die Schwächen Kastaliens. Wieder, wie bei seinem Waldzeller Wettstreit mit seinem Freunde Designori wächst in ihm der Zweifel an der Gültigkeit seiner Welt. Abermals verspürt Knecht diese Polarität als dauernden Rhythmus seines Lebens, und der Leser selbst wird immer tiefer in seine innere Auseinandersetzung einbezogen.

Während seines Aufenthalts in Mariafels stirbt mitten in dem feierlichen Jahresspiel der Glasperlenspielmeister Thomas von der Trave, und Knecht wird als sein Nachfolger zum Magister Ludi gewählt.

Bis zur obersten Stufe hat Knecht die Hierarchie nunmehr durchschritten. Als Glasperlenspielmeister vereinigt er in sich die höchste geistige Macht. Vorbildlich wirkt er in seinem Amt als Lehrer und Erzieher. Und doch vermehren sich in ihm die Zweifel. Designori, Pater Jakobus und die Worte des Altmusikmeisters hatten ihm den polaren Charakter des Lebens offenbart; die »Geschichte kann nicht ohne den Stoff und ohne die Dynamik der Sündenwelt, des Egoismus und des Trieblebens entstehen, und auch so sublime Gebilde wie das des Ordens werden aus dieser trüben Flut geboren und irgendeinmal von ihr wieder verschlungen«. Noch einmal durchleben wir mit Knecht alle Stationen seines Lebens: seine Berufung, seine Einführung in die Meditation durch den Altmusikmeister, seine Gespräche mit Designori und Pater Jakobus, die seinen Durst nach Wirklichkeit angeregt haben. Nun steht er als Magister Ludi auf dem Gipfel seiner Macht. Und doch sieht er sehr bald seinen richtigen Weg vor sich. Er erinnert sich an sein Jugendgedicht »Stufen«, in dem er in prophetischer Schau sein Leben vorweggenommen hatte:

Stufen

Wie jede Blüte welkt und jede Jugend
Dem Alter weicht, blüht jede Lebensstufe,
Blüht jede Weisheit auch und jede Tugend
Zu ihrer Zeit und darf nicht ewig dauern.
Es muß das Herz bei jedem Lebensrufe
Bereit zum Abschied sein und Neubeginne,
Um sich in Tapferkeit und ohne Trauern
In neue, andre Bindungen zu geben.

Und jedem Anfang wohnt ein Zauber inne,
Der uns beschützt und der uns hilft, zu leben.

Wir sollen heiter Raum um Raum durchschreiten,
An keinem wie an einer Heimat hängen,
Der Weltgeist will nicht fesseln uns und engen,
Er will uns Stuf' um Stufe heben, weiten.
Kaum sind wir heimisch einem Lebenskreise
Und traulich eingewohnt, so droht Erschlaffen,
Nur wer bereit zu Aufbruch ist und Reise,
Mag lähmender Gewöhnung sich entraffen.
Es wird vielleicht auch noch die Todesstunde
Uns neuen Räumen jung entgegensenden,
Des Lebens Ruf an uns wird niemals enden . . .
Wohlan denn, Herz, nimm Abschied und gesunde!

Knecht hatte Mut zu diesem Abschied. In einem Rundschreiben an seine Mitmagister bittet er um seine Entlassung als Spielmeister, die ihm aber von der Erziehungsbehörde nicht gewährt wird. In einem persönlichen Gespräch mit dem Ordensleiter, in dem noch einmal alle Probleme der kastalischen Geistigkeit aufklingen, vollzieht Knecht seine Trennung von Kastalien und wandert in die Welt hinaus.

Als einfacher Lehrer will er sich der Erziehung eines eigenwilligen Knaben, Tito, widmen und bezieht mit diesem ein Landhaus in den Bergen. Schwer ist der Knabe für den Unterricht zu gewinnen. Doch eines Morgens glaubt Knecht, ihm endlich nahegekommen zu sein. Als ihn der Knabe nach dem Unterricht zum Bad im umliegenden Bergsee auffordert, zögert Knecht nicht, um den Knaben nicht zu enttäuschen und das Angebahnte nicht wieder zu zerstören und folgt ihm in das kalte Naß. Eisig und lähmend umfängt es ihn. Und während er noch glaubte, »um die Seele des Knaben zu kämpfen«, kämpfte er schon mit dem Tode, »der ihn gestellt und zum Ringen umarmt hatte«. Mit Knechts Tod schließt das Werk.

Wie ist dieser Tod zu begreifen, wie dieses Ende zu verstehen? Wohl haben wir den polaren Rhythmus in Knechts Leben als unabänderliches Gesetz verfolgt, aber im Vertrauen auf die Einheit über den Gegensätzen hatten wir gehofft, daß sich die östliche Weisheit und die reine Geistigkeit Kastaliens mit den Gegebenheiten unserer Welt verschmelzen würden. Und nun dieser überraschende Tod! Doch hören wir, wie Hesse selbst diesen Tod aufgefaßt wissen will (zitiert nach einem Brief in der Neuen Rundschau, Stockholm, Heft 10, 1948): »Aber schließlich ist es gar nicht so wichtig, ob Sie es verstehen werden; ich meine: mit dem Verstande diesen Tod Knechts begreifen und billigen. Denn dieser Tod hat seine Wirkung auf Sie schon getan. Er hat in Ihnen, so wie er es in Tito getan hat, einen Stachel hinterlassen, eine nicht mehr zu vergessende Mahnung; er hat ein geistiges Gewissen in Ihnen erweckt oder bestärkt, welches weiter wirken wird, auch wenn die Zeit kommt, wo Sie mein Buch ... vergessen haben werden. Hören Sie nur auf diese Stimme, die jetzt nicht mehr aus einem Buche, sondern in Ihrem eigenen Innern spricht; sie wird Sie weiterführen.«

In Hesses »Glasperlenspiel« hat sich im Bilde der hierarchisch gegliederten Provinz Kastalien die seit dem Bewußtwerden des menschlichen Geistes wirkende Sehnsucht erfüllt: die Sehnsucht nach einem reinen und höheren Dasein. Die Worte Hermann Hesses aber sind für unsere Zeit gesprochen: »Es können Zeiten des Schreckens und tiefsten Elends kommen. Wenn aber beim Elend noch ein Glück sein soll, so kann es nur ein geistiges sein, rückwärts gewandt zur Rettung der Bildung früherer Zeit, vorwärts gewandt zur heiteren und unverdrossenen Vertretung des Geistes in einer Zeit, die sonst gänzlich dem Stoff anheimfallen könnte.« Und ein weiteres Wort richtet Hesse besonders an uns, an die studierende Jugend: »Du sollst dich nicht nach einer vollkommenen Lehre sehnen, sondern nach einer Vervollkommnung deiner selbst.« Dieses Streben zur Vervollkommnung und das Wissen, daß Wahrheit nicht doziert, sondern gelebt wird, ist Knechts und Hesses Ziel und sollte auch das unsere sein.

Erster Briefwechsel mit Hermann Hesse

Ein Freund bat mich, an Hesse meine »Glasperlenspiel«-Rezension zu schicken. Ich tat das, und damit begann eine Korrespondenz, die bis zum Tode Hesses nicht abreißen sollte. Die Anfänge waren geprägt von einer Meister-Schüler-Beziehung; die Briefe, die hier wiedergegeben werden, spiegeln vielleicht mehr, als ihr sachlicher Inhalt es vermag, die verehrende Haltung des Schülers wider, in jedem Fall aber die Souveränität des Meisters.

Ende Dezember 1948

Lieber Herr Unseld

Danke für Ihre freundliche Gabe. Ich habe Ihre Arbeit nur überfliegen können, ich bin alt und jeden Tag seit Jahren schwer überbürdet, meist mit Aufgaben, die mit Literatur nichts mehr zu tun haben. Doch fiel mir gleich im ersten Satz die Behauptung auf von den »fehlgeschlagenen Versuchen«. Es war aber nur ein einziger Versuch, den ich und mein tapferer Berliner Verleger Suhrkamp machten. Wir hatten den Wunsch, das in jedem Sinne gegen Hitler und das offizielle Deutschland gerichtete Buch mitten während des Krieges in Deutschland einzuschmuggeln, und legten das Manuscript der Behörde vor in der Hoffnung, sie würde vielleicht nichts merken, aber der Druck wurde nicht erlaubt, obwohl wir einige besonders deutliche Stellen in dem vorgelegten Exemplar weggelassen hatten: Suhrkamp hat seine tapfere Haltung und seine Treue für mich mit Gefängnis, Konz.lager, Mißhandlung und Verurteilung zum Strang gebüßt, nur durch ein Versehen blieb er am Leben.

Im übrigen sah ich aus den Proben aus Ihrer Arbeit, die ich lesen konnte, daß Sie, im Gegensatz zu den von sowjetischer, von protestantischer und von jesuitischer Seite erfolgten ablehnenden Kritiken, mein Buch im Wesentlichen angenommen und bejaht haben. Ich habe mich um die Wirkungen meiner Arbeit nicht zu kümmern, doch hat Ihre Einstellung mir Freude gemacht.

Mit Ihren chinesischen Studien haben Sie einen Weg betreten, um den ich Sie beneiden könnte und auf dem unendlich Schönes Sie erwartet. Grade letzter Tage hatte ich einen Brief von der Witwe Richard Wilhelms, des Sinologen, dessen Übersetzungen und Deutungen ich am meisten verdanke. Sie lebte mit 2 Söhnen in Peking, das vor Kurzem evakuiert wurde, und wartet nun in Shanghai auf die Möglichkeit der Rückkehr nach Deutschland.

Nun genug, ich darf mir einen so langen Privatbrief nur ganz selten erlauben. Ich hätte Ihnen ein Buch gesandt, aber Ihre Besatzungsmacht läßt auch heute noch keine Drucksachen von Privaten nach Ihrer Zone zu. Nun versuche ich wenigstens, Ihnen auf einem Umweg zwei, drei kleine Drucke zugehen zu lassen.

Freundlich und mit guten Wünschen grüßt Sie Ihr

H. Hesse

Februar 1949

Hochverehrter Herr Hesse

Ihr Brief und Ihre Privatdrucke haben mich unendlich gefreut, und ich möchte Ihnen dafür von Herzen danken. Auch für die Hinweise, die Sie meiner Arbeit schenkten, möchte ich Ihnen meinen tief empfundenen Dank sagen. Es ist ein einmaliges, ein wundersam-schönes Gefühl für einen jungen Menschen, der sich in Ehrfurcht Ihrem Werke naht, zu wissen, daß eine Studie über Ihr Werk bei Ihnen einen solchen Widerhall finden durfte.

Was Sie über Ihren Verleger Suhrkamp schrieben, war mir mehr als nur eine interessante Nachricht. Ich selbst habe eine abgeschlossene Verlagsausbildung hinter mir und erstrebe, einst nach meinem Studium einen Verlag zu gründen, der ganz der echten Dichtung und Kunst gewidmet sein soll. So war mir Ihr Hinweis doppelt wichtig. Von allen Verlegern könnte ein Solches nicht berichtet werden.

Ihre freundlichen Zeilen geben mir Mut, Ihnen noch einen meiner Pläne zu entwickeln. Ich möchte mein Studium, das im wesentlichen auf Germanistik, Philosophie und Sinologie gerichtet ist, mit einer Promotion abschließen. In ihr möchte ich ein Thema behandeln, das sich nicht mit den für Germanistik üblichen sprachgeschichtlichen, metrischen oder literarhistorischen Problemen befaßt, sondern möchte ein Thema aufgreifen, das mir selbst am Herzen liegt. So kam mein Plan zustande, über »Hermann Hesses Anschauung vom Berufe des Dichters« zu promovieren. Ich weiß nun nicht, inwieweit Ihnen eine solche Arbeit angenehm ist. Ich kann mir auch die Möglichkeit denken, daß Sie gar unruhig darüber sein könnten, daß mit ein Extrakt Ihrer Werke in einer Dissertation ihren Niederschlag findet, zu einem Zeitpunkt, in der Sie diese Arbeit noch verhindern könnten. Ich weiß, daß gerade bei wissenschaftlichen Arbeiten und Dissertationen oft die Gefahr besteht, daß die Einheit des dichterischen Werkes unter dem Gesichtspunkt des Themas analysiert und oft zerstückt wird. Ich könnte also Ihre Bedenken gut verstehen.

Andererseits dürfen Sie überzeugt sein, daß ich in sorgsamem Einfühlen in Ihr Werk alles tun würde, dies zu vermeiden, und daß ich darüber hinaus versuchen würde, daran mitzuhelfen, daß in der deutschen philologischen und philosophischen Wissenschaft Ihr Dichtertum echt und verehrend erhalten bleibt. Ich würde diese Arbeit auch in Gesprächen mit meinen Bekannten, Professor Zeller, Dr. Josef Mühlberger, Georg von der Vring, profilieren können, und ich glaube auch, daß mit auf diese Weise die Gefahren einer üblichen Dissertation vermieden werden.

Sie brauchen sich, bei der Überbürdung durch Ihre Aufgaben, nicht um eine Antwort zu sorgen, um so mehr, da Sie mich durch Ihren ausführlichen Brief überaus ausgezeichnet haben. Nur im Falle, daß Sie meinem Promotionsthema ablehnend gegenüberstehen, möchte ich Sie bitten, mir eine kurze Notiz zugehen zu lassen. Es wäre meiner Arbeit durchaus nicht förderlich zu wissen, daß Sie, dem sie verehrend gilt, mit ihr nicht einverstanden wären. Ich würde dann auch von diesem Thema zurücktreten.

Ich möchte Ihnen, hochverehrter Herr Hesse, nochmals für Ihre Zeilen, Grüße und Wünsche danken. Auch ich wünsche Ihnen von Herzen alles Gute, daß Sie Ihre Aufgaben noch lange in voller Gesundheit weiterführen können.

Mit herzlichen Grüßen
Ihr ergebener Siegfried Unseld

März 1949

Lieber Herr Unseld

Was an Arbeiten über mich geschrieben wird, davon darf ich mich nicht berühren lassen. Sie haben freie Hand.

Mit freundlichen
Grüßen Ihr H. H.

2. Februar 1950

Hochverehrter Herr Dr. Hesse!

Erlauben Sie mir bitte, mich wieder mit einer Frage an Sie persönlich zu wenden. Sie ist ästhetischer Natur und entspringt intensiven wissenschaftlichen Studien über Ihr »Glasperlenspiel«. Wenn ich den Biographen recht verstehe, so versucht er seine Lebensbeschreibung uns Lesern aus der Perspektive Knechts zu geben, d. h., nur das zu schildern, was der Erlebnis- oder Wahrnehmungssphäre Knechts entspringt. Diese angestrebte Perspektive wird ja auch durch die zahlreichen Quellenhinweise wirkungsvoll unterstützt. Nun wird dieses Prinzip an einigen Stellen unterbrochen. Im 1. Band geht diese Perspektive dreimal (auf den Seiten 76/77, 108 und 139 der Suhrkamp-Ausgabe von 1946) auf den Altmusikmeister über; es werden von diesem Aussagen gemacht, die, ästhetisch gesehen, weder Knecht noch der Biograph erfahren haben konnten. Dies gilt auch für die entsprechenden Stellen des 2. Bandes (hier besonders die Seiten 157–160 und 182–185). Mir ist sehr wohl bewußt geworden, daß diese perspektivischen Übergänge an stark emphatischen, »magischen« Stellen stattfinden, bei denen die dichterische Feder gewissermaßen aus sich allein miterdichtet. Andererseits pflegt der Biograph gerade bei diesen Stellen das doch sehr bewußte Kunstmittel der »Erlebten Rede« zu verwenden. Ich würde mir nun die Frage erlauben, ob der Biograph jene Einheit der Perspektive Knechts angestrebt hatte oder ob jene perspektivischen Übergänge bewußtem Formwillen entsprangen. Verzeihen Sie, hochverehrter Herr Dr. Hesse, diese vielleicht merkwürdige Frage. Aber Sie selbst gaben mir Mut zu ihr, indem Sie für uns die genaue Kenntnis der sprachlichen und metrischen Mittel postulierten. Die Frage nach der Perspektive wird, nach Spittelers Extrem in

»Konrad. Der Leutnant«, in der phänomenologischen Dichtungswissenschaft immer dringlicher. Sollten Sie aber der Ansicht sein, daß ich mit meiner Frage jene von Ihnen (in der »Weltwoche« 1945) zitierte erste Spielregel außer acht gelassen habe, dann betrachten Sie bitte meine Frage als nicht gestellt.
Von einem Lesen zum anderen schließt sich mir Ihre Dichtung mehr auf: das Gestalt-geworden-Sein von Knechts polarem Fluktuieren und jener für uns junge Menschen unendlich wichtige Ruf, die Mahnung zum »Bejahen aller Wirklichkeit«. In Ihrer Dichtung ist jener Tropfen des reinen Lichts, ewiger Heiterkeit. Es ruht in ihr eine große und, wie ich glaube, gemeinsamkeitsbegründende Kraft, wie in der Dichtung zur Zeit der Mäoniden, im Glauben, im festen Glauben an jenes ». . . paululum appropinquant«.

In hoher Verehrung,
und mit herzlichen Wünschen für Ihre Gesundheit
Ihr sehr ergebener
Siegfried Unseld

Anfang Februar 1950

Lieber Herr Dr. Unseld

Ihre ästhetische Frage wegen des Josef Knecht müßte mich eigentlich in Verlegenheit bringen, denn ich bin nicht so glücklich wie Sie, mich so hübschen und kastalischen Studien widmen zu dürfen, und habe das Glasperlenspiel seit seinem Erscheinen vor sieben Jahren bis heute noch nicht wiederlesen können, weil jeder Tag mehr aktuelle Arbeit bringt als ich leisten kann.

Dennoch bin ich Ihnen eine Antwort schuldig, denn unter den sich immer wiederholenden Leserfragen über Kastalien und Knecht, die oft von einem erschreckend niedrigen Niveau sind, zeichnet sich die Ihre durch ihren Scharfsinn und ihre schöne Präzision so sehr aus, daß sie für einen Augenblick auch mir zu einer Frage wurde.

Ich muß mich bei meiner Antwort auf mein Gedächtnis verlassen, habe aber mit Hilfe meiner Frau immerhin die von Ihnen genannten und in einem gewissen Sinn bezweifelten Stellen nachgesehen.

Ihre Auffassung ist die, daß der Biograph Josef Knechts bestrebt gewesen sei, seine Lebensbeschreibung den Lesern aus der Perspektive Knechts zu geben, d. h. nur das zu schildern, was der Erlebnis- und Wahrnehmungssphäre Knechts entspringt. Und diese Perspektive finden Sie an den von Ihnen genannten Stellen durchbrochen, weil jene Stellen auf Tatsachen, Worte oder Gedanken anderer hinweisen, welche Knecht nicht kennen konnte.

Es ist durchaus möglich, daß mein im Lauf von elf Jahren (und was für Jahren!) entstandenes Buch trotz aller Konzentration und Vorsicht solche baulichen Fehler enthält. Aber die »Perspektive«, nach der Sie das Buch aufgebaut sehen, war nicht die meine. Vielmehr hat etwa während der ersten drei Jahre meine Perspektive sich mehrmals leicht verändert. Im Anfang war es mir vor allem, ja beinah einzig darum zu tun, Kastalien sichtbar zu machen, den Gelehrtenstaat, das ideale weltliche Kloster, eine Idee oder, wie die Kritischen meinen, einen Wunschtraum, der zumindest seit der Zeit der platonischen Akademie vorhanden und wirksam war, eins der Ideale, die durch unsre ganze Geistesgeschichte auch als wirksame »Leitbilder« dawaren. Dann wurde mir klar, daß die innere Wirklichkeit Kastaliens nur in einer dominierenden Person, einer geistigen Helden- und Duldergestalt, überzeugend sichtbar werden könne, und so trat Knecht in den Mittelpunkt der Erzählung, vorbildlich und einmalig nicht so sehr als idealer und vollkommener Kastalier, denn deren gibt es manche, als vielmehr dadurch, daß er mit Kastalien und seiner von der Welt abgetrennten Vollkommenheit nicht auf die Dauer zufrieden sein kann.

Der Biograph aber, den ich mir dachte, ist ein fortgeschrittener Schüler oder Repetent in Waldzell, der aus Liebe zur Gestalt des großen Abtrünnigen daran ging, den Roman seines Lebens für einen Kreis von Freunden und Knechtverehrern aufzuzeichnen. Diesem Biographen steht alles zur Verfügung, was Kastalien besitzt, die mündliche und schriftliche Tradition, die Archive, und natürlich auch das eigene Vorstellungs- und Einfühlungsvermögen. Aus diesen Quellen schöpft er, und ich finde, er hat nichts geschrieben, was innerhalb dieses Rahmens unmöglich wäre. Der letzte Teil seiner Biographie, dessen Milieu und dessen Einzelheiten von Kastalien aus nicht kontrollierbar sind, bezeichnet er ausdrücklich als die »Legende« vom entschwundenen Magister Ludi, wie sie unter seinen Schülern und über sie hinaus in der Waldzeller Tradition fortlebt.

Von den Figuren des Buches haben einige ihr individuelles Gesicht von wirklichen Personen erhalten, manche dieser Vorbilder sind von guten Lesern denn auch erkannt worden, andere bleiben mein Geheimnis. Erkannt wurde vor allem die Figur des Pater Jakobus, die eine Huldigung an den von mir geliebten Jakob Burckhardt ist. Ich habe mir sogar erlaubt, ein Wort von ihm meinem Pater in den Mund zu legen. Er gehört mit seinem resignierten Realismus zu den Gegenspielern des Kastalischen Geistes.

Eine einzige Gestalt meiner Erzählung aber ist beinahe ganz Porträt. Es ist Carlo Ferromonte. Dieser Carlo Ferromonte, vielmehr sein Urbild, war ein überaus lieber Freund und naher Verwandter von mir, um eine Generation jünger als ich, ein Musiker und Musikverständiger, an dem ganz Monteport seine Freude gehabt hätte, ein Organist, Chorleiter, Cembalist und leidenschaftlicher Sammler aller Reste von noch lebendiger Volksmusik, deren im Versinken begriffenen schwachen Spuren er auf Reisen, namentlich im Balkan, nachgegangen ist. Er, mein lieber Carlo, hat den unsinnigen Krieg als Sanitätssoldat mitmachen müssen, war zuletzt in Lazaretten in Polen und ist seit dem Ende des Krieges spurlos verschollen.

So, nun habe ich geantwortet. Ich tat es weit ausführlicher als ich eigentlich durfte, denn diese Antwort wird wahrscheinlich auch gedruckt werden, für den Kreis meiner Freunde und Korrespondenten. Ich habe die Idee, ein Mosaik aus Briefen zusammenzustellen, wie der Tag sie von mir verlangt, und es zu publizieren, vorerst einmal versuchsweise, doch mit dem Vorbehalt späterer Wiederholungen, falls ichs noch erlebe.

Es grüßt Sie Ihr
H. Hesse

Tübingen, am 20. Februar 1950

Hochverehrter Herr Dr. Hesse!

Für Ihren Brief danke ich Ihnen von Herzen. Wenn ich ehrlich sein soll, so hat mich mein Schreiben an Sie mehrfach bedrückt, weil mir das Kleinliche, das meine Frage doch für Sie besitzen mochte, immer deutlicher wurde. Mit Ihrer ausführlichen Antwort haben Sie mich zutiefst erfreut, zugleich aber auch mit einem Gefühl der Schuld erfüllt, daß meine Frage Sie angerufen hat, so ausführlich bei ihr zu verweilen, daß sie Sie von Wichtigerem so lange abgehalten hatte. So beginnt meine Antwort mit dem herzlichen Dank für Ihren wertvollen Brief, zugleich aber auch mit der Bitte, Sie selbst mögen sich nicht mit einer Antwort aufhalten.

Es war mir sehr aufschlußreich, von Ihnen selbst zu erfahren, in welcher Intention – Sie nannten dies Ihre »Perspektive« – Sie das »Glasperlenspiel« aufgebaut haben. Mein Perspektivenbegriff durfte und wollte sich eine solche Bedeutung nicht anmaßen. Er resultiert aus einer Summe von technischen Beobachtungen an der dem Biographen eigentümlichen Erzählhaltung. Denn dieser gibt ja keine einfache Erzählung, sondern vielmehr ein kunstvolles Mosaik von Erzählteilen, die er aus »historischen« Quellen schöpft, die ja stets fein säuberlich von ihm angegeben werden. Alle diese Quellen und, wie mir scheinen will, auch das Einfühlungsvermögen des Biographen sind letztlich auf Knecht ausgerichtet. So stutzt der aufmerksame Leser, wenn er erfährt, daß der Altmusikmeister, der in einem Wagen nach der Prüfung abfährt, sich innerlich freut und keine Notizen macht; oder ein andermal, bei der 2. Prüfung, den meditierenden Knecht allein läßt, und im Hinausgehen an sein schwarzes Schaf im Dirigentenkurs denkt; oder, wenn der Ordensmeister Alexander, nachdem er sich hermetisch gegen die Außenwelt abschloß, erregt, bleich und zitternd im Raum auf und ab geht. Der besonderen Anlage dieses Werkes nach, in dem sich jeder Dichter freiwillig seiner »Allwissenheit« begibt und nur aus Quellen schöpfen will, muß eine solche Perspektivenverlegung auffällig sein (Entgegen Ihrem Briefe muß ich sogar annehmen, daß dem Biographen nicht einmal alle Quellen zur Verfügung standen, denn er gibt ausdrücklich an, daß er in das »Geheimarchiv« – in dem vielleicht diese Dinge als Selbstbericht der ›Betroffenen‹ hätten stehen können – keine Einsicht gehabt hatte).

Ich erschrak allerdings, als ich in Ihrem Brief von »baulichen Fehlern« lesen mußte. Ich bitte Sie vielmals um Entschuldigung, wenn Sie aus meinen Zeilen etwa entnommen hätten, ich hätte Sie solcher zeihen wollen. Selbst, wenn diese Perspektivenverlegungen die Reinheit der Hauptperspektive hätten trüben können (ich bin nicht dieser Ansicht), so hätten Sie als Meister, um Schiller zu zitieren, das Recht, die Form zu zerbrechen und die Ihre zum Gesetz zu erheben. Dann bleibt uns, die wir von Studiums wegen Ihr Werk untersuchen und damit auch arbeiten, die Aufgabe, dieses Gesetz und sein Warum zu ergründen. So sehe ich in den Verlegungen der Perspektive ein ausgesprochenes Kunstmittel, um gerade diese Gestalten, den Altmusikmeister und den Ordensmeister, indem diese im Gegensatz zu den anderen Hauptfiguren auch von innen geschildert werden, deutlich von der Fülle der anderen abzuheben, die uns von außen geschildert werden. Diesen Gestalten gilt ja auch Ihre besondere Liebe, und je und je neigt man dazu, in ihnen Inkarnationsmarken Ihrer selbst zu sehen.

Was mich an Ihrem Briefe noch weiter besonders angesprochen hat, war Ihr Hinweis, daß es Ihnen in erster Linie darum zu tun war, den Gelehrtenstaat Kastalien sichtbar zu machen, ja seine innere Wirklichkeit durch Knechts Figur überzeugender zu gestalten. Durch die Antwort Knechts auf Designoris Frage, worüber er schreiben möchte: »ach einerlei, auf den Gegenstand käme es nicht an«, wurde ich dazu verführt, den Akzent meiner Betrachtung weniger auf den gegenständlichen Gelehrtenstaat als vielmehr auf die Gestaltwerdung jener »gelassenen Heiterkeit« zu richten, die ich als die eigentlich wesentliche kastalische Existenzform ansah; sie zu verwirklichen (wie etwa Knecht im Hause Designori), jetzt und hier, schien mir Kastalien »dem Sein und der Möglichkeit des Geborenwerdens um einen Schritt nähergebracht«.

Es war für mich ein großer Tag, als ich einsehen konnte, wie diese Heiterkeit in Ihrem Werk schon ganz im Formalen Gestalt gewann, so etwa in dem Gespräch Knecht – Designori über die Heiterkeit; man kann fast vom Inhalt jener herrlichen Worte absehen und das Wesen dieser Heiterkeit erkennen an den die Dialoge erweiternden adjektivisch-verbalen »Wortfeldern«; wie das behutsame, begütigende, bedächtige und freundliche Lächeln Knechts den erregten Designori zum Verwundern, zum Resignieren und schließlich zum Geständnis bringt; wie das von innen her leuchtende Antlitz des Altmusikmeisters mit seinem: »Du ermüdest Dich, Josef«.

In Ihrem Privatdruck »Geheimnisse«, den, von Ihnen zu empfangen, ich die Ehre hatte, erwähnten Sie, dem Dichter sei am wichtigsten »die Frage nach dem ästhetischen Wert seiner Arbeit, nach ihrem Gehalt an objektiver Schönheit«. Jeder, der Ihr »Glasperlenspiel« unter diesem Gesichtspunkt betrachtet, wird gewahr, daß er es nie ganz ausschöpfen könnte, daß seine Arbeit, selbst wenn er Bände schriebe, nur Stückwerk bliebe.

Das Schicksal von Carlo Ferromontes Urbild hat mich berührt. Daß Ihnen dieser unselige Krieg auch noch diese persönlichen Wunden schlagen mußte! Dem aufmerksamen Leser ist Karl Isenbergs Portrait schon bekannt gewesen, wie man auch glaubt, die Vorbilder von Th. v. der Trave, Jakobus, dem Älteren Bruder und Dubois entdeckt zu haben.

Ein Mosaik von Briefen, wie Sie es in Ihren Schlußworten ankündigen, zu veröffentlichen, wäre wunderbar; besonders aufschlußreich solche, die sich mit den Baugesetzen Ihrer Werke befassen.

24. 2. In der Zwischenzeit habe ich in einem Oberseminar ein Referat über die Gestaltungsprinzipien des »Glasperlenspiels« gehalten, das sehr günstig aufgenommen wurde. Eine interessante Diskussion schloß sich an über die Frage, ob die Einschaltung des Biographen als Zwischenautor eine besondere Form der Ironie sei (wie etwa im »Doktor Faustus«). Ich glaube, daß es mir gelungen ist, das Gegenteil zu beweisen.

Nun aber möchte ich schließen. Darf ich Sie noch darauf hinweisen, daß mir der Doktorgrad, den ich mir mit einer Arbeit über Ihr Schaffen erwerben möchte, noch nicht zusteht.

Mit dem herzlichen Wunsch für Ihre Gesundheit und Ihre Arbeit bin ich mit verehrenden Grüßen

Ihr ergebener Siegfried Unseld

Nach Hesses Mitteilung, daß er sich von Schriften, die über ihn geschrieben wurden, nicht berühren lassen wollte, fühlte ich mich frei, und so konnte ich die Konzeption meiner Dissertation enger ins Auge fassen. Anstoß waren Hermann Kasacks Tübinger Vortrag über die »Aufgabe des Dichters« und die im Suhrkamp Verlag 1949 erschienenen »Beiträge zum Begriff der Kultur« von T. S. Eliot, auf die Hans Egon Holthusen aufmerksam gemacht hatte. Für Kasack war die Frage des Dichters die Frage nach der Zeit. Jede Dichtung entstünde aus zeitlichem Anlaß; der Dichter, eher ein homo magus als homo intellectualis, übernehme mehr und mehr die Rolle des Philosophen, mehr und mehr würde er zum moralischen Instrument, zum Seelendiagnostiker der Zeit. Für Eliot, so befand Holthusen und so ergab es sich aus dem Suhrkamp-Band, sei der Dichter ein Bürge für die Integrität des Menschen. Es sei die Art seines Dichterberufes, daß er seine Zeit darstelle, indem er sich darstelle. Seine Dichterexistenz ist Kommunikation zwischen Zeitgeist und dichterischem Ingenium.

Das waren für mich zwei wichtige Anregungen. Ich versuchte diesen Spuren nachzugehen. Eliot definierte in den »Beiträgen« die Aufgabe des Dichters darin, die größte Emotionalität seiner Zeit auszudrücken mit den Mitteln, die diese Zeit selbst bietet. Gottfried Benn, der für mich in dieser Zeit wichtig wurde, sah im Beruf des Dichters eine Integrierung der Ambivalenz von Wirklichkeit und Phantasie. Von Kafka zirkulierte das Wort, er wisse nicht, ob er die Literatur beherrsche, er wisse nur, sie beherrsche ihn. Durch Martin Walsers Vorträge wurde ich in die Lektüre Kafkas eingeführt, seitdem ist mir Kafkas Anspruch, ein Buch solle die Axt sein für das gefrorene Meer in uns, gegenwärtig geblieben. Und ebenfalls in dieser Zeit, wahrscheinlich durch Beißners Vorlesung angeregt, las ich wieder Rilke und stieß beim »Archaischen Torso Apollos« auf die Verszeile: »Denn da ist keine Stelle, die dich nicht sieht. Du mußt dein Leben ändern«. Bei meinem Suchen nach Definitionen des Dichterberufes stieß ich auf eine Dissertation aus dem Jahre 1923: Gottfried Hasenkamp, »Hölderlins Anschauung vom Beruf des Dichters«. Der Verfasser wollte Hölderlins Dichtung aus dem Blickpunkt von Hölderlin selbst ergreifen. Das Ergebnis seiner Arbeit war die »bezeichnende Tatsache«, »daß wir aus den einzelnen Inhalten seiner Dichtung fast unmittelbar schließen können, wie sie ihm eben als einfache Durchsetzung seines Berufes erschienen«. Es war mein Glück, daß Friedrich Beißner, der große Hölderlin-Kenner, diese Dissertation schätzte und daß er mir deshalb die meine gestattete: »Hermann Hesses Auffassung vom Beruf des Dichters«.

Neun Monate, Tag und Nacht, schrieb ich an den 232 Seiten dieser Arbeit; sie enthielt für mich die Summe jahrelanger Lektüre und Studien. Ende Februar 1951 gab ich die Arbeit ab, Friedrich Beißner nahm sie an; am 24. Juli war der Tag meiner Prüfung; die Prüfung selbst ist mir aus vielerlei Gründen unvergeßlich; Wilhelm Weischedel prüfte mich im Philosophicum über die Erziehungsideen im »Glasperlenspiel«, ich wußte sie alle, das Prinzip des Ordens, das Spiel, den Prozeß der Individuation, den Widerstand gegen orthodoxe Ideologien, doch die Idee, die er – mit Recht – als vordringlich ansah, fiel mir im Moment der Prüfung nicht ein: die Idee der Musik.

Damals, 1951, bestand von seiten der Universität noch nicht die Forderung nach dem Druck der Dissertation; so existiert meine Arbeit nur in fünf (von mir getippten) Maschinenabschriften; ich widerstand auch später allen Versuchungen zur Drucklegung. Mit der Zeit genügte mir die Arbeit nicht mehr; andere intellektuelle Bereiche, Brecht, Benjamin, Bloch, Adorno, erschlossen sich mir, und ich sah die Begrenzung meines Ansatzes und die Beschränktheit meiner Maßstäbe. Doch gestehe ich gerne, daß die drei Tübinger Jahre, die intensive Lektüre der Werke Hesses und die etwas orgiastisch anmutende Niederschrift der Dissertation zu wesentlichen Eindrücken meines Lebens gehören. Hier sei das Schlußkapital meiner Dissertation, die Untersuchung des »Glasperlenspiels« unter dem Aspekt meines Themas wiedergegeben.

»Das Glasperlenspiel«*

Der Dichter als Bewahrer von »Maß und Ordnung«

1. Die Dichtung als eine »Kunst sui generis«

Nach der Veröffentlichung der »Morgenlandfahrt« wendet sich Hesse der Durchsicht und Herausgabe früherer Dichtungen zu. Im Jahre 1933 läßt er den Sammelband »Kleine Welt« erscheinen, der einzelne Erzählungen aus den ersten Erzählbänden »Umwege«, »Nachbarn« und »Aus Indien« enthält; 1935 veröffentlicht er das »Fabulierbuch«, eine Sammlung von Erzählungen aus den Jahren 1904 bis 1927, die bislang noch nicht in Buchform vorlagen; 1937 erscheint der Band »Gedenkblätter«, der Erinnerungsstücke Hesses enthält, die aus bestimmten Anlässen entstanden sind.

Im Jahre 1942 gab Hesse zum erstenmal eine Gesamtausgabe seiner Gedichte heraus. Er hat nunmehr, wie er im Nachwort zu dieser Ausgabe schreibt, den »Grad von Reife oder auch von Müdigkeit« erreicht, der ihn zu einer solchen Ausgabe bewegen konnte; Hesse wertet diese Ausgabe, die 605 Gedichte enthält, als »Bekenntnis« zu dem, was er »gelebt und getan, als restloses Hergeben des Materials, ohne Retouchierung und Unterschlagung, als Bejahung des Ganzen, samt allen seinen Mängeln und Fragwürdigkeiten«[1]. Einzelne Gedichte dieser Ausgabe wurden, soweit sie für die vorliegende Untersuchung wichtig waren, bereits erwähnt; die neueren Gedichte dieser Ausgabe sind im vorigen Kapitel kurz untersucht worden. Ein charakteristischer, äußerlicher Zug soll hier noch hervorgehoben werden: Wie sehr Hesse seine Gedichte als für sich bestehende Kunstwerke ansieht, das zeigt das bei einem Lyriker auffallende und nur selten

* Bei diesem Beitrag handelt es sich um das 8. Kapitel meiner Dissertation »Hermann Hesses Auffassung über den Beruf des Dichters«. Der Dissertation war ein ausführliches Literaturverzeichnis mit folgenden Teilen beigegeben: 1. Zitierte Werke von Hesse. 2. Allgemeine Literatur. 3. Literatur über Hesse (Stand vom 31. 12. 1950). Auf dieses Verzeichnis wurde hier verzichtet, obschon im Text der Dissertation und auch in den folgenden Anmerkungen indirekt auf dieses Verzeichnis verwiesen wird.
Die Werke Hesses wurden nach den Erstausgaben zitiert, Seitenangaben also entsprechend den Seiten der Erstausgaben.

(wie etwa von Klopstock) angewandte Verfahren, die Gedichte nicht nach thematischen Gesichtspunkten, nach den stofflichen Inhalten oder nach den Anlässen zu ordnen, Hesse fordert im Nachwort ausdrücklich: »In späteren Auflagen sollen die Gedichte möglichst genau nach der Reihenfolge ihrer Entstehungsdaten geordnet werden. Angestrebt ist diese Ordnung schon in dieser ersten Ausgabe.«[2] Das Stoffliche eines Gedichtes, sein sogenannter Inhalt, kann für den Dichter kein Einteilungsgrund sein, wie denn überhaupt für ihn in einem Kunstwerk nur ein »Minimum von ›Inhalt‹« fortlebt und auch dieses nur dann, wenn »es einmal vollkommenen Ausdruck gefunden« hat[3]. Schon die chronologische Einteilung fordert den Leser auf, diese Gedichte unabhängig von ihrem stofflichen und zeitlichen Anlaß aufzunehmen; zugleich spiegelt sich in den Gedichten, die chronologisch geordnet sind, deutlich die Entwicklung des Dichters wider.

Der Dichter scheint ganz mit der Sichtung und Herausgabe seiner früheren Dichtungen beschäftigt zu sein. Indes zeigt sich aber, daß Hesse schon seit dem Jahre 1933 an einem neuen Werk arbeitet. In einem Brief vom Mai 1934 berichtet Hesse, daß ihn schon ein Jahr lang eine neue »größere Dichtung« bewege[4]. Das »Glasperlenspiel« ist demnach in einem Zeitraum von elf Jahren, von 1933 bis 1943 entstanden. Die Gestalt Josef Knechts hat sich, verhüllt und nur sehr mittelbar, bereits in der »Morgenlandfahrt«, die Albrecht Goes mit Recht als eine »Präambel« zum »Glasperlenspiel« bezeichnet[5], in der Figur des Dieners und Bundesobersten Leo angekündigt. Was dem Bunde der Morgenlandfahrer jedoch offensichtlich fehlte, war ein zentrales Symbol, um das sich das Geschehen bewegen konnte. Dieses zentrale Symbol hat Hesse im Glasperlenspiel erschaut. Die Erfindung des in die hierarchisch-kastalische Ordnung eingebauten Glasperlenspieles ist das tragende Motiv, auf das der Dichter nun seine »zweite Welt« erbaut.

Sieht man von einer nicht in dem jetzigen beziehungsreichen Sinn gebrauchten Wendung (in einem Gedicht aus dem Jahre 1918) ab, nach der die Sonne ahnungslos mit der Welt spielt »wie ein Kind mit Glasperlen im Schoß«[6], so taucht das Glasperlenspielmotiv zum erstenmal in Hesses Dichtung »Stunden im Garten« auf, einer Idylle aus dem Jahre 1936, die Hesse seiner »Schwester Adele zum sechzigsten Geburtstag« gewidmet hat[7].

Hesse wird auch hier die Form der Idylle, obschon die Dichtung aus bestimmtem Anlaß entstanden ist, nicht zufällig »gewählt« haben; auch hier fühlt sich der Dichter wohl im »Zwang« von Stoff und Form. Schiller war es, der in der Theorie dieser Dichtungsgattung forderte, daß die in der sentimentalischen Form der Idylle ausgedrückte Sehnsucht nicht nach rückwärts, nach einem naiv glücklichen Zustand am Anfang der Zeiten gerichtet sein, sondern auf eine kommende Daseinsform abzielen solle, in der Natur und Geist wieder miteinander verbunden sind. Dieser Blick nach vorn und diese Verbindung von Natur und Geist äußern sich in dieser Idylle Hesses. Sie ist nicht nur eine heitere Schilderung eines bescheidenen Landlebens, sondern sie deutet in ihrer Weise die »Einheit«, eine Verbindung von Natur und Geist. Auch in der Form der Idylle äußert sich wieder ein Zug von Hesses eigentümlicher Gestaltungsweise, ein Nebeneinander von Scherz und Ernst. So bespöttelt der Dichter seine »knäbische Lust am Zündeln«, um unmittelbar darauf diese knäbische Lust einem hohen, heiligen Dienst zu unterstellen:

»Mir zum Beispiel bedeutet das Feuer (nebst Vielem, das es bedeutet)
Auch einen chymisch-symbolischen Kult im Dienste der Gottheit,
Heißt mir Rückverwandlung der Vielfalt ins Eine, und ich bin Priester dabei und Diener, vollziehe und werde vollzogen . . .«

Hesses Hexameter sind nicht immer korrekt gebaut; sie weisen viele Unzäsuren auf, und gelegentlich schleicht sich ein siebenter daktylischer Versfuß ein.

In dieser Idylle zeigt Hesse nun zum erstenmal das Glasperlenspielmotiv auf:

». . . Und nun beginnt im Gemüt mir
Ein Gedankenspiel, dessen ich mich schon seit Jahren befleiße,
Glasperlenspiel genannt, eine hübsche Erfindung,
Deren Gerüst die Musik und deren Grund Meditation ist.
Josef Knecht ist der Meister, dem ich das Wissen um diese
Schöne Imagination verdanke. In Zeiten der Freude
Ist sie mir Spiel und Glück, in Zeiten des Leids und der Wirren
Ist sie mir Trost und Besinnung, und hier am Fenster, beim Siebe,
Spiel ich es oft, das Glasperlenspiel, wenn auch längst noch wie Knecht nicht.

...
Während vom Stall her die großen Blumensonnen mich anschaun
Und hinterm Rebengezweig die Ferne mittagsblau duftet,
Hör ich Musik und sehe vergangne und künftige Menschen,
Sehe Weise und Dichter und Forscher und Künstler einmütig
Bauen am hunderttorigen Dom des Geistes – ich will es
Einmal später beschreiben, noch ist der Tag nicht gekommen.
Aber er komme nun früh oder spät oder komme auch niemals,
Immer wird mich, so oft ich des Trostes bedarf, Josef Knechtens
Freundlich sinnvolles Spiel, den alten Morgenlandfahrer,
Aus den Zeiten und Zahlen entrücken zu göttlichen Brüdern,
Deren harmonischer Chor auch meine Stimme mit aufnimmt.«

Nun, für Hesse ist der Tag gekommen. Nach elfjähriger mühevoller Arbeit veröffentlichte er im Jahre 1943 sein neues Werk in der Schweiz, nachdem sein Versuch, es in Deutschland zu publizieren, fehlgeschlagen war: »Das Glasperlenspiel. Versuch einer Lebensbeschreibung des Magister Ludi Josef Knecht samt Knechts hinterlassenen Schriften. Herausgegeben von Hermann Hesse«[8].

Die Reihenfolge in der Anordnung des Titels ist nicht bedeutungslos, gliedert sich doch auch das Werk genau in die drei Teile, die im Titel gesondert angegeben werden, in die Einführung, in die Lebensbeschreibung und in die hinterlassenen Schriften. Der Autor Hesse verbirgt sich nicht nur auf dem Titelblatt in der bescheidenen Dienerfunktion des Herausgebers, er bleibt auch in der ganzen Dichtung außerhalb des Geschehens. Er dient nur seinem Werk; er dient ihm in der Rolle »der Unsichtbarkeit des Wissenden, welcher erkennend stets unerkannt bleibt«, wie Hesse selbst einmal vorwegnehmend die dritte Stufe seines Lebens bezeichnet hatte.

Die Lebensbeschreibung selbst umfaßt 12 Kapitel, so daß mit der Einführung 13 Prosateile den 13 Gedichten und den drei Lebensläufen gegenüberstehen. So äußert sich schon in der Anordnung des Titels und in den äußeren Aufbauformen eine gewisse Ordnung, die vom inneren Aufbau her bestätigt wird.

Indessen fragt sich der Leser gerade bei einem so umfassenden und ausladenden Alterswerk, in dem ein reiches und vielfältiges Leben sich dichterisch kristallisiert hat, wie diese Dichtung in einem kunstverstehenden Sinn erschlossen werden kann. Ein kurzer Überblick über die Hesse-Literatur zeigt die vielfältigen Standpunkte, die die einzelnen Verfasser an Hesses Dichtung herangetragen haben. So versuchten Max Schmid von der Klagesschen Geist-Seele-Problematik, H. R. Schmid von psychoanalytischen Bemühungen, Anni Carlsson (die die Biographie Hugo Balls, der 1927 gestorben ist, fortsetzt) von ideengeschichtlichen Erörterungen, E. R. Curtius von kulturhistorischen Betrachtungen und R. B. Matzig von psychologischen Studien aus, Hesses Dichtung zu begreifen und zu erklären. Jeder dieser Wege kann zu einem angemessenen Verständnis der Dichtung führen. Allerdings können diese Deutungen, die an die Dichtung einen ihr im Grunde wesensfremden Maßstab anlegen, dem eigentümlichen Kunstcharakter einer Dichtung nicht gerecht werden; und gerade diese neue Dichtung möchte Hesse nicht als philosophischen oder kulturhistorischen Traktat aufgefaßt wissen; er gibt selbst einmal in seinem Werk einen bezeichnenden Hinweis: »Philosophieren soll man nur mit den legitimen Mitteln, denen der Philosophie. Unser Spiel ist aber weder Philosophie, noch ist es Religion ... es ist eine Kunst sui generis.« (197) Um diese »Kunst sui generis« aufzuzeigen, soll diese Untersuchung mit einem Verfahren durchgeführt werden, das Hesse selbst an einer verborgenen Stelle im Werk angibt, »welches vom Handwerk ausgeht und eine sorgfältige Beachtung und Pflege des Sinnlichen und Technischen nicht verschmäht, um in den Geist einzudringen«(122).

In dieser Betonung des Technischen und Handwerksmäßigen steht Hesse abermals in einer Tradition großer deutscher Dichtung. Besonders auf Hölderlin sei hierbei verwiesen, der geradezu fordert, eine Dichtung solle nach dem »Handwerksmäßigen«, nach der »Verfahrungsart, wodurch das Schöne hervorgebracht wird«, beurteilt werden; in neuerer Zeit hat Rilke das Dichten als »nicht minder ›schweres Handwerk‹« bezeichnet[9]. Hesse hat selbst in einigen Aufsätzen auf das »Handwerksmäßige« der Dichtung hingewiesen; so schreibt er 1933 »Beim Lesen eines Romans«, daß der Stoff einer Dichtung den Kunstcharakter nicht bestimmen kann; dafür soll der Leser »Achtung vor der Dichtung, vor dem Handwerk des Dichters haben und soll ohne Rücksicht auf den Stoff eine Dichtung vor allem nach der Güte ihrer Arbeit beurteilen. Dazu bin ich stets bereit, und neige sogar mehr und mehr dazu, die Qualität der handwerklichen Arbeit höher zu stellen, als alle Ideen und Gefühlsinhalte. Denn ich habe in einigen Jahrzehnten des Lesens und Schreibens die Erfahrung gemacht, daß man Ideen oder Gefühle leicht nachahmen oder vortäuschen kann, die Güte der handwerklichen Arbeit aber nicht.«[10]

Diese Betonung des Handwerksmäßigen bedeutet indes nicht eine ausschließlich ästhetisierende Betrachtung. Hesse fordert immer wieder, der Leser solle Ehrfurcht vor dem »Sinn« der Dichtung haben; aber er hält diesen »Sinn« nicht für lehrbar. Und so stehen im »Glasperlenspiel« die Worte: »Auch wenn ich etwa Schüler in den Homer oder die griechischen Tragiker einzuführen hätte, würde ich nicht versuchen, ihnen die Dichtung als eine Erscheinungsform des Göttlichen zu suggerieren, sondern bemüht sein, ihnen die Dichtung durch die genaue Kenntnis ihrer sprachlichen und metrischen Mittel zugänglich zu machen. Sache des Lehrers und des Gelehrten ist das Erforschen der Mittel und die Pflege der Überlieferung, das Reinhalten der Methoden, nicht das Erregen und Beschleunigen jener nicht mehr sagbaren Erlebnisse, welche den Auserwählten – oft sind sie auch Geschlagene und Opfer – vorbehalten sind« (169/170).

Für die phänomenologische Betrachtungsart der vorliegenden Untersuchung, die die Dichtung verstehen will, wie sie sich von sich selbst her aufschließt, bedeutet die Forderung Hesses, eine Dichtung durch die genaue Kenntnis *ihrer* sprachlichen Mittel zugänglich zu machen, das Verfahren, eine Dichtung nach den ihr immanenten Formprinzipien zu erklären und erst dann diese Formprinzipien unter die höheren Gesetze der epischen (oder lyrischen oder dramatischen) Dichtung zu stellen.

Durch diese Immanenz des Formprinzips in der Dichtung selbst steht Hesse abermals in einer Tradition deutscher Dichtung. Wie etwa die Dichtungen Goethes und Stifters ihre ieeigenen Formprinzipien nicht nur in sich tragen, sondern diese auch, mehr oder weniger formal glücklich mit dem Dichtungsganzen verbunden, unmittelbar aussagen, so enthalten auch die Werke Hesses ihre Formprinzipien gestaltet und verwandelt und, für den aufmerksamen Leser, auch »theoretisch« ausgedrückt in sich. Hesse ist es dabei meist gelungen, diese Äußerungen kunstvoller in das Dichtungsganze zu verweben (so fiel das voraufgehende Zitat in einem freundlich-belehrenden Brief des Altmusikmeisters an Knecht), als dies bei Stifter, vor allem aber manchmal in Goethes Dichtung beobachtet werden muß, in der die eingelegten Maximen und Reflexionen oftmals abrupt die »Handlung« unterbrechen. Hesse hat selbst einmal auf gewisse Bruchstellen im »wundervollen« »Nachsommer« hingewiesen, wenn er von seinem »geliebten Dichter ersten Ranges« schreibt, daß er »gelegentlich richtig wie ein kleinerer Goethe über Kunst und Leben philiströse Gemeinplätze in einer papierenen Sprache von sich geben konnte, bei welchen man erschrak, daß sie so dicht neben den zauberhaftesten Schönheiten stehen konnten«.[11]

In der vorliegenden Untersuchung ist angestrebt, die Dichtung Hesses nach den ihr immanenten Formprinzipien zu interpretieren. So wies, um einigse zu wiederholen, etwa Siddharthas Einsicht, daß die Worte einer Schrift, deren Sinn man finden will, nicht »Zufall und wertlose Schale« sind, sondern daß man sie Buchstabe um Buchstabe studieren und lieben müsse, auf die diesem Werk eigentümliche kunstvolle Sprache und auf den bedeutungsvollen Sprachrhythmus hin. Im »Kurgast« dagegen betont Hesse den autobiographischen Charakter der Aufzeichnungen, wenn er ausdrücklich sagt, daß dieses Werk »kein zielbewußter Gestaltungsversuch«, sondern ein Versuch sei, »ein winziges Stück Leben möglichst wahr und aufrichtig aufzuzeigen«. Der »Steppenwolf«, ein »Ausdrucksversuch seelischer Vorgänge im Kleide sichtbarer Ereignisse«, fordert den Leser auf, seine Aufmerksamkeit auf das »Wie« dieses Ausdrucksversuches zu richten; auch die »Urbildsprache« und die »geheime Adeptensprache« der »Morgenlandfahrer« weisen den Leser auf die vielfältigen Symbole und Gleichnisse hin, die nur entziffert sinnvoll sind, wie auch der Bundesbrief für die gewöhnlichen Morgenlandfahrer nur durch eine Übersetzung lesbar wurde.

Und noch einen bedeutsamen Hinweis gibt Hesse dem Leser, der »durch sorgfältige Beachtung des Technischen ... in den Geist eindringen« will. Dieser »Geist« einer Dichtung spiegelt sich in allen seinen Werken in der Namensymbolik seiner Figuren. Diese Beziehung zeigt sich schon früh, in »Hermann

Lauschers hinterlassenen Schriften«, wie denn schon der Name »Lauscher« eine eindrucksvolle Autonomasie des auf die Natur und auf die eigenen Seelenströme lauschenden Dichter darstellt. »Peter Camenzind«, der von einer bürgerlichen Heimat ausgeht, trägt einen durch und durch bürgerlichen Namen, wie er heute noch in der Gegend um den Vierwaldstädtersee heimisch ist. Während »Siddhartha« schon dem Namen nach der ist, »der sein Ziel erreicht hat«, bleibt »Klein« eben klein, als es gilt groß zu sein. Wie sehr Hesse auch im persönlichen Leben auf Namensbedeutung reagiert, das zeigt eine bezeichnende Stelle im »Kurgast«, wo es nur des Auftauchens eines Mannes mit einem technischen Namen (»Kesselring«) bedarf, um den Dichter zutiefst zu erregen. Der Wolfsmensch H. Haller begreift Mensch und Tier in seinen Namen mit ein und zugleich eine Anspielung auf die Daseinsform der Unsterblichen, auf (Johann *Wolf*gang) Goethe und (*Wolf*gang Amadeus) Mozart. »Narziß« ist der in das Geistige seines eigenen Wesens Verliebte, während der Name »Goldmund« auf Sinnliches (außer ihm) hinweist. »Leo« endlich, ein Papstname, ist Gepäckträger und Bundesoberster, ist Diener und Herr zugleich. Im »Glasperlenspiel« wird die dienende Funktion der Hauptfigur schon im Namen »Knecht« sichtbar; aber in diesem Namen deutet sich schon der Gegenpol an. Hesse selbst weist an verborgener Stelle auf die polare Struktur dieses Namens: »Du trägst den Namen Knecht, mein Lieber, vielleicht hat darum das Wort ›frei‹ so viel Zauber für dich« (100).

2. Der Dichter als »Erhalter« und »Eichmeister der geistigen Maße und Gewichte«

Im Nachfolgenden soll nun versucht werden, durch »sorgfältige Beachtung des Technischen ... in den Geist« der Dichtung einzudringen. Die Untersuchung kann im gegebenen Rahmen nicht vollständig sein; sie will deshalb mehr als eine vorbereitende Studie für eine Arbeit aufgefaßt sein, die sich ausschließlich mit dem »Glasperlenspiel« beschäftigen kann.

»Es ist unsre Absicht«, so beginnt nach Titel, Widmung und Motto die »Einführung«, »in diesem Buch das Wenige festzuhalten, was wir an biographischem Material über Josef

Knecht aufzufinden vermochten, den Ludi Magister Josephus III., wie er in den Archiven des Glasperlenspiels genannt wird« (13). »... In diesem Sinne bemühten wir uns um Nachrichten über das Leben des Glasperlenspielmeisters Josef Knecht, und namentlich um alles von ihm selbst Geschriebene, sind auch mehrerer Handschriften habhaft geworden, die wir für lesenswert halten« (16/17). Damit ist der äußere Rahmen des Werkes gegeben. Durch diesen Kunstgriff, die Fiktion, aus fremder Überlieferung zu schöpfen, versucht Hesse sich vor der Standpunktlosigkeit des modernen Erzählers zu bewahren, zugleich schafft er sich damit eine Möglichkeit, die Gestalt Knechts paradigmatisch und objektiv nachzeichnen zu können. Die Bedeutung dieses Kunstgriffes der indirekten Erzählung wird durch eine indirekte Zeitebene noch erhöht. Der Biograph stellt die Lebensbeschreibung Knechts aus dem Blickpunkt des Jahres 2400 dar[12]. Diese »utopische« Zeitebene gibt dem Dichter die Möglichkeit, von hoher Warte aus die »Vergangenheit«, die gegenwärtige Zeit also, die Hesse das »feuilletonistische Zeitalter« nennt, einer tiefgehenden, doch leidenschaftslosen Kulturkritik zu unterziehen. Hesse wendet sich nicht romantisch zurück, zum Mittelalter etwa, wie Novalis es im »Ofterdingen« getan hatte; er bezieht Vergangenheit und Gegenwart in sein Werk ein und wendet sich Zukünftigen, neuen Wirklichkeiten und Möglichkeiten des Menschentums zu.

Über den Biographen aber, der die Nachrichten über Knechts Leben sammelt und der eklektisch die überkommenen Dokumente, die er für lesenswert hält, bekanntgibt, der also letztlich das Medium darstellt, durch das der Leser Knechts Leben zu sehen gezwungen ist, erfährt der Leser nichts Persönliches; er bleibt anonym. Getreu dem kastalischen »Ideal der Anonymität« schaltet der Biograph sich selbst aus und geht ganz in seiner Funktion auf. In der Haltung der Hingabe und in Verehrung und Liebe für Knecht fühlt sich der Biograph in das Leben Knechts ein. Hesse selbst hat in einem Brief aus dem Jahre 1950 an den Verfasser dieser Untersuchung die Gestalt des Biographen so bestimmt: »Der Biograph aber, den ich mir dachte, ist ein fortgeschrittener Schüler oder Repetent in Waldzell, der aus Liebe zur Gestalt des großen Abtrünnigen daran ging, den

Roman seines Lebens für einen Kreis von Freunden und Knecht-Verehrern aufzuzeichnen. Diesem Biographen steht alles zur Verfügung, was Kastalien besitzt, die mündliche und schriftliche Tradition, die Archive, und natürlich auch das eigene Vorstellungs- und Einfühlungsvermögen.«[13]

Der Biograph berichtet zuerst die wichtigsten Etappen in der Geschichte des Glasperlenspiels, das sich aus einem Spiel mit »perlenbehängten Drähten« bis »zum Inbegriff des Geistigen und Musischen, zum sublimen Kult, zur Unio Mystica aller getrennten Glieder der Universitas Litterarum« entwikkelt und nun mit Glasperlen nichts mehr zu tun hat. Der Biograph macht sich bei diesem historischen Bericht die Einsicht zunutze, »daß Geschichte schreiben, auch wenn es noch so nüchtern und mit noch so gutem Willen zur Sachlichkeit getan wird, immer Dichtung bleibt und ihre dritte Dimension die Fiktion ist« (64). Man darf sich deshalb durch die Fülle der geschichtlichen Bezüge nicht verwirren lassen, die der Biograph als Vorstufen der kastalischen Hierarchie anführt. Der Biograph leistet eine Sisyphusarbeit (er schreibt selbst von einer »etwas schwierigen Aufgabe«): mit dem poetischen Schein der historischen Zuverlässigkeit und mit einem umständlichen gelehrten Apparat schildert er das Äußere, die reale Existenz eines Spiel-Instrumentes, das es nicht gibt und nie geben wird. Wesentlich ist jedoch, daß Hesse im Besonderen seiner »hübschen Erfindung«, im Besonderen eines uneigentlich geschilderten chorischen Kultspieles ein Allgemeines, ein echtes Symbol zu erschauen vermag. »Das ist die wahre Symbolik, wo das Besondere das Allgemeinere repräsentiert, nicht als Traum und Schatten, sondern als lebendig-augenblickliche Offenbarung des Unerforschlichen«[14], so hat Goethe das Wesen des Symbols bestimmt. Die eigentlichste und tiefste Bedeutung des Symbols bleibt »unaussprechlich« (Goethe), weil die Darstellung des Allgemeinen durch das Besondere als »lebendig-augenblickliche Offenbarung des Unerforschlichen«, oder, wie Hesse es einmal ausgedrückt hat, als unmittelbares, augenblickliches »Aufblitzen des Göttlichen« sich vollzieht. Die Realität des Glasperlenspiels ist die Realität des dichterischen Symbols; es kann nur durch analoges seelisches und geistiges Erleben, durch »tiefere seelische Hingabe« ahnungsweise erfahren werden. Immer aber wird es Symbol bleiben, eine poetische Forderung, deren Bezüglichkeit nicht anders als dichterisch »realisiert« werden kann.

Dieses »Realisieren« (»ein beliebter Ausdruck bei den Spielern, und als Weg vom Werden zum Sein, vom Möglichen zum Wirklichen empfanden sie ihr Tun«–55–) wird von den Glasperlenspielern vollzogen, die, ursprünglich nur Vereinzelte, sich zu einem großen »Bund«, zu einem »Orden« entwickelten, dessen Sitz die »pädagogische Provinz« Kastalien war.

Die Hauptaufgabe dieser kastalischen Hierarchie, die aus »einem tiefen Bedürfnis der erschöpften und verwahrlosten Völker nach Ordnung, Norm, Vernunft, Gesetz und Maß« bestand, war es »vom Geist und der Seele her Menschen zu sammeln, zu erziehen und umzuformen, sie durch Erziehung, nicht durch Eugenik, durch den Geist, nicht durchs Blut zu einem Adel zu machen, der zum Dienen wie zum Herrschen befähigt ist« (237/238).

Die Mitte dieses Ordens bildet das Glasperlenspiel, das in vorgeschriebenen Riten und in besonderer Methodik vollzogen wird. Mit der Schilderung der Glasperlenspieltechnik hat Hesse ein Kunstmittel übernommen, das etwa Goethe in den »Wahlverwandtschaften« schon angewandt hatte. Wie Goethe dort (im 4. Kapitel des 1. Teiles) durch Aufzeigen des Gleichnisses von den chemischen Wahlverwandtschaften das ganze Werk an einem Punkt verdichtet, von dem aus sich die weitere Struktur fast zwangsweise ergibt, so hat auch Hesse auf seine Art eine solche »Gleichnisrede« (Goethe) in sein Werk aufgenommen. In der besonderen Weise nämlich, wie nun der Biograph die eigentümliche »Spiel«-Technik beschreibt, erweist sich die »Einführung« als eine Einführung in die formale Technik der »Glasperlenspiel«-Dichtung:

> »Das Spiel der Spiele hatte sich ... zu einer Art von Universalsprache ausgebildet, durch welche die Spieler in sinnvollen Zeichen Werte auszudrücken und zueinander in Beziehung zu setzen befähigt waren. Zu allen Zeiten stand das Spiel in engem Zusammenhang mit der Musik und verlief meistens nach musikalischen ... Regeln. Ein Thema, zwei Themen, drei Themen wurden festgestellt, wurden ausgeführt, wurden variiert und erlitten ein ganz ähnliches Schicksal wie das Thema einer Fuge oder eines Konzert-

satzes. Es konnte ein Spiel zum Beispiel ausgehen ... vom Thema einer Bachfuge, oder von einem Satz des Leibniz oder der Upanishaden, und es konnte von diesem Thema aus, je nach Absicht und Begabung des Spielers, die wachgerufene Leitidee entweder weiterführen und ausbauen oder durch Anklänge an verwandte Vorstellungen ihren Ausdruck bereichern ... Beliebt war bei einer gewissen Spielerschule lange Zeit namentlich das Nebeneinanderstellen, Gegeneinanderführen und endliche harmonische Zusammenführen zweier feindlicher Themen oder Ideen, wie Gesetz und Freiheit, Individuum und Gemeinschaft, und man legte großen Wert darauf, in einem solchen Spiel beide Themata oder Thesen vollkommen gleichwertig und parteilos durchzuführen, aus These und Antithese möglichst rein die Synthese zu entwickeln.« (53/54)

Wie das Glasperlenspiel selbst, so verläuft Hesses Dichtung nach »musikalischen Regeln«; auch sie geht aus von einem Satz, von einem Thema, von einer »wachgerufenen Leitidee«. Im Werk selbst ist dieses Grundthema, das in beziehungsreicher Symbolik ausgebaut und variiert wird, leicht zu finden. An auffallender Stelle, als »Nachschrift« zu Knechts Rundschreiben (»an letzter und bedeutsamster Stelle«, wie es in einem anderen Zusammenhang einmal heißt – II, 197 –) führt Hesse einen Satz des »verehrten Pater Jakobus« an. Dieser Satz stammt in der Tat nicht von Hesse selbst. Die Gestalt des Pater Jakobus ist ein Porträt von Jakob Burckhardt, dem »einzigen Historiker«, dem Hesse »mit Vertrauen, Ehrfurcht und dankbarer Jüngerschaft zugetan war«[15]. Dieses Wort des Jakobus (es entstammt Burckhardts Vorlesung über die »Geschichte des Revolutionszeitalters«[16] ist das Grundthema der Dichtung:

»›Es können Zeiten des Schreckens und tiefsten Elends kommen. Wenn aber beim Elend noch ein Glück sein soll, so kann es nur ein geistiges sein, rückwärts gewandt zur Rettung der Bildung früherer Zeit, vorwärts gewandt zur heitern und unverdrossenen Vertretung des Geistes in einer Zeit, die sonst gänzlich dem Stoff anheimfallen könnte.‹« (II, 122)

Von diesem Grundthema, von diesem Grundprinzip Kastaliens, der Rettung der Bildung und der heitern Vertretung des Geistes in einer vom Stoff bedrohten Zeit, geht die Dichtung aus. Dieses Grundthema wird in »zwei feindliche Themen« variiert, die »gleichzeitig und parteilos«, objektiv also, durchgeführt werden, wobei aus These und Antithese »möglichst rein« die Synthese entwickelt werden soll. Als Formprinzipien des »Spiels« ergeben sich aus Hesses eigener Darlegung:

(A) Die Gestaltung geht von der Darstellung eines Besonderen, eines einzigen Grundthemas aus.

(B) Die Durchführung dieses Grundthemas ist polar strukturiert.

(C) Die Darstellung selbst ist objektiv und führt vom Besonderen zum Allgemeinen.

Der Hauptteil der Dichtung, die Lebensbeschreibung Knechts, wird nun erweisen, ob Hesse die von ihm selbst für das Glasperlenspiel dargelegten Formprinzipien auch in seiner Dichtung befolgt hat. Aus der Grundform des Werkes, als dichterische Verwirklichung eines einzigen Satzes, ergibt sich fast zwangsweise die Darstellung eines Einzelmenschen. Denn wie könnte die innere Wirklichkeit Kastaliens, sein »pädagogischer« Gedanke anders »realisiert«, wie könnte die heitere Vertretung des Geistes in einer vom Stoff bedrohten Zeit anders überzeugend sichtbar gemacht werden, als durch die Darstellung einer konkreten menschlichen Daseinsform, einer vorbildlichen Persönlichkeit? Es ist für die hier aufgestellte These, das »Glasperlenspiel« sei die dichterische Verwirklichung eines einzigen, kastalisch-pädagogischen Gedankens, nun sehr aufschlußreich, jenem schon zitierten Brief Hesses aus dem Jahre 1950 entnehmen zu können, daß es Hesse am Anfang »beinahe einzig« darum zu tun war, Kastalien sichtbar zu machen, während die Gestalt Knechts erst später in den Mittelpunkt der Erzählung rückte.

In einer kurz zusammengefaßten Interpretation des ersten Kapitels der Lebensbeschreibung und, anschließend, in einer Übersicht über das Gesamtwerk soll auf die Formprinzipien der Dichtung hingewiesen werden.

Mit dem ersten Satz der Lebensbeschreibung: »Über Josef Knechts Herkunft ist uns nichts bekannt geworden« führt sich der Biograph wieder als eigentlicher Erzähler ein. Mit dem Verzicht auf die Schilderung der Kindheit folgt der Biograph kastalischem Gebrauch; denn nur die Geistigkeit eines Menschen, sein »nahezu vollkommenes« Aufgehen in hierarchische Funktion ist für den kastalischen Geschichtsschreiber interessant, nicht aber »die Pathologie noch die Familiengeschichte, nicht das Triebleben, die Verdauung und der Schlaf eines Helden; nicht einmal seine geistige Vorgeschichte, seine Erziehung durch Lieblingsstudien, Lieblingslektüre« (15/16). So zeigt schon die äußere Anlage der Biographie einen Zug zum Überpersönlichen.

Ehe jedoch der Biograph die erste konkrete Aussage über Knechts Leben gibt, führt er aus: »So wie wir von Knechts Geburt und Herkunft nichts wissen, wissen wir von seinem Ende nichts« (65). In diesem bedeutsamen Hinweis, der das stoffliche Ende der Erzählung vorwegnimmt, folgt Hesse einer epischen Forderung, die Goethe so formuliert hat, »daß man von einem guten Gedicht den Ausgang wissen könne, ja wissen müsse«[17], damit die stoffliche Neugierde keinen Anteil an einem solchen Werke erhielte und nur das »Wie« der Darstellung, der »Akt des Erzählens« (Koskimies) das Interesse errege. Auf die große kompositionelle Bedeutung dieser »Hinweise«[18] ist schon verwiesen worden, sie sind gerade in diesem Werk wichtige Elemente der einheitlichen dichterischen Welt. Indem immer wieder auf den Tod Knechts, auf seine Lösung von Kastalien, auf seine ihm immanente Polarität hingewiesen wird, impliziert der Biograph den Leser in Knechts Lebensgang, den er in »klarer Stufenfolge« (65) aufgefaßt wissen will, erscheint auch die letzte Stufe dieses Lebens, Knechts Tod, den die »Legende« berichtet, den vorangegangenen Stufen entsprechend, wie der Biograph überhaupt besonders bestrebt ist, die Stufen, die inneren Wandlungen in Knechts Leben aufzuzeigen.

Von einer solchen Wandlung berichtet nun der Biograph:

> »Aus seiner Kindheit ... wissen wir nur eine einzige Begebenheit, es ist jedoch eine wichtige und eine von symbolischer Bedeutung, denn sie bedeutet den ersten großen Anruf des Geistes an ihn, den ersten Akt seiner Berufung, und es ist bezeichnend, daß dieser erste Anruf nicht von seiten der Wissenschaft kam, sondern von seiten der Musik. Wir verdanken dies Stückchen Biographie, wie beinahe alle Erinnerungen aus Knechts persönlichem Leben, den Aufzeich-

nungen eines Glasperlenspiel-Schülers, eines treuen Verehrers, der viele Aussprüche und Erzählungen seines großen Lehrers aufgeschrieben hat.« (66/67)

Diese Worte des Biographen sind charakteristisch für die Erzählhaltung; so wie hier bemüht sich der Biograph im gesamten Werk, stets die Quelle, aus der er sein Wissen schöpft, genau anzugeben. Indes ist der Hinweis auf die »symbolische Bedeutung« der Begebenheit wichtig, führt er doch die Aufmerksamkeit des Lesers zu den inneren Vorgängen, während die äußere Handlung, die »gleichsam stille zu stehen scheint« (Schiller), an Interesse verliert. Auch der Hinweis, daß der erste Anruf an Knecht von seiten der Musik komme, ist bezeichnend; hatte doch die »Einführung« dargelegt, daß das Spiel meist nach »musikalischen Regeln« verlaufe.

Bei diesem »ersten Akt der Berufung« handelt es sich um die Prüfung des Schülers Knecht durch den Altmusikmeister. Der Altmusikmeister spielte eine kleine Tonfolge aus einer bekannten Liedmelodie und variierte dieses Thema zu einer Fuge:

> »Er spielte das Thema nochmals, und schon ging es weiter ... Die zweite Durchführung modulierte freier nach andern Tonarten hinüber, die dritte, mit einer Neigung zur Subdominante, endete mit einer Klausel auf dem Grundton ... Des Knaben Herz wallte von Verehrung, von Liebe für den Meister, und sein Ohr vernahm die Fuge, ihm schien, er höre heute zum erstenmal Musik, er ahnte hinter dem vor ihm entstehenden Tonwerk den Geist, die beglükkende Harmonie von Gesetz und Freiheit, von Dienen und Herrschen, er ergab und gelobte sich diesem Geist und diesem Meister, er sah sich und sein Leben und sah die ganze Welt in diesen Minuten vom Geist der Musik geleitet, geordnet und gedeutet ...« (73/74).

Der Anstoß zu dieser Berufung erfolgt durch ein einziges musikalisches Thema, durch die Tonfolge einer bekannten Liedmelodie; dieses Thema wird festgestellt, durchgeführt und zur Fuge variiert. Dieser Vorgang der ersten Berufung setzt, ganz dem in der Einführung angegebenen Verlauf des Spiels entsprechend, an einem ganz bestimmten Punkt ein. Es zeigt sich nun schon hier, daß nicht nur die Gesamtkomposition des Werkes von einem Grundthema, von dem Satz des Jakobus ausgeht, sondern daß auch die einzelne Stufe im Leben, der Vorgang der Berufung oder später der Vorgang des »Erwachens«, mit einem Satz, mit einem Thema beginnt und von diesem einen Punkt des Besonderen zum Allgemeinen führt. Die angeführten Worte zeigen aber auch schon an, daß diese Leitidee in zwei polare Ströme weitergeleitet wird (der Biograph hatte diese beiden »feindlichen Themen«, die hier wieder aufgenommen werden, in der Einführung als die Pole von »Gesetz und Freiheit, von Individuum und Gemeinschaft« genannt). Hier beginnt die von nun an unaufhörlich pulsierende Polarität in Knechts Seele, die zunächst nur ahnungsweise spürbar ist, bis sie sich später »recht als das Eigentliche und Kennzeichnende im Wesen des Verehrten« erweist.

Der zitierte Schlußsatz ist indes nicht nur bezeichnend für den ruhigen Fluß der Prosa Hesses, die immer, auch wenn sie stärkste innere Erregung ausdrücken will, gelassen, ruhig und verhalten bleibt, und deren Fließen dem natürlichen Atem und Herzschlag zu entsprechen scheint; der Satz ist nicht nur bezeichnend für das organische Herauswachsen eines an sich selbständigen Teiles aus dem andern, für eine unauffällige Verwendung der zierlichen und doch so bedeutsamen Konjunktionen. Er ist auch bezeichnend für die objektive Darstellungsweise des Erzählers. Gerade bei der größten inneren Erregung seines Helden stellt der Erzähler allgemeine Betrachtungen an über die Harmonie und den Geist der Musik. Die Bewegung dieses Satzes, ausgehend von der Gemütswallung Knechts, hinführend zu seiner Vision der vom Geist der Musik geordneten Welt, diese Bewegung vom Besonderen zum Allgemeinen, vom Persönlichen zum Überpersönlichen ist auch die Bewegung der Selbstwerdung Knechts. Er wird immer mehr lernen, »das eigene Erlebnis und Gefühl zu objektivieren« (212) und die Erscheinungen des Lebens in sinnvollen Zusammenhängen zu erblicken. Gegen Ende seiner Magisterjahre hat er diese Lebensstufe erreicht: »Im Garten setzte er sich auf eine . . . Bank, regelte die Atmung und kämpfte um die innere Stille, bis er geklärten Herzens in Betrachtung versank, in der die Konstellation dieser Lebensstunde sich in allgemeinen, überpersönlichen Bildern ordnete« (II, 133).

Schon diese besondere Darstellung von Knechts erster Berufung zeigt, daß der Erzähler die für das Glasperlenspiel dargelegte Technik als Formprinzip für seine Dichtung übernommen hat.

In der Darstellung dieser ersten Berufung ist auch die perspektivische Verantwortlichkeit des Erzählers zu erkennen. Knecht »*ahnte*« nur den Geist und die Harmonie der Musik. Hier greift nun unmittelbar anschließend, gleichsam als wolle er dem Leser keine Möglichkeit zu einer falschen Auslegung dieses »magischen Vorganges« lassen, für die nächsten sieben Seiten reflektierend und kommentierend der Biograph ein. Er notiert: »Knecht hat viele Jahre später seinem Schüler erzählt: . . .«. Dieser reifer gewordene Knecht vermag nun – was der junge Knecht nur ahnen konnte – die »Konstellation dieser Lebensstunde« zu allgemeiner Betrachtung zu ordnen: »Er hatte den Vorgang der Berufung erlebt, den man recht wohl ein Sakrament nennen darf: das Sichtbarwerden und einladende Sichöffnen der idealen Welt, welche bis dahin dem jungen Gemüt nur teils vom Hörensagen, teils aus glühenden Träumen bekannt gewesen war« (75). Diese zu Generalisationen führende Darstellung wird von nun an für das Werk charakteristisch bleiben. Immer wieder kann im Werk beobachtet werden, wie wichtig diese Verallgemeinerungen dem Erzähler sind, werden sie doch meist, so wie im Beispiel, durch einen Doppelpunkt hervorgehoben und angekündigt. Dies zeigt sich auch im Kommentar des Biographen: Knecht hatte den Vorgang der Berufung erlebt. Dieser Ausdruck »Berufung« gibt auch dem Biographen Veranlassung zu allgemeinen Betrachtungen: »Es gibt viele Arten und Formen der Berufung, der Kern und Sinn des Erlebnisses aber ist immer derselbe: es wird die Seele dadurch erweckt, verwandelt oder gesteigert, daß statt der Träume und Ahnungen von innen plötzlich ein Anruf von außen, ein Stück Wirklichkeit dasteht und eingreift.« (78/79)

Das Berufungserlebnis bringt aber für den jungen Knecht nicht nur Beglückung und neues Selbstgefühl, es bringt auch »Beängstigungen«; es wird ihm oftmals »zu einer großen Qual, einem kaum mehr erträglichen Druck und Leide, denn alles verließ ihn, ohne daß er gewiß war, ob nicht eigentlich er es sei, der es verlasse, ob er nicht dieses Absterben und Fremdwerden . . . selber verschuldet habe (– die nun folgende Begründung dieses Fremdwerdens ist in einer Gradation angeordnet, die so recht ein Beispiel dafür sein kann, wie sehr sich an einer Stilfigur der Charakter eines Dichters ablesen läßt –) durch Ehrgeiz, durch Anmaßung, durch Hochmut, durch Untreue und Mangel an Liebe« (81).

Indes sind Qual, Leid, Druck und Zweifel, die den Gegenpol zur Beglückung bilden, für Knecht notwendig. Denn Knecht soll sich ja seinen jeweiligen Lebensstufen entfremden. »Kaum sind wir heimisch einem Lebenskreise/Und traulich eingewohnt, so droht Erschlaffen« (II, 233) schrieb der junge Knecht in einem Gedicht mit dem bezeichnenden Titel »Stufen«. Knecht aber will dieser »lähmenden Gewöhnung« entgehen. Deshalb entfremdet sich ihm als Folge seiner inneren Berufung nun die äußere Umwelt. Der Vorgang der Berufung findet so auch im Äußeren seine Entsprechung. So kommentiert der Biograph:

> »harmonisch und gleichmäßig arbeiteten und wuchsen das Innen und Außen einander entgegen« (80).

Dieser Satz sagt nicht nur Harmonisches aus; er gestaltet diese Harmonie durch einen streng symmetrischen Aufbau, dessen Symmetrie durch das Polysyndeton in verbaler und nominaler Form eindrucksvoll unterstützt wird.

»So von innen beginnend und wachsend bis zur Begegnung und Bestätigung des Außen vollzog sich die Berufung bei Josef Knecht in vollkommener Reinheit« (80). Knecht mußte alle Wirkungen dieser Berufung, Beglückungen und Beängstigungen in sich austragen; erst dann durfte »das unerträglich alt und eng gewordene Kleid abgelegt werden, es lag ein neues für ihn bereit« (82). Mit diesem Hinweis auf die Stufenfolge in Knechts Leben schließt der Biograph die Darstellung der ersten Berufung ab.

So sehr die Hauptgestalt und der Leser durch diese Darstellung des »magischen Vorgangs jener geweihten Stunde« sich in eine gehobene Stimmung versetzt fühlen: dem Erzähler ist dergleichen nicht anzumerken. Er beginnt nun gleichmütig abzuschweifen. Geschickt begründet er sein Tun: »Da Knechts Leben, soweit es uns bekannt ist, sich ganz in Kastalien abspielte, in jenem stillsten und heitersten Bezirk unsres gebirgigen Landes, den man früher mit einem Ausdruck des Dichters Goethe oft auch ›die pädagogische Provinz‹ genannt hat, wollen wir in aller Kürze und auf die Gefahr hin, den Leser mit Längstgewußtem zu langweilen, nochmals dies berühmte Kastalien und die Struktur seiner Schulen skizzieren« (85). Nun, weder diese Skizzierung, deren Gegenstand schon in der Einführung abgehandelt wurde, noch die folgende Schilderung von Knechts Eschholzer Schülerzeit führen den Faden der Erzählung weiter. Der Erzähler verweilt hier so sehr, daß eine ausführlich geschilderte Episode (Knechts Vortrag über den Unterschied einer legitimen und privaten Assoziation) beziehungslos im Raum des Geschehens hängt. Auch der Erzähler verweilt »gleichwertig und parteilos« bei jeder Partie seiner Erzählung. Dieses »Gleichmaß«, das der Erzähler hier zeigt, gehört »zum Wesen der epischen Dichtung«, wie Emil Staiger in seinen »Grundbegriffen der Poetik« treffend darlegt. »Das Gleichmaß bedeutet den Gleichmut des Dichters, der keiner Stimmung verfällt, dem nicht bald so, bald wieder anders zumut ist ... Er geht nicht auf im Geschehen ... Wie wenig er selbst bewegt ist, verrät sich in jenen Abschweifungen«[19]. Die Abschweifungen, in denen sich der Biograph ergeht, zeigen den Gleichmut des Erzählers, der »parteilos« über dem Erzählten steht.

Der »zweite Grad der Berufung« erfolgt ebenfalls noch im Rahmen des ersten Kapitels: Knecht wird zum Altmusikmeister eingeladen, der ihm die ersten Unterweisungen im Meditieren gibt. Beide meditieren über Musik. Der Altmusikmeister »spielte ein Thema und trieb es variierend vorwärts« (107). Auch hier vollzieht sich der Anstoß zur Berufung durch ein einziges (musikalisches) Thema, das als »Leitidee« den Berufungsvorgang bestimmt. Während der Biograph (ein Zeichen seiner perspektivischen Verantwortlichkeit) Knecht bei der ersten Berufung kein Wort sprechen läßt, ist Knecht nun schon so reif geworden, daß sich ein Gespräch ergeben kann; während Knecht aber beim Akt der ersten Berufung tiefere Bezüge nur zu ahnen vermag, wird ihm nun in der Meditation das Verhältnis von »Gesetz und Freiheit, von Individuum und Gemeinschaft« deutlicher und bewußter. Aber noch erfährt er nicht alles. Noch bedarf er der Erklärungen Außenstehender; so erklärt ihm der Altmusikmeister das Erlebnis: »Du sollst aber nie vergessen, was ich dir oft gesagt habe: unsre Bestimmung ist, die Gegensätze richtig zu erkennen, erstens nämlich als Gegensätze, dann aber als die Pole einer Einheit« (112). Wieder hat der Berufungsvorgang auf die pulsierende Polarität in Knecht hingewiesen; der Altmusikmeister vermag sie jedoch zu allgemeinem Gesetz zu erheben, unter dem sich alles Leben begreift und das Wesen des Menschen sich bestimmt. Damit führt der Erzähler das erste Kapitel zu Ende.

Was schon die Darstellung von Knechts erster Berufung deutlich werden ließ, das erweist nun die Gestaltungsweise des ganzen Kapitels: Die dargelegten Regeln des Glasperlenspiels bedeuten für Hesse die Formprinzipien seiner Dichtung: Ein äußerer Vorgang (er mag nun von einer »Tonfolge«, von einem »Satz des Leibniz« oder von einem Satz Jakob Burckhardts ausgehen) wird subjektiv erlebt und dann in eine unaufhörlich pulsierende Polarität weitergeführt. Nach anhaltendem Gegenüberstellen von These und Antithese legt der Erzähler die Synthese dar: der zunächst nur subjektiv Erlebende objektiviert nun sein Erlebnis in einem meditativen inneren Schauen, bis dieses Erlebnis sich ihm, »so gestaltend, umgestaltend« (Goethe), zu »allgemeinen, überpersönlichen Bildern«, zu einer Generalisation ordnet.

Dieser Vorgang der Generalisation ist der Dichtung wesensmäßig zugehörig. Schon Aristoteles hat in seiner »Poetik« der Poesie eine höhere Wahrheit als der Geschichte zugeschrieben, da sich in den Gestalten und Ereignissen der Poesie am Besonderen das Allgemeine offenbare. Vor allem Goethe darf hier als Zeuge genannt werden, der immer wieder, am sichtbarsten vielleicht in den »Wahlverwandtschaften« Einzelbeispielen die Weihe des Allgemeinen gegeben hat. Goethe sah gerade in der Art, im Besonderen das Allgemeine zu schauen, die eigentliche »Natur der Poesie«[20]. Freilich soll der Dichter nie seinem Gefühl entsagen: »Er muß glühen und brennen!« (114). Aber gerade der Dichter muß sich darin üben, »das eigene Erlebnis und Gefühl zu objektivieren«, es zu »allgemeinen, überpersönlichen Bildern« zu ordnen. Diese Tendenz zum Allgemeinen und Überpersönlichen ist eine wesentliche Haltung des Dichters; denn diese allgemeinen und überpersönlichen Bilder sind für den Dichter »geistige Maße und Gewichte«, die den Menschen in einer vom Stoff bedrohten Zeit »Maß und Ordnung« bringen können. Der Dichter besitzt deshalb die hohe Aufgabe, diese Bilder, diese »geistigen Maße und Gewichte« der Menschheit zu bewahren, zu erhalten, sie ständig zu prüfen und zu eichen. So ist der Dichter, wie es Knecht selbst in seinem bedeutsamen Rundschreiben ausführt, »Erhalter«, »Nachprüfer«, »Eichmeister der geistigen Maße und Gewichte« (II, 114).

Die dichterische Gestaltungsweise der folgenden Kapitel, die nicht so ausführlich interpretiert werden können, soll nun in einem Querschnitt dargelegt werden.

(Ad A) Ein Überblick über die einzelnen Akte der »Berufung« und des »Erwachens« (wobei die »Berufung« Knecht zum bedingungslosen Einordnen in die kastalische Hierarchie auffordert, während das »Erwachen« ihn die Wirklichkeit begreifen ließ und ihn damit zur Selbsterkenntnis führte, die die Begriffe und Kategorien Kastaliens zu relativen machte) zeigt, daß die Darstellung dieser Akte jeweils von einem Besonderen ausgeht.

So setzt etwa Knechts Aufenthalt beim »Älteren Bruder« (es ist der »Beginn seines Erwachens«) mit einer Meditation über Goldfische ein; das angeführte Thema wird dann polar weitergeführt: Knecht

> »blickte in die kleine kühle Welt von Dunkel und Licht und zauberisch spielenden Farben hinab, wo in dem dunkel Grünblauen und tintig Finstren sich die Leiber der Goldenen wiegten und dann und wann, eben wenn die ganze Welt verzaubert und für immer entschlafen und in Traumbann verfallen schien, mit einer sanft elastischen Bewegung Blitze von Kristall und Gold durch das Schlafdunkel schickten« (179).

In dem Nebeneinander von Dunkel und Licht, von Finstrem und Goldenem, von entschlafen und erschrecken, von Schlafdunkel und hellen Blitzen äußert sich das polare Seelenleben des Meditierenden. Das Motiv des Goldfisches zieht sich durch das ganze Werk. Als der »Ältere Bruder« später vom Glasperlenspielmeister Knecht nach Kastalien eingeladen wird, sagte dieser ab und sandte ein Blättchen an Knecht, auf dem ein Vers über einen Goldfisch gepinselt war. Dieses Motiv ist deshalb bedeutsam, weil sich ja auch Knecht »wie ein Goldfisch« verhält (diese Wendung ist im Werk in Anführungszeichen gesetzt), da er durch seinen Austritt aus dem Orden den Traumbann Kastaliens zerreißt.

Für diesen Ausgangspunkt vom Besonderen und Einzelnen lassen sich noch mehrere Beispiele anführen. So nimmt etwa die Freundschaft Knechts mit Pater Jakobus ihren Ausgangspunkt in einem gemeinsamen Gespräch über einen Satz des chiliastischen Theosophen J. A. Bengel, der »in einem enzyklopädischen Werk alles Wissen seiner Zeit symmetrisch und synoptisch auf ein Zentrum hin zu ordnen« versuchte (232).

Knecht legt seinem Plan für die Solennität, für das große festliche Jahresspiel, die Symbolik äußerer Formen eines chinesischen Hauses zugrunde. Von diesen äußeren Formen ging das »Chinesenhausspiel« in »unendliche, vieldimensionale Vorstellungsräume« (374).

Knechts Rundschreiben an die Ordensbehörde, in der er die Ordensleitung vor drohenden inneren und äußeren Gefahren warnte, denen Kastalien ausgesetzt und denen nur durch Vorleben neuer Lebensformen zu begegnen sei, liegt jener schon zitierte Satz des Pater Jakobus zugrunde. Der letzte Teil der Lebensbeschreibung, »Die Legende«, beginnt mit der großen Auseinandersetzung zwischen Knecht und dem Ordensmeister Alexander. Knechts Bemühen, dem Ordensmeister zu erklären, daß er nicht freiwillig oder willkürlich, nicht als Flüchtling oder Neugieriger seinen Weg in die Welt antrete, sondern als »Gerufener und Opfer«, aus »Dienst und Gehorsam« einem höheren Herrn gegenüber, kristallisiert sich in einem Gleichnis: Knecht erzählt dem Ordensmeister die »Legende« vom heiligen Christophorus. Auch Christophorus wollte nicht regieren, »sondern Dienen war seine Stärke ... Doch war es ihm nicht einerlei, wem er diene. Es mußte der größte, der mächtigste Herr sein.« (II, 170)

Hesse hat mit dieser Gestaltungsweise, die von einem Besonderen ausgeht, sich an das in der Einführung aufgestellte Formprinzip gehalten. Er hat damit, auf genuine dichterische Weise allerdings, »musikalische Regeln«, die Intonation eines Themas, in die Gestaltung seiner Dichtung übernommen.

(Ad B) Die Gestaltungsweise geht von einem Grundthema aus. Die weitere Durchführung dieses Themas erfolgt meist in polaren Grundtendenzen. Diese Polarität war schon in den beiden wichtigen Stellen des ersten Kapitels, beim Akt der ersten und zweiten Berufung sichtbar. Auf die Beglückung und das strahlende Selbstgefühl, das die Berufung mit sich brachte, folgten alsbald Beängstigungen, Zweifel und Leiden. Die zweite Berufung bedeutet für Knecht Ruf und Warnung zugleich: den Ruf zu weiterer bedingungsloser Hingabe an die kastalische Funktion; die Warnung, daß es aus dieser Hierarchie keinen Ausweg gäbe: »Je höher das Amt, desto tiefer die Bindung.« Diese Bindung war indes nicht stark genug. Das Wort »frei« konnte wie ein Magnet auf Knecht wirken. So pulsiert schon im Bereich des ersten Kapitels eine von nun an unaufhörliche Polarität zwischen Gesetz und Freiheit, Dienen und Herrschen, Geist und Welt, oder, wie es einmal unversehens heißt: »Man sieht, es war der alte Wettstreit zwischen Ästhetisch und Ethisch, der sich in Knecht vollzog« (190).

Der Biograph zeichnet Knechts Weg in »klarer Stufenfolge«. Konnte gelegentlich auf eine symmetrisch angeordnete Satzgliederung hingewiesen werden, so zeigt sich nun, daß auch die einzelnen Kapitel streng symmetrisch aufgebaut sind: Jedes Kapitel weist je einen Höhepunkt in der »ästhetischen« wie einen in der »ethischen« Grundtendenz auf; beide Höhepunkte bedingen einander.

Stufe um Stufe ersteigt Knecht die Stufenleiter der kastalischen Hierarchie: er wird in den Orden aufgenommen (Kap. 3; die Kapitel 1 und 2 brachten die »Berufungen«), erhält eine ehrenvolle Mission (Kap. 4), siegt in einem wichtigen Glasperlenspielwettbewerb (Kap. 5), wird schließlich zum Magister Ludi, zum Glasperlenspielmeister, berufen (Kap. 6); er hat in diesem höchsten Amt, das Kastalien zu vergeben hatte, große Erfolge zu verzeichnen (Kap. 7).

Stufe um Stufe beschreitet Knecht aber auch den Weg des »Erwachens«. Schon früh meldeten sich die ersten Zweifel (Kap. 1). Seit seiner Begegnung mit dem Weltmann Designori erhält die wirkliche Welt ihr »Heimatrecht« in Knechts Seele (Kap. 2). Der »Ältere Bruder«, der seine vom Orden abgewandte (goldfischhafte) Daseinsform lebt, führt ihn zum »Beginn des Erwachens« (Kap. 3). Die Bekanntschaft mit dem Pater Jakobus bringt die entscheidenden Stufen »auf jenem Weg des Erwachens, als den er sein Leben betrachtet« (Kap. 4, 5 und 6). Knecht begann nun sein Leben als vergängliches Kleid seiner Entelechie und Kastalien als eine geschichtliche und deshalb vergängliche Wirklichkeit zu sehen. Der Weg des

Erwachens ist das fortschreitende Begreifen dieser Wirklichkeit. Auf der Höhe der kastalischen Ämter angelangt, unmittelbar nach seiner Wahl zum Magister Ludi, taucht auch schon der Gedanke der Amtsniederlegung auf (Kap. 7). Er wird dann ausgeführt, als Knecht erkennt, daß Kastalien zu einer unfruchtbaren Abspaltung vom Ganzen des Lebens verurteilt ist. Er verläßt den Orden, verläßt Kastalien; er hat sich für den ethischen Weg entschieden.

Im 8. Kapitel, dem Schlußkapitel des ersten Bandes, das die charakteristische Überschrift trägt: »Die beiden Pole«, bezeichnet der Biograph diese Polarität in Knecht als »das Eigentliche und Kennzeichnende im Wesen des Verehrten«:

> »Die beiden Grundtendenzen oder Pole dieses Lebens, sein Yin und Yang, waren die Tendenz zum Bewahren, zur Treue, zum selbstlosen Dienst an der Hierarchie, und andrerseits die Tendenz zum ›Erwachen‹, zum Vordringen, zum Greifen und Begreifen der Wirklichkeit.« (390)

Indes pulsiert diese Polarität viel spürbarer, als es im Aufbau der einzelnen Szenen und Kapitel greifbar ist, in der Sprache der Dichtung. Ja, die Polarität im »Wesen des Verehrten« wird erst wahr durch diese Sprache, die alles in sich trägt. Drei charakteristische Beispiele seien zitiert:

> »Und vielleicht war sie (– die Welt–) das nicht nur für einzelne, sondern für alle, vielleicht auch war es gar nicht ausgemacht, daß es die Schwächeren und Minderwertigen seien, welche die ferne Welt so sehr anzog: vielleicht war der scheinbare Rückfall, den sie erlitten, gar kein Fall und kein Erleiden, sondern ein Sprung und eine Tat, und vielleicht waren wir, die wir brav in Eschholz blieben, gerade die Schwachen und Feigen.« (98)

> »Und aus diesem Stadium entwickelte sich eine neue Vorstellung ... oder vielmehr die Erkenntnis: dieser sinnvoll-sinnlose Rundlauf von Meister und Schüler, dieses Werben der Weisheit um die Jugend, der Jugend um die Weisheit, dieses endlose, beschwingte Spiel war das Symbol Kastaliens, ja war das Spiel des Lebens überhaupt, das in alt und jung, in Tag und Nacht, in Yang und Yin gespalten ohne Ende strömt.« (312)

> Knecht und Designori »fuhren an einem wolkig-windigen Herbstnachmittag durch das beständig zwischen Licht und

Schatten wechselnde Land den Stätten ihrer Schülerzeit und Freundschaft entgegen. Knecht in gelassener Heiterkeit, sein Begleiter still, aber unruhig, gleich den leeren Feldern zwischen Sonne und Schatten, zwischen Freuden des Wiedersehens und Trauer des Fremdgewordenseins zuckend.« (II, 17)

Auf das ruhige Fließen der Sprache dieser ausgewogenen Perioden und auf das organische Herauswachsen der Sätze ist schon verwiesen worden. Die sorgsame Wortwahl des Erzählers macht besonders zwei Eigenheiten dieser Sprache deutlich:

In Hesses Sprache ist das Verbum in seiner Bedeutung eingeschränkt. Ein deutliches Übergewicht der Substantiva ist zu beobachten. Durfte zu Eingang des Kapitels festgestellt werden, daß es dem Erzähler weniger auf eine stofflich gespannte Handlung, als vielmehr auf den »Akt des Erzählens«, auf eine sublime innere Spannung ankomme, in seiner Sprache findet man einen erneuten Beweis dafür. Die Häufung der Substantiva hemmt das äußere Fortschreiten der Handlung. Dafür lösen diese Substantive die Aufgabe, Stimmungen verhalten und nachwirkend darzustellen und innere Gegensätzlichkeiten aufzuzeigen; sie ermöglichen ein letztes Ausreifen der Bilder und achten sorgsam auf den Wortklang.

In diesen Substantiven, in den zahlreichen epitheta ornantia, in den amplifizierend gebauten Perioden schafft sich die unaufhörlich pulsierende Polarität Gestalt. Besonders spiegeln die zahlreichen Beiwortpaare die beiden polaren Grundtendenzen wider; so etwa: »ebenso versponnen wie nüchtern«, »wunderlich, aber klug«, »herzenszart wie felsenfest«, »begehrenswert zugleich und verachtenswert«, »still, aber unruhig«, »hell und zugleich finster«. Diese Beiwortpaare können sich gelegentlich zu regelrechten Oxymora steigern: »Unsinnig-sinnvoll«, »sinnvoll-sinnlos«, »schmerzlich-schön«, »eitel-weise«, »neu-alt«. Was Hesse, der sich »um den Ausdruck für das Ewige bemüht«, sich einst im »Kurgast« ersehnte, das hat er nun in der »Darstellung« (Klopstock) dieses Werkes erreicht: es ist ihm gelungen, die »Zweistimmigkeit der Lebensmelodie«, die »ewigschreitende Antithese«, die »Doppellinie« mit seinem »Material«, »mit Worten« auszudrücken. Der Erzähler hat damit wieder ein Formprinzip erfüllt, das er selbst in der Einführung aufgestellt hatte: Die Durchführung des Themas in polaren Grundtendenzen, in »zwei feindlichen Themen«. Wieder hat er damit »musikalische Regeln«, die Variation eines Themas auf echte, dichterische Weise in die Gestaltung seines Werkes übernommen. Knecht selbst stellt die Beziehung zur Musik einmal her, wenn er sagt: »Mein Leben, so etwa nahm ich mir vor, sollte ein Transzendieren sein, ein Fortschreiten von Stufe zu Stufe, es sollte ein Raum um den andern durchschritten und zurückgelassen werden, so wie eine Musik Thema um Thema, Tempo um Tempo erledigt, abspielt, vollendet und hinter sich läßt, nie müde, nie schlafend, stets wach, stets vollkommen gegenwärtig –« (II, 173).

(Ad C) Die Gestaltungsweise geht von einem Grundthema aus, das in zwei polaren Grundtendenzen weitergeführt wird. Die Interpretation des ersten Kapitels zeigte nun schon, daß der Erzähler bemüht ist, aus »These und Antithese möglichst rein die Synthese zu entwickeln«. Es kann nun nicht Aufgabe dieser Darlegung sein, alle die Stellen in der Dichtung anzuführen, die vom Besonderen zum Allgemeinen, vom subjektiv Persönlichen zum objektiv Überpersönlichen führen. Auf einige charakteristische Stellen sei aufmerksam gemacht:

Der Biograph schildert in der Einführung die Phänomene des »feuilletonistischen Zeitalters« (unmittelbar an diesen Ausdruck schließt sich eine bezeichnende Verallgemeinerung an: »Solche Namen sind hübsch, aber gefährlich, und verlocken stets dazu, irgendeinen Zustand des Menschenlebens in der Vergangenheit ungerecht zu betrachten« – 23 –). Als Phänomene dieser Zeit erkennt er: Das Feuilleton der Zeitungen, die Vorträge der »Hochschullehrer von Ruf« und die Sucht der Massen: das Kreuzworträtsel (diese Rätsel »entsprachen einem tiefen Bedürfnis, die Augen zu schließen und sich vor ungelösten Problemen ... in eine möglichst harmlose Scheinwelt zu flüchten« – 28 –). In all den Phänomenen deutet sich eine Untergangsstimmung an:

> »Aus dieser Einsicht erklärte man sich so viele beängstigende Zeichen der Zeit: die öde Mechanisierung des Lebens, das tiefe Sinken der Moral, die Glaubenslosigkeit der Völker, die Unechtheit der Kunst« (31).

Wieder ist die Verallgemeinerung durch einen Doppelpunkt angekündigt und hervorgehoben.

In dieser Zeit tiefster Not entstand aus der Sehnsucht der Völker nach »Ordnung, Norm, Vernunft, Gesetz und Maß« (208) der Orden der Geistigen; ihm wuchs die Aufgabe zu, »eine Stetigkeit und Dauer der geistigen Fundamente aller Maße und Gesetze zu gewährleisten«. Die äußere Wirklichkeit dieses Ordens geriet aber in einer Spätzeit in Gefahr; und auch von innen her drohte Verfall, denn die Kastalier betrachteten nur die ästhetische Seite des Lebensganzen; sie trieben Geschichte nur als ästhetisches Spiel. Dabei übersahen sie, daß das Studium der Geschichte Notwendiges und Wichtiges anstrebt:

> »Geschichte treiben heißt: sich dem Chaos überlassen und dennoch den Glauben an die Ordnung und den Sinn bewahren.« (236)

Knecht ist der entschiedene Vertreter dieser Erkenntnis. Schon früh vom Altmusikmeister zur »Vervollkommnung seiner selbst« (114) aufgerufen, geht Knecht seinen selbstfindenden Weg zunächst nach rückwärts. Der Biograph berichtet: »Gelesen hat er viel und besonders deutsche Philosophie« (125). Unermüdlich studiert der junge Knecht Musik und Sinologie; so bewahrt er sich die Bildung der früheren Zeit.

Lange konnte sich Knecht dem reinen Bildungsstreben hingeben. Dann rief ihn ein »höherer« Herr; als »Gerufener« verläßt er den Orden, die bloß ästhetische Seite des Lebensganzen und überläßt sich dem Chaos, der vom Stoff bedrohten Zeit, um dort, im Glauben an Ordnung und Sinn eine Synthese zwischen kastalischer und weltlicher Daseinsform zu leben. Knecht wollte in diesem neuen »Dienst« daran mitwirken,

> »der Welt ihr geistiges Fundament zu erhalten, das sich als auch ein moralisches Element von höchster Wirksamkeit bewährt hat: nämlich den Sinn für die Wahrheit« (II, 101).

In einem Rundschreiben an die Ordensleitung kündigt Knecht seinen Entschluß an, sein Amt aufzugeben und als einfacher Schulmeister (magister ludi = Schulmeister; ludus lat. = Spiel *und* Schule), als Erzieher »Vorbild« zu sein »in der Ehrfurcht vor der Wahrheit, im Gehorsam gegen den Geist, im Dienst am Wort«. Die Bildung der Vergangenheit zu bewahren und sein Vorbild heiter und unverdrossen zu leben, das ist das Ziel Knechts.

Der Erzähler hat auch sein drittes in der Einführung erhobenes Formprinzip im ganzen Werk durchgeführt. Es ist ihm gelungen, die gegeneinandergeführten Themen: Kastalien und Welt, ästhetisch und ethisch zu einer Synthese zu führen, wie sie sich in den Worten des Pater Jakobus ausgedrückt hat. Wieder hat der Erzähler die Leistung eines Musikers vollbracht, der die Variation der Themen zu einem gewaltigen Schlußsatz zusammenführt; Ferromonte hat einmal in der Versöhnung von Designori und Knecht ein musikalisches Erlebnis empfunden: »Der Gegensatz: Welt und Geist ... hatte sich vor meinen Augen aus dem Kampf zweier unversöhnlicher Prinzipien in ein Konzert sublimiert« (149).

Von hier aus zeigt sich nun, daß die Worte des »verehrten Pater Jakobus« wirklich das *Grund*thema der Dichtung darstellen, das der Dichter in immer neuer, beziehungsreicher Symbolik und in einer Erzählart, die vom Besonderen ausgeht und über die Darlegung polarer Grundtendenzen zum Allgemeinen führt, auf großartige Weise dichterisch gestaltet hat.

Die drei Regeln des Glasperlenspiels, die, wie nun nachgewiesen worden ist, die Formprinzipien für die Gestaltung der einzelnen Dichtungsteile darstellen, sind indes nicht zufällig so geartet.

Übersieht man nämlich die Weise, wie das Grundthema, die wesentliche Lebensform des geistigen Menschen, im Rahmen des Gesamtwerkes gestaltet wird, so ergibt sich ein Überraschendes:

In Kapitel 1 und 2 wird das Thema festgestellt: »Du sollst dich auch gar nicht nach einer vollkommenen Lehre sehnen, sondern nach Vervollkommnung deiner selbst.« Innerhalb der ersten Kapitel befindet sich der 13–17jährige Knecht in einem Stadium verantwortungsloser Abhängigkeit von Schule, Schulvorstand und Altmusikmeister.

Mit dem »Beginn des Erwachens« im 3. Kapitel setzt jener Weg des »Erwachens« ein, als den Knecht sein Leben begreift; er bedeutet für Knecht einen »Zuwachs an Problematik«. Knecht begreift die großen Gegensätze des Lebens und läßt sie in sich ausleben. Die Kapitel 3–8 zeigen diese unaufhörlich pulsierende Polarität als das »Eigentliche und Kennzeichnende im Wesen des Verehrten«.

Mit dem 9. Kapitel (dem 1. Kapitel des zweiten Bandes) setzt sich in Knecht die Einsicht und Erkenntnis der Einheit der großen Gegensätze durch; dies vermag in ihm eine neue, geistige Lebensform zu begründen. Knecht erhebt sich in meditativer Betrachtung über diese Polarität und ordnet sie, wie einst der Altmusikmeister, zu »allgemeinen, überpersönlichen Bildern«. Von hierher bestätigt sich eine Beobachtung, daß gerade in diesem Teil der Dichtung, in den Kapiteln 9–12, die Darstellung am häufigsten zu Generalisationen führt.

Kapitel 1 und 2 geben den Ausgangspunkt, das Besondere, das Grundthema an. Die Kapitel 3–8 verwandeln den Ausgangspunkt in eine »klare Stufenfolge«, zerlegen das Besondere in polare Grundtendenzen, variieren das Grundthema in zwei »feindliche Themen«. Die Kapitel 9–12 ordnen die Polaritäten zu »allgemeinen, überpersönlichen Bildern«, sublimieren die polaren Grundtendenzen zur Synthese.

Die drei in der Einführung dargelegten Regeln des Glasperlenspiels bilden die Formprinzipien der gesamten Dichtung. Diese drei Formprinzipien stehen nun in einem tiefen Bezug zu einer Vorstellung, die Hesse für »heilig«, »für Wahrheit schlechthin« hält: zu Hesses Vorstellung von den drei Hauptstufen der Menschwerdung, auf die im vorigen Kapitel ausführlich hingewiesen worden ist. Der Weg der Menschwerdung, der Weg Knechts vom Sein zum »Erwacht-Sein«, vom Ich zum Selbst, beginnt für Hesse mit der »Unschuld«, mit der Zeit des »verantwortungslosen Vorstadiums«, der Abhängigkeit (Kapitel 1 und 2). Von da führt er in die »Schuld«, in das Wissen um die großen Gegensätze (Kapitel 3–8). Der Weg dieser Stufe endet in Verzweiflung über die Einsicht, daß es ein »sattsames Dienen« nicht gibt. Diese Verzweiflung kann zum Untergang führen oder »zu einem dritten Reich des Geistes, zum Erleben eines Zustandes jenseits von Moral und Gesetz, ein Vordringen zu Gnade und Erlöstsein«[21]; es ist dies das Erblicken »des Geistes, des Ganzen, des Sinnes, des Zusammenhanges« (II, 258) in überpersönlichen Bildern (Kapitel 9–12). In dieser tiefsten Bezüglichkeit der Formprinzipien der »Glasperlenspiel«-Dichtung zu Hesses Vorstellung von den Stufen der Menschwerdung äußert sich in eindrucksvoller Weise die vom Dichter geleistete Einheit von Gestalt und Gehalt seiner Dichtung.

Nun zeigt sich auch das betonte Bemühen des Biographen, das Leben Knechts in »klarer Stufenfolge« zu beschreiben, als zutiefst begründet. »Es mag tausend Arten geben«, hatte Hesse in dem Aufsatz »Ein Stückchen Theologie« geschrieben, »auf welche sich Individuation und Seelengeschichte des Menschen vollziehen kann. Der Weg dieser Geschichte aber und seine *Stufenfolge* ist stets derselbe.«[22] Dieser »unweigerlich-starre« Weg vollzieht sich in »klarer« Stufenfolge; und auf eben diese Klarheit kommt es dem Erzähler an.

Die symmetrisch-klare Gesamtkomposition bedarf noch eines Hinweises; wurde eingangs betont, daß schon im Äußeren Einführung und Lebensbeschreibung einerseits und die Gedichte und Lebensläufe andererseits einander gegenübergestellt sind, so zeigt sich nun vom inneren Geschehen her eine ebenfalls symmetrische Gegenüberstellung.

Hesse hat mit diesen »Einschüben« nicht die Form seiner Dichtung gesprengt; er stellt sie außerhalb der Lebensbeschreibung und veröffentlicht sie als »hinterlassene Schriften«. Diese Lebensläufe sind in Legendenform gestaltet: Ihre Hauptfiguren, »Knecht«, »Famulus« (lat. = Knecht) und »Dasa« (indisch = Knecht) sind wie die Helden von Heiligenlegenden Gerufene, Leidende und Opfer. Diese Lebensläufe, »eine Übung, sich das eigene Ich in veränderten Lagen und Umgebungen vorzustellen« (158), sind »gesteigerte Selbstbildnisse«, Inkarnationen Knechts. So selbständig jeder dieser Lebensläufe und jedes dieser Gedichte sind, bilden sie doch einen integrierenden Bestandteil der Dichtung. Ihre Funktion besteht darin, die Gestalt Knechts in einer neuen, zu der »nüchternen Darstellung«, zum objektiven Bericht der Lebensbeschreibung symmetrisch angelegten poetischen Dimension zu zeichnen. Zeigt die Biographie den in »klarer Stufenfolge« aufgebauten Lebensweg Knechts in objektivem Umriß, so dringen die Gedichte und Lebensläufe in die Dimension subjektiver Innerlichkeit vor. In dieser Dimensionierung von Knechts subjektiver Seelenwelt in das vorgeschichtliche Dasein einer noch magischen Kultur (»Der Regenmacher«), in die frühchristliche Zeit der Eremiten (»Der Beichtvater«) und in die vorbuddhistische Yogazeit des alten Indien (»Indischer Lebenslauf«) erfüllt Hesse jene mehr als Postulat denn als Selbstverständlichkeit geltende Forderung nach epischer Welthaltigkeit.

Die Gesamtkomposition der Dichtung ist von kristallener Durchsichtigkeit: Wie die Sprache der Dichtung, von der Reife des Gedankens durchdrungen, klar und durchsichtig ist, wie die einzelnen Kapitel und das Gesamtwerk symmetrisch-klar aufgebaut sind, wie das Dichtungsganze eine klassische, klare Ordnung darstellt, die alles sinnvoll zueinander bezieht, so strebt auch der Dichter danach, die Erscheinungen des Lebens in sinnvollen Zusammenhängen zu begreifen, sie zu überpersönlichen Bildern zu ordnen, und in diesen Bildern, seinen »geistigen Maßen und Gewichten«, der Menschheit Maß, Ordnung und Klarheit zu geben. Indem der Dichter sich in der Dichtung um eine klare, sinnvolle Gestaltung bemüht, erhält er die »geistigen Maße und Gewichte«, ist er »Erhalter«, »Eichmeister der geistigen Maße und Gewichte«.

Auf der von Knecht erreichten dritten Stufe der Menschwerdung, im »Reich des Geistes«, ergeben sich nun neue, bisher unbekannte Möglichkeiten des Menschentums, wie Hesse es in jenem Aufsatz »Ein Stückchen Theologie« ausführt. Auch der Satz des »verehrten Pater Jakobus« spricht von einer »heitern« Vertretung des Geistes. Die neue Möglichkeit des Menschentums, die neue, noch nicht vorgezeichnete und vorgelebte Lebensform, die sich nun in Knecht kraft seines meditativen Schauens des Allgemeinen vollzieht, ist die Weise der »gelassenen Heiterkeit«.

Diese Heiterkeit war Knecht nicht von Anfang an eigen. Er gewann sie aus dem hohen Vorbild, das der Altmusikmeister ihm bot, aus der »Liebe zur Welt«, die Jakobus in ihm erweckte, und er gewann sie sich selbst in der Meditation. Nun erst, da es ihm gelungen ist, hinter den Erscheinungen des Lebens den Sinn, den Zusammenhang zu erschauen, bricht der ganze Horizont dieser Heiterkeit in ihm auf. Diese Heiterkeit ist nicht Spielerei und Oberfläche, sie ist Ernst und Tiefe.

In einem Gespräch mit Designori deutet Knecht das Wesen dieser Heiterkeit. Der Biograph unterbricht seinen Bericht:

> »An diesem Abend fand zwischen den beiden ein Gespräch statt, das Designori gleich nach seiner Heimkehr aufgezeichnet hat. Wenn es auch zum Teil Unwichtiges enthält und unsre nüchterne Darstellung vielleicht in einer manchen Leser störenden Weise unterbricht, möchten wir es

doch so mitteilen, wie jener es aufgeschrieben hat.« (II, 17/18)

Wieder ist die Angabe der Quelle ein Zeichen besonderer perspektivischer Verantwortlichkeit: denn diesen Stil, in den das Gespräch gefaßt ist, vermöchte ein »Historiker« nicht zu schreiben, der um »nüchterne Darstellung« bemüht ist; diese Gedanken Knechts wären für den Biographen auch durch kein noch so sensibles »Einfühlungsvermögen« zu ermitteln gewesen. Der Biograph verzichtet auch auf jeden Kommentar. Sehr sorgsam ist diese dialogische Szene aufgebaut. Schon in den die Gespräche einleitenden Wörtern kann man die Art dieser Heiterkeit und ihre Wirkung erkennen (zitiert in der Reihenfolge der Anführung im Text):

sagte der Meister	sagte Plinio
sagte Knecht behutsam . . .	rief Plinio erregt
lächelte Knecht	begann Plinio verwundert
begütigte Knecht freundlich . .	Designori sagte resigniert
sagte Knecht bedächtig	gestand Plinio

Das behutsame, begütigende, bedächtige und freundliche Lächeln Knechts vermag den erregten Designori zum Verwundern, zum Resignieren und schließlich zum Geständnis seiner inneren Nöte zu bringen.

Wie jeder Humor so spottet auch dieser »Klang von übermenschlichem Lachen«, diese »unsterbliche Heiterkeit« jeder begrifflichen Beschreibung. Knecht deutet selbst die tiefen Horizonte dieser Heiterkeit an:

»Diese Heiterkeit zu erreichen, ist mir, und vielen mit mir, das höchste und edelste aller Ziele ... Diese Heiterkeit ist weder Tändelei noch Selbstgefälligkeit, sie ist höchste Erkenntnis und Liebe, Bejahen aller Wirklichkeit, Wachsein am Rande aller Tiefen und Abgründe, sie ist eine Tugend der Heiligen und der Ritter, sie ist unzerstörbar und nimmt mit dem Alter und der Todesnähe nur immer zu. Sie ist das Geheimnis des Schönen und die eigentliche Substanz jeder Kunst. Der Dichter, der das Herrliche und Schreckliche des Lebens im Tanzschritt seiner Verse preist, der Musiker, der es als reine Gegenwart erklingen läßt, ist Lichtbringer, Mehrer der Freude und Helligkeit auf Erden, auch wenn er uns erst durch Tränen und schmerzliche Spannung führt. Vielleicht ist der Dichter, dessen Verse uns entzücken, ein trauriger Einsamer und der Musiker ein schwermütiger Träumer gewesen, aber auch dann hat sein Werk teil an der Heiterkeit der Götter und der Sterne. Was er uns gibt, das ist nicht mehr sein Dunkel, sein Leiden oder Bangen, es ist ein Tropfen reinen Lichts, ewiger Heiterkeit.« (II, 53/54)

Ausgerüstet mit dieser Heiterkeit und im Bewußtsein, zu Vorbild in »Ehrfurcht vor der Wahrheit, im Gehorsam gegen den Geist, im Dienst am Wort« berufen zu sein, betritt Knecht die wirkliche Welt. Schon Knechts bloßes Anwesendsein im Hause Designori brachte »Maß und Mahnung« »in die verschrobenen und verbogenen Familienzustände« und konnte die Stimmung von »Sorge und Ärger« in eine heitere entspannen. Tito, der Sohn Designoris, den Knecht nunmehr erziehen will, erkannte alsbald, daß Knecht etwas in seinem Wesen hatte, »was verpflichtete und die edlen, guten, ritterlichen, die höheren Strebungen und Kräfte anrief« (II, 203). Auch Knecht spürt die magnetische Kraft des Vorbilds, die von ihm ausgeht. Um das Angebahnte nicht wieder zu zerstören, folgt er trotz Unwohlseins Titos Aufforderung zum morgendlichen Bade. »Der Anruf war stärker als die Warnung, der Wille stärker als der Instinkt.« Das eisige Wasser lähmt seinen Herzschlag. Vom Unbekannten gekommen, ging Knecht ins Unbekannte zurück. Seine Gestalt bleibt im Kreise des Elementaren beschlossen. Die »Legende« seiner Herkunft entspricht der »Legende« seines Endes.

3. Die »Dichtung als eine Erscheinungsform des Göttlichen«

Der Leser, der »von einer sorgfältigen Beachtung des Technischen« in den »Geist« der Dichtung eingedrungen ist, und in der von Knecht vorgelebten heiter-geistigen Lebensform eine neue Möglichkeit des Menschentums erahnt, wird indessen immer wieder nach der Bedeutung des Glasperlenspielsymbols fragen. Es soll deshalb versucht werden, ein Stück weit in diese »Idee« einzudringen, die »unendlich wirksam« (Goethe) sich ins symbolhafte Bild verwandelt hat, um vielleicht *einen* Aspekt jenes »unaussprechlichen« Allgemeinen zu entdecken.

Die Literatur über Hesse kann hierzu nur wenig beitragen; sie weicht meist dieser Frage aus. Paul Böckmann faßt die Meinung vieler Autoren zusammen, wenn er in seinem Aufsatz über Hesse schreibt: »Freilich, wenn man nun fragt, was denn dieses Glasperlenspiel sei und wie es sachlich inhaltlich zu verstehen ist, scheint jede Auskunft eine Verlegenheit zu bleiben.«[23] Böckmann scheint nicht unrecht zu haben; und doch geht seine Frage von einer dichterisch nicht relevanten Voraussetzung aus; denn das Glasperlenspiel will eine objektive, »sachlich inhaltliche« Wirklichkeit nicht besitzen; die reale Existenz eines solchen Spielinstrumentes hat es nie gegeben und wird es nie geben. Die Realität des Glasperlenspiels ist die Realität des dichterischen Symbols. Die vorliegende Untersuchung ist aber der Frage nach dem Allgemeinen, das sich in diesem Symbol berge, insofern schon bedeutend nähergekommen, als sie nachweisen konnte, daß die Regeln, nach denen die Technik des Spieles abläuft, identisch sind mit den Formprinzipien der »Glasperlenspiel«-Dichtung.

Eine weitere Beziehung des Glasperlenspiels zur Dichtung wird sichtbar in der Figur des Thomas von der Trave, in der Thomas Mann porträtiert ist. Von dem Glasperlenspielmeister Thomas von der Trave heißt es, seine Person sei »den Bezirken der Leidenschaft, der Liebe, der Freundschaft entrückt«, »er sei ein kühler, ja kalter Verstandesmensch, der zum Musischen nur in einem Höflichkeitsverhältnis stehe«. Der Biograph lehnt diese Urteile ab; denn, war Thomas auch kein »Enthusiast«, »so zeigen seine glänzend aufgebauten, formal unübertrefflichen Spiele doch für die Kenner eine nahe Vertrautheit mit den hintergründigen Problemen der Spielwelt.« (193/194) In dieser (treffenden) Charakterisierung von Person und Werk Thomas Manns läßt sich die Beziehung zwischen dem Spiel und der Dichtung fast mit Händen greifen.

Zu weiteren Beziehungslinien bedarf es nun eines Umweges. Es gilt von der Perspektivität, der besonderen Erzählhaltung des Dichters her, das Werk zu untersuchen.

Hesse selbst ist im Werk mit keiner direkten Aussage zu finden. Seine Funktion scheint ganz darauf beschränkt, die Lebensbeschreibung des anonymen Biographen herauszugeben. Der Dichter steht außerhalb seines Geschehens und kommt damit der Verwirklichung des Postulats des epischen Abstandes näher, indem er eine Trennung vollzieht zwischen dem darstellenden und dem dargestellten Ich.

Indem nun Hesse den Biographen einschaltet, liegt nach Anlage und Komposition des Werkes eine Doppelperspektive vor: Die Perspektive des Biographen *auf* Knecht, auf sein Leben, das er in »klarer Stufenfolge« aufgebaut sieht, und die Perspektive *durch* Knecht, indem der Biograph sich bemüht, seine Beschreibung aus Knechts Erlebnis-, Wahrnehmungs- und Reflexionssphäre zu entwickeln.

Die erstgenannte Perspektive zeigt das Bemühen des Biographen, Knechts klaren Stufenweg nur mit den Kategorien aufzubauen, welche dem Perzeptionsvermögen des jungen, dem Apperzeptionsvermögen des reifer gewordenen Knecht entsprechen. Einige Beispiele aus der Fülle des Möglichen: In der ersten Berufung, die ins dreizehnte Lebensjahr Knechts fällt, spricht Knecht kein Wort; bei der zweiten Berufung, er ist nun schon siebzehn Jahre alt, kommt schon ein kleines Gespräch zustande. Erst nach eingehendem Geschichts-Studium folgen Reflexionen über die Geschichte, nach dem Besuch im Benediktinerkloster Mariafels Reflexionen über die Religion. Und erst als Knecht sich einen gewissen Fond von Wissen und Erfahrung gesammelt hat, denkt, fühlt und handelt er selbständig und lehnt sich gegen jede autoritative Beeinflussung auf. Dies äußert sich in der Erzählweise der einzelnen Teile. Während etwa im ersten Band die Handlung fast völlig im Bericht und in der Reflexion des Biographen vor sich geht, verwandelt sich gegen Ende des ersten Bandes und vor allem im zweiten Band diese Erzählungsweise in eine szenische, in Gespräche, ja in Monologe Knechts, bei denen dann auch die »Erlebte Rede« vorherrscht. Der Biograph hält seine Perspektive exakt ein: er schildert nicht den Reifergewordenen schon im jungen Knecht; er gibt das Leben Knechts in »klarer Stufenfolge« physisch wieder.

Nicht so rein ist indes die zweite (psychologische) Perspektive. Der Biograph schildert seine Geschichte aus der Perspektive Knechts, um dem Leser so am wirksamsten die inneren Wandlungen und Entwicklungen dieser paradigmatischen Figur aufschließen zu können. Er gibt keine geschlossene Erzählung, vielmehr ein Mosaik von in sich selbständigen, aus sich funktionalen Teilen, indem er immer wieder auf Überlieferungen zurückgreift. Seine dauernden Hinweise auf die Quellen, aus denen er sein Wissen schöpft oder die er zitiert, sind Zeichen perspektivischer Verantwortlichkeit. So häufen sich Wendungen wie: wir »haben uns darum bemüht, die Überlieferung genau so weiterzugeben, wie sie sich unseren Forschungen dargeboten hat« (66), oder: »Ein Mitschüler soll später versichert haben ...« (93) oder: Knecht schrieb »in einem sehr langen Brief, der uns erhalten ist ...« (132) oder: »Da wir an Dokumenten über Knechts erste Eliteschulzeit so arm sind, ziehen wir eine Stelle aus seinen späteren Vorlesungen ... heran« (94).

An mehreren Stellen wird nun diese Perspektive durchbrochen und auf den Altmusikmeister, den Ordensmeister Alexander, auf Designori und auf Tegularius verlegt. Es bleibt dem Ermessen des Lesers überlassen, ob er diese unanschaulichen Anschaulichkeiten, psychologischen Feinheiten, die dem Biographen nicht überliefert sein konnten, doch dem »Einfühlungsvermögen« des Biographen zugestehen will, mit dem Hesse ihn ausdrücklich ausgerüstet hat. Indessen hat der Erzähler mit der Verlegung der Perspektive auf den Altmusikmeister, auf Alexander, auf Designori und Tegularius – und nur auf diese Vier, nicht etwa auf die anderen Hauptfiguren, wie Thomas von der Trave, Pater Jakobus, Dubois, Ferromonte – diese vier Gestalten *deut*lich – im wörtlichen Sinn – aus der Vielzahl der anderen Figuren herausgehoben. Bei näherem Zusehen erweist sich diese Hervorhebung als beabsichtigt und begründet. Um diese Absicht des Dichters wenigstens an einem Beispiel zeigen zu können, so sei aus den »Geheimaufzeichnungen« Knechts die Charakterisierung des Tegularius zitiert:

»Der begabteste, glänzendste Glasperlenspieler, den ich kenne. Er wäre der prädestinierte Magister Ludi, wäre nicht, im Zusammenhang mit seiner zarten Gesundheit, sein Charakter dazu vollkommen ungeeignet. T. darf niemals zu einer leitenden, repräsentativen oder organisatorischen Stellung gelangen, es wäre für ihn und für das Amt ein Unglück. Sein Mangel äußert sich körperlich in Depressionszuständen, Perioden der Schlaflosigkeit und nervöser Schmerzen, seelisch zeitweise in Melancholie, heftigem Einsamkeitbedürfnis, Angst vor Pflicht und Verantwortung, vermutlich auch in Gedanken an Selbstmord.« (204)

Der Leser von Hesses Dichtung kennt diese angeführten Phänomene sehr genau als die Zustände des Kurgasts H. H., des Steppenwolfes H. Haller, und auch der Morgenlandfahrer H. H. ist um ihretwillen vor dem »Gericht« (seines »eigenen Gewissens«) angeklagt. Die weiteren Charakterisierungen vermögen dieses Bild abzurunden: Tegularius ist schüchtern, verschlossen, sein Auftreten ist unsicher und ungleich, und »schüchtern-scheu«. Die Figur des Tegularius (die Etymologie seines Namens weist auf lat. tegere = einhüllen, verbergen; tectus = verschlossen, geheim) ist als eine Abspaltung des Ichs seines Dichters zu deuten. Was für ihn gilt, könnte auch für den Altmusikmeister, für Alexander und für Designori (»Einer von den Herren«) nachgewiesen werden; sie sind »Mitstreiter« oder »Gegenspieler«, »Kollegen vom Gegenpol«, wie es gelegentlich heißt. Dieses Verfahren ist jedem Leser moderner Dichtung geläufig. Im Tractat des »Steppenwolfs« hat Hesse seine Leser geradezu aufgefordert, die verschiedenen Figuren einer Dichtung als verschiedene Aspekte der Dichterseele anzusehen. Dies ist auch im »Glasperlenspiel« der Fall; nur daß diese Beziehung den Figuren kaum noch anzumerken ist, so plastisch sind sie gezeichnet, wie denn überhaupt in diesem Werk viel weniger psychologisiert und mehr episch dargestellt wird. Von hier aus sind nun die Perspektivenverlegungen wenn nicht legitimiert, so doch verständlich.[24]

In der Weise, wie Knecht nun die Technik der »Spiele« des Tegularius beschreibt, beginnt *ein* Bedeutungsaspekt des Glasperlenspielsymbols sichtbar zu werden:

> »Ich fand sie auf den ersten Blick glänzend erfunden und irgendwie neuartig und originell im Stil, bat mir die aufgezeichneten Schemata zum Studium aus und fand in diesen Spielkompositionen, richtigen Dichtungen, etwas so Erstaunliches und Eigenartiges, daß ich es hier nicht glaube verschweigen zu dürfen. Diese Spiele waren kleine Dramen von beinahe rein monologischer Struktur und spiegelten das individuelle, ebenso gefährdete wie geniale Geistesleben ihres Autors wider wie ein vollkommenes Selbstbildnis.« (205)

Die Gestalt des Tegularius entspricht der Stufe in der dichterischen Entwicklung Hesses, die mit dem Ausdruck »Weg nach innen« bezeichnet wurde. Die Wendung von der »rein monologischen Struktur« seiner Dichtung ist fast wörtlich in dem Sonderdruck Hesses aus dem Jahre 1928, »Eine Arbeitsnacht«, zu finden, wo er schrieb: »Beinahe alle Prosadichtungen, die ich geschrieben habe, sind Seelenbiographien ... sie sind im Grunde Monologe ...«. In der Charakterisierung der Gestalt des Tegularius wird deutlich, welche grundhafte Veränderung der dichterischen Gestaltungsweise sich in Hesse vollzogen hat. Es wurde im vorigen Abschnitt darauf verwiesen, daß es Hesse nun nicht mehr auf eine Widerspiegelung des individuellen Seelenerlebens, sondern vielmehr darauf ankomme, dieses Seelenerleben, zu »allgemeinen, überpersönlichen Bildern« geordnet, objektiv darzustellen. Wohl sind Knecht, der Altmusikmeister, Tegularius, Alexander, Designori und der »ältere Bruder« verschiedene Aspekte der Dichterseele, aber sie sind keine offensichtlichen psychologischen »Selbstbildnisse« mehr, sondern plastisch-episch dargestellte, objektiv gezeichnete Träger des Dichtungsgeschehens.

Von all den hier aufgezeigten Phänomenen her ergibt sich als ein Bedeutungsaspekt des Glasperlenspiels: Das Spiel ist ein Symbol, ein sinnbildlicher Ausdruck für Hesses eigene Dichtung.

Von dieser Einsicht her erhält die »Einführung« eine neue Bedeutung. War zu einer bestimmten Zeit das Spiel (und man darf nun für das »Spiel« Hesses eigene Dichtung einsetzen) ein »Aneinanderreihen, Ordnen, Gruppieren und Gegeneinanderstellen« von Vorstellungen aus dem Gebiet des Schönen, war es ein »rasches Sicherinnern an überzeitliche Werte«, »ein kurzer Flug durch die Reiche des Geistes«, so entwickelte es sich allmählich zu einem »magischen Theater« (51) (dieser Ausdruck steht bekanntlich wörtlich im »Steppenwolf«) und nahm »erst wesentlich später« durch Gewohnheiten der Morgenlandfahrer eine »Wendung gegen das Religiöse« (der Bezug zur »Morgenlandfahrt« ist offensichtlich, wie denn auch in der »Einführung« die beiden Orte der Morgenlandfahrt, »Morbio Inferiore« und »Bremgarten« genannt werden). Der »Versuch einer allgemeinverständlichen Einführung« in die Geschichte des Glasperlenspiels ist recht eigentlich der Versuch einer Einführung in die Geschichte von Hesses dichterischem Werk und eine Einführung in die eigentümliche Gestaltung der »Glasperlenspiel«-Dichtung. Das Glasperlenspiel selbst, ein Symbol von Hesses dichterischem Werk, wird in der Provinz Kastalien gespielt, deren Namen von »Kastalia« abgeleitet ist, jener heiligen Quelle in Delphi, dem Sinnbild echter dichterischer Begeisterung. Das Glasperlenspiel als Symbol für Hesses Werk: Was das Spiel auf seiner Höhe für die Spieler war, das bedeutet Dichten für Hesse: »Es bedeutet eine erlesene, symbolhafte Form des Suchens nach dem Vollkommenen, eine sublime Alchimie, ein Sichannähern an den über allen Bildern und Vielheiten in sich einigen Geist, also an Gott« (54). Hesse weiß, daß dieser tiefste »Sinn« einer Dichtung, »Erscheinungsform des Göttlichen« zu sein, nicht gelehrt und nicht gelernt werden kann, da diese kaum mehr sagbaren Erlebnisse nur »Auserwählten«, »oft sind sie auch Geschlagene und Opfer«, vorbehalten sind. Der echte Dichter versucht jedoch stets, seine Dichtung so »bedeutend« zu gestalten, daß er »hinter jedem Dinge Gott«, daß er überall die Spuren des Göttlichen aufweist. Das Wort Stifters, daß der Dichter das Göttliche »in dem darstellt, was er hat, in reizenden Gewandungen«, dies gilt auch für Hesse. Er zeigt dies selbst in der besonderen, das Formale so sehr betonenden Spielweise Knechts. Ausdrücklich verzichtet Knecht darauf, »ein Bekenntnis zur psychologischen Spielmethode abzulegen«. Knecht »baute ein Spiel von zwar moderner und persönlicher Struktur und Thematik, vor allem aber von einer durchsichtig klaren, klassischen Komposition und streng symmetrischer, nur mäßig ornamentierender, altmeisterlich anmutiger Durchführung auf« (277). Mit diesem Satz hat Hesse selbst seine neue dichterische Gestaltungsweise gekennzeichnet. Auf die klare Komposition und auf die symmetrische Durchführung seiner Dichtung ist hingewiesen worden. Diese starke Betonung von Klarheit und Ordnung, von Norm und Gesetz in der Gestaltung seiner Dichtung, die starke Betonung des Formalen überhaupt, darf der Dichter mit Recht als »klassisch« und »altmeisterlich« bezeichnen, hatte doch gerade Goethe sich jenes »schöne Wort von Johannes Sekundus« : »›Vis superba formae‹« als Maxime notiert[25].

In diesem Bemühen, die Dinge »bedeutend zu sagen«, wird die dichterische Form zur Auffassungsform des Göttlichen. Dieser Aufweis der »Spuren Gottes«, wie es Hesse formuliert hat, oder das »singend auf die Spur der entflohenen Götter achten«, wie Martin Heidegger das Wesen der Dichtung bestimmt, vollzieht sich wie in jeder Dichtung, jeder echten Dichtung, so auch im »Glasperlenspiel«; wie nur je ein Werk Hesses so bestimmt sich diese »Dichtung als eine Erscheinungsform des Göttlichen« (170).

Der höchste Beruf des Dichters, Dichtungen zu schaffen, die eine »Kunst sui generis«, eine »Erscheinungsform des Göttlichen« darstellen, wird ihm nur dann möglich sein, wenn er sein Amt als »heiligen Dienst« (334) auffaßt. In der Gestalt Knechts hat Hesse wieder ein Bild des Dichters als Knecht, als Dienenwollender, als »vollkommener Diener« gezeichnet. »Menschen von seiner Art«, hatte Designori über Knecht geäußert, »tun das meiste unbewußt wie reflektorisch, sie fühlen sich vor eine Aufgabe gestellt, hören sich von einer Not angerufen und geben sich dem Anruf ohne weiteres hin« (II, 65). Der Dichter dient, indem er sich hingibt. Diese Hingabe ist eine wesentliche Haltung des Dichters; nächst dem Ausdruck »Dienst« ist die »Hingabe«, die »büßerisch-fanatische Hingabe«, die »tiefere seelische Hingabe« der am meisten verwandte Ausdruck für die Haltung des geistigen, des dichterischen Menschen. So sprach Designori einmal von Knecht, er sei ein »großer Künstler« gewesen: einerseits »war es ihm unmöglich, auch das Kleinste ohne volle Hingabe zu tun«, andererseits konnte er »dem Drang zum Erziehen« nicht widerstehen (II, 67).

In Knechts »Drang zum Erziehen« leuchtet nun die neue Form von Hesses Dichterberuf auf[26]: das Goethische Ideal des Dichters als Erziehers.[27] Noch im Jahre 1932 hatte Hesse sich dagegen ausgesprochen, Erzieher zu sein. Nun aber hat sich in ihm während der Gestaltung des »Glasperlenspiels« und wohl auch unter dem Einfluß von Goethes Dichtertum, das sich ihm in dieser Zeit aufs neue erschloß, die Erkenntnis vollzogen, »daß man aus unbekannten Ursachen eben doch im Grunde mehr zum Tun als zum Erkennen ... geschaffen war« (II, 146). Diese Worte Knechts, wenige Tage vor seinem Tode gesprochen, künden auf ihre Art Fausts Evangelium der aktiven Tat. Das Erziehen aber ist solch eine aktive Tat, ist ein »Tun«, denn Erziehen bedeutet immer Erziehen zu etwas, zu einem Ziel, zu einem Ideal. Das Ideal, das Hesse vorschwebt, begründet als »Leitidee« seine Dichtung: eine neue, eine heiter-geistige Form des menschlichen Verhaltens vorzubilden.

Die heitere Form strebt der Dichter, der Erzieher zuerst an. Er will den Menschen die kastalische, die dichterische Form der Heiterkeit nahebringen. Diese Heiterkeit ist ihm »das höchste und edelste aller Ziele«. »Sie ist das Geheimnis des Schönen und die eigentliche Substanz jeder Kunst.« Wenn der Dichter sich selbst zu dieser Form der Heiterkeit läutern kann, wenn er sein Gefühl und sein Erleben zu objektivieren und es in allgemeine Bilder zu ordnen vermag, dann ist er »Lichtbringer, Mehrer der Freude und Helligkeit«, denn: »Was er uns gibt, das ist nicht mehr sein Dunkel, sein Leiden oder Bangen, es ist ein Tropfen reinen Lichtes, ewiger Heiterkeit« (II, 54).

Aber auch zur geistigen Form des menschlichen Verhaltens will der Dichter die Menschen erziehen, nicht so sehr durch Belehrungen, als vielmehr durch Gestaltung vorbildlicher Lebenswege. Das Vorbild gilt dabei mehr als die Lehre. Knecht betritt die Welt nicht als Prediger, sondern um als »Vorbild« in der »Ehrfurcht vor der Wahrheit, im Gehorsam gegen den Geist, im Dienst am Wort« der Jugend die Fähigkeit des »Messens und Urteilens« beizubringen. Der Zeit ist Maß und Ordnung verlorengegangen; nur der Dichter besitzt sie noch; ihm ordnen sich die Erscheinungen des Lebens zu »allgemeinen, überpersönlichen Bildern«. Er vermag hinter den Erscheinungen »den Geist, das Ganze, den Sinn, den Zusammenhang« (II, 258) zu erkennen und den Menschen in Zeiten der Beunruhigung als »unfehlbarste Arznei« »Maß und Ordnung« zu bringen (II, 286).

Der tiefste Bezug dieses Goethischen Ideals des Dichters als eines Erziehers äußert sich im Bemühen Hesses, »pädagogische« Spiele, »pädagogische« Dichtungen zu schaffen. Bei dieser Gestaltungsweise kommt es nicht so sehr auf Verknüpfung und Gegenüberstellung von Themen an; bei ihnen liegt der Schwerpunkt auf der Meditation, auf dem inneren Schauen überpersönlicher Bilder. Diese Dichtung, Frucht höchster Berufenheit, führt den Leser »zum Erlebnis des Vollkommenen und Göttlichen« (278).

Dem »pädagogischen« Charakter entsprechend will diese Dichtung auch Wirkungen ausüben: sie will die Menschen zu »edleren und höheren Strebungen« aufrufen und verpflichten. Ihr Ziel ist es, »vom Geist und der Seele her Menschen zu *sammeln*, zu *erziehen* und *umzuformen*«.

Diese hohe Wirkung der Dichtung, zugleich höchstes Postulat der Kunst überhaupt, das Rilke in die zwingenden Worte gefaßt hat: »Du mußt dein Leben ändern«, äußert (»an letzter und bedeutsamster Stelle«) der letzte Satz der Lebensbeschreibung:

> »Und indem er (–Tito–) sich, trotz allen Einwänden, an des Meisters Tode mitschuldig fühlte, überkam ihn mit heiligem Schauer die Ahnung, daß diese Schuld ihn selbst und sein Leben umgestalten und viel Größeres von ihm fordern werde, als er bisher je von sich verlangt hatte.« (II, 214)

Mit der Interpretation des »Glasperlenspiels«, mit dem Aufweis der Kennzeichnung des Dichters als eines Erhalters und Eichmeisters geistiger Maße und Gewichte, als eines Bewahrers von Maß und Ordnung in einer vom Stoff bedrohten Zeit, als eines Erziehers, der die Menschen vom Geist und der Seele her zu einer neuen Form menschlichen Verhaltens, zu einer »heitern und unverdrossenen Vertretung des Geistes« sammeln und umformen möchte, hat die vorliegende Untersuchung ihr Ende erreicht. Seit der Veröffentlichung des »Glasperlenspiels« im Jahre 1943 hat Hesse keine größeren Dichtungen mehr herausgegeben; einzelne Erzählungen, Aufsätze und Betrachtungen, die in Briefen, Zeitschriften und Privatdrucken verstreut sind, vermitteln noch kein abgerundetes Bild der weiteren Entwicklung des Dichters.

Die vorliegende Untersuchung verzichtet bewußt darauf, fertig formulierte Ergebnisse und bündige Kennmarken des Dichterberufes Hesses vorzulegen; dies lag im Wesen der Sache begründet, Hesse hat oft genug, zuletzt in seiner Betrachtung »Geheimnisse« vom Jahre 1947, betont, daß sich aus seinen Worten nicht »trefflich ein System« bereiten läßt, daß eine »Weisheit«, daß ein Satz, einmal ausgesprochen, wenige Seiten später wieder in Frage gestellt wird. Überspitzt formuliert dürfte gesagt werden, daß Hesse nur darin ein System besitze: keinem System verhaftet zu bleiben und jeder neuen Wandlung seines Lebens offenzustehen. Hesse hat es selbst in jenem Gedicht mit dem bezeichnenden Titel »Stufen« so ausgesprochen: »Wir sollen heiter Raum um Raum durchschreiten, / An keinem wie an einer Heimat hängen...« Diesem wandlungsreichen Charakter von Hesses Dichtung konnte nicht anders begegnet werden, als durch eine konkrete Interpretation, als durch den Aufweis der besonderen Strukturelemente der einzelnen Dichtungen, während biographische, geistes- und kulturgeschichtliche Zusammenhänge nur so weit berücksichtigt wurden, wie sie das Einzelwerk erhellen konnten. Die Untersuchung wurde damit im Hinblick auf jene Frage geleistet, »die dem Dichter meistens die wichtigste ist, die Frage nach dem ästhetischen Wert seiner Arbeit, nach ihrem Gehalt an objektiver Schönheit«.

Hier zeigt sich Hesse als Dichter aus der Sprache; sie ist für ihn die »heilige Substanz« der Dichtung. Gerade in der

Sprache läßt sich die dichterische Entwicklung Hesses erkennen.

Die überschwengliche und gelegentlich manierierte Wortform seiner Frühwerke wird in zunehmendem Maße schlichter und einfacher. Hesse gibt, unter dem Einfluß Gottfried Kellers, die »edlen Kristallformen« seiner Sprache zugunsten des klaren Ausdrucks auf. Seit dem »Peter Camenzind« bemüht sich die Sprache Hesses um einen Reichtum an kernvollen Substantiven und Verben; sie vermeidet peinlich jede verwässernde Umschreibung. Gewisse pathetische Ausdrücke verblassen ganz. Auch die Häufung der Superlative, wie sie in den Frühwerken beobachtet werden konnten, fehlt in den späteren Dichtungen. Wird in den Alterswerken noch gelegentlich ein Superlativ verwandt, so drückt er die tiefste Erregung des Dichters aus, die sonst nirgendwo zu spüren ist; nicht selten werden in diesen Stellen Ziele des Dichterberufes ausgesprochen, so etwa, wenn es heißt, daß für den Dichter der Mensch »zum edelsten, obersten Gegenstand« der Gestaltung wird, oder in der Stelle im »Glasperlenspiel«, in der Knecht ausspricht: »Diese Heiterkeit zu erreichen, ist mir ... das höchste und edelste aller Ziele.«

Schon die erste Epoche seines Schaffens deutet in der Sprache eine Entwicklung an, die für die ganze Dichtung kennzeichnend bleiben wird: die Entwicklung vom Klanglichen zum Bildhaften. Diese Bildhaftigkeit »schmückt« die Sprache nicht, sie ist nicht bloßes Ornament, sie ist nichts Zugesetzes, sondern die volle dichterische Wahrheit. Auf seinem »Weg nach Innen« vermag die Sprache alle Stationen mit-zu-teilen. In ihrer großen Modulationsfähigkeit gibt sie das zuchtvolldarbende Wort ebenso wieder, wie den ekstatisch-entfesselten Ausdruck; in ihr gewinnt die helle, geordnete Welt ebenso Gestalt wie die dunkle, sich auflösende Welt. In den Spätwerken teilt die Sprache nicht mehr das Brennen und Glühen, Glück und Verzweiflung der Hauptgestalten der Dichtung, wie sie es in früheren Werken tat. Die Sprache, die außerhalb des Geschehens steht, erhält zunehmenden Eigenwert. Die Sprache äußert nun auch das »Gleichmaß« (Staiger) eines zu sich gekommenen Erzählers. Organisch wachsen die einzelnen Satzteile der ausgewogenen Perioden auseinander hervor; Bau und Rhythmus der Sätze sind dem natürlichen

Atem und Herzschlag angepaßt. »Schlicht, unfeierlich und fast alltäglich«, so hatte er selbst in dem Gedicht »Prosa« seine Sprache charakterisiert. Und doch »wird eine Welt« in ihr, wie es in eben diesem Gedicht hieß.

Diese »Welt« im dichterischen Wort ist nicht die sinnlos-ungeordnete alltägliche Welt. In dem Gedicht »Sprache« hieß es: »In eines Dichters Worte wendet/Nach innen sich der Schöpfung Bau«. Die Sprache durchbricht »der Dinge Stummheit«, sie spricht des »Seins Geheimnis« aus. Die Sprache verwandelt die geschaute Welt in eine geistig-sinnvolle, geordnet-maßvolle Welt. Durch dieses Maß und durch diese Ordnung, die in der Sprache wirken, vermag der Dichter das Chaos der Welt zu ordnen und erzählbar zu machen. Hesse verzichtet stets auf bedeutende Stoffe; ihm ging es darum, Einfaches »bedeutend zu sagen« und seine Themen so »darzustellen«, daß in jedem Ding der Sinn, der Geist, die Wahrheit, Gott sichtbar wird. Hesse verfertigt seine Gedanken nicht beim Reden oder Schreiben. Seine Sprache, von reifen Gedanken und »allgemeinen, überpersönlichen Bildern« gesättigt, gestaltet ein fertiges Sein. Die Sprache sucht nicht mehr, sie bewahrt, sie beschwört Einfachheit und Klarheit, Maß und Ordnung.

Die Sprache Hesses ist ein treffender Beweis dafür, daß auch die Prosa genuine dichterische Sprache sein kann; in ihr leistet der Dichter ebenso jene »Transsubstantiation des Wortes« (Friedrich Beißner), die Verwandlung des Alltagswortes in den dichterischen Ausdruck, wie es der Lyriker in gebundener Rede vollbringt. Hesse hat einmal »die sprachliche Potenz« als den »Grund- und Urwert jeder Dichtung« bezeichnet[28]. Seine eigene Dichtung zeugt in hohem Maße davon.

Dieselbe Richtung zur Klarheit, zur Ordnung und zum Maß, in die die Sprache weist, zeigen auch die äußeren und inneren Aufbauformen seiner Dichtung. Schon in den äußeren Formen ist diese Entwicklung zu klarer Ordnung zu erkennen. Weisen seine frühen Dichtungen, wie der »Peter Camenzind«, »Unterm Rad« und »Roßhalde«, noch verschieden umfangreiche Kapitel auf, so ist in den Spätwerken, in »Narziß und Goldmund« und im »Glasperlenspiel« die Länge der Kapitel genau aufeinander abgestimmt. Jedes der Kapitel entspricht einer wichtigen Stufe der Entwicklung. Die äußere klare

Ordnung wird von der Ordnung des inneren Geschehens bestätigt.

Die inneren Aufbauformen, wie die Perspektivität und die Hinweise, zeigen ebenfalls eine Tendenz zu wachsender Klarheit, während die »Selbständigkeit der Teile«, die nach Schiller »einen Hauptcharakter des epischen Gedichts ausmacht«, bei Hesse eine immer klarere Ausprägung erfährt.

Die sorglos-bunte Perspektivität, wie sie sich in den Frühwerken zeigt, soweit diese keine Ich-Erzählungen waren, wird in den späteren Werken aufgegeben. Schon in »Narziß und Goldmund« wurde eine einheitliche Perspektive angestrebt, wenn auch noch nicht exakt durchgeführt. Die »Morgenlandfahrt« ist in einheitlicher Perspektive gestaltet. »Das Glasperlenspiel« ist durch die Fiktion, aus fremder Überlieferung zu schöpfen, vor allzu bunter Perspektivität von vorneherein geschützt. Die Perspektive des Biographen durch Knecht ist indes scheinbar nicht einheitlich durchgeführt; gesteht man jedoch dem Biographen ein »Einfühlungsvermögen« zu und sieht man in den vier Gestalten, auf die die Perspektive für kurze Zeit verlegt wird, Abspaltungen des Hesseschen Ichs, so wird man in den berichteten psychologischen Feinheiten keine unanschaulichen Anschaulichkeiten erkennen und die Schilderung nachvollziehen können. Sieht man von diesen Perspektivenverlegungen ab, die im Gesamtrahmen des Werkes auch unbedeutend sind, so ist die Tendenz zu einer einheitlichen Perspektive zu erkennen, wie ja auch die Perspektive des Biographen auf Knecht in einer klassischen Standortklarheit durchgeführt ist. Wichtige Zeichen dieser perspektivischen Verantwortlichkeit sind die immerwährenden Hinweise des Biographen auf die Quellen, aus denen er sein Wissen schöpft. Das Streben nach perspektivischer Reinheit äußert sich auch in der Haltung des Biographen, der sich eindeutig späteren Lesern gegenüber weiß; dieses Gegenüberwissen zum Leser verpflichtet den Erzähler zu wahrhafter Darstellung. Wie sehr auch Hesse selbst dieses Gegenüber zum Leser empfindet, wäre an verschiedenen neuen Erzählungen nachzuweisen; im »Glasperlenspiel« hat Hesse diese Form ausdrücklich angekündigt: »Aber später einmal, denke ich mir, könnte mir wohl noch das Glück einer Autorschaft blühen, wie sie mir vorschwebt, ein behagliches, aber sorgfältiges Anfassen der Dinge, nicht zum einsamen Vergnügen nur, sondern stets im Gedanken an einige wenige gute Freunde und Leser.«[29]

Auch in der Behandlung der Hinweise ist im Werk Hesses ein Zug zu größerer Klarheit bemerkbar. Goethe hat selbst die große kompositionelle Bedeutung der Hinweise für seine Dichtung festgestellt; im Werke Hesses spielen sie ebenfalls eine große Rolle. Es wurde gelegentlich der Dichtungen »Klingsor«, »Siddhartha«, »Narziß und Goldmund« und des »Glasperlenspiels« auf die Wichtigkeit dieser Kunstmittel für die Begründung einer »zweiten, höheren unvergänglichen Welt« hingewiesen. Der »Hinweis«, nach seiner eigenen Formulierung, »ein Bote zu Neuem und Großem, ein Ansager kommender Ereignisse«, lenkt das Interesse des Lesers von der stofflichen Handlung ab und richtet es auf das Wie der Gestaltung, auf den »Akt des Erzählens« (Koskimies). Diese Hinweise geben dem Leser die Gewißheit, daß er sich nicht in einer zufälligen und willkürlichen, sondern in einer geschlossenen dichterischen Welt mit eigenen Gesetzen befindet. In der Behandlung der Hinweise macht sich nun ein Zug zum gegenständlich Klaren bemerkbar. Während nämlich der Hinweis in früheren Werken – oft verhüllt und nur dem aufmerksamen Leser greifbar – den Schleier der Erzählerallwissenheit nur darum lüftete, um seelische Dispositionen im Leser vorzubereiten, so tritt der Hinweis nun unverhüllt und gegenständlich auf; so wird etwa der Tod Knechts unmittelbar ausgesagt.

Mit der besonders in den Alterswerken durchgeführten »Selbständigkeit der Teile« nähert sich Hesse der Haltung des klassischen Dichters, der Haltung Goethes und Schillers. Wie für den klassischen Dichter, so liegt auch für ihn »sein Zweck schon in jedem Punkt seiner Bewegung«. Er eilt nicht ungeduldig von einem Gegenstand zum anderen; ja es kommt ihm überhaupt nicht so sehr auf den Gegenstand an; hierzu sei aus dem »Glasperlenspiel« die Antwort Knechts auf Designoris Frage, worüber er später einmal zu schreiben gedenke, zitiert: »Ach, einerlei, es käme auf den Gegenstand nicht an. Er würde mir nur ein Anlaß sein, mich einzuspinnen ... Worauf es mir ankäme, das wäre der Ton, eine schickliche Mitte zwischen Ehrfurcht und Vertraulichkeit, zwischen

Ernst und Spielerei, ein Ton nicht der Belehrung, sondern der freundschaftlichen Mitteilung und Aussprache über dies und jenes, was ich erfahren und gelernt zu haben glaube.«[30] Hesses Äußerung entspricht ganz der Goetheschen Ansicht, »daß eigentlich das Wie bloß das Interesse machen dürfe«. Hesse hat sich diese Einsicht schon früh errungen, hatte er doch schon im Jahre 1919 über Stifter und Eichendorff geschrieben; diese Dichter »lehren uns nicht ein Was, sondern ein Wie«[31]; daß Hesse sich selbst diese ästhetische Einstellung zu eigen gemacht hatte, darauf ist mehrfach hingewiesen worden.

Wie sehr Hesse dieses Prinzip der »Selbständigkeit der Teile« in zunehmendem Maße in seinen jüngsten Erzählungen durchführt, das zeigt etwa die Erzählung »Der Bettler« aus dem Jahre 1948[32]. Die Erzählung umfaßt in dem Separatabdruck 16 Druckspalten. Erst auf Spalte 12, nachdem sich der Erzähler ständig mahnte, »bei der Stange zu bleiben« und den Faden der Erzählungen endlich aufzunehmen, wird die eigentliche Episode, die Begegnung mit dem Bettler, erzählt. Den Haupt-Raum der Erzählung nehmen die Reflexionen über die Schaffensmöglichkeiten des Künstlers, über neue Erzählkunst, über das Gegenüber von Dichter und Leser und über das neue Bild des Menschen ein. Der Erzähler drängt nicht dem Ende zu. Er verweilt mit Liebe bei jedem Punkt seiner Erzählung. Nicht um den Gegenstand geht es ihm, sondern um den »Ton«, um »die schickliche Mitte zwischen Ehrfurcht und Vertraulichkeit«, um »ein behagliches, aber sorgfältiges Anfassen der Dinge«.

Wie Sprache und Stil, wie die äußeren und inneren Aufbauformen der Dichtung Hesses, so zeigt auch die Gesamtkomposition seiner Werke den Zug zur Klarheit und Ordnung. In der Komposition der einzelnen Kapitel war Hesse schon von früh an ein Meister. Jedes Kapitel wird in echt epischer Weise zu Ende erzählt. Die einzelnen Kapitel und die einzelnen Abschnitte sind kunstvoll miteinander verbunden.

Indes konnte sich Hesse mit den überkommenen Formen der epischen Dichtung nicht auf die Dauer befreunden; er sucht sich neue Formen, in denen er seinen Typ vollkommener aussprechen konnte. Und auf diese Ausprägung seines Typs und seines Wesens kam es dem Dichter an; noch 1949 schreibt er in einem Brief »An einen jungen Künstler«: es kommt bei der Kunst »nicht auf eine objektive, allgemeine Höhe der Leistung an, sondern eben darauf, daß er (– der Künstler –) sein Wesen, das ihm Mitgegebene, so völlig und rein wie möglich ... zur Darstellung bringe«.[33] In einer Erzählung aus dem Jahre 1948, »Unterbrochene Schulstunde«, die in der charakteristischen Weise der neuen Erzählungen mit allgemeinen Reflexionen einsetzt, schreibt Hesse von der unbeschwert-harmlosen Form seiner früheren Erzählungen, er berichtet von seinen »Geschichten«, die »meist ganz artig abliefen mit Vorbereitung, Spannung, Lösung, mit einem festen Gerüste von Handlung«. »Und nur sehr langsam und widerwillig kam ich mit den Jahren zur Einsicht, daß meine Art zu erleben und meine Art zu erzählen einander nicht entsprachen, daß ich dem guten Erzähler zuliebe die Mehrzahl meiner Erlebnisse und Erfahrungen mehr oder weniger vergewaltigt hatte.«[34] Organisch entstand so auf seinem Weg nach innen die neue Form der »Seelenbiographien«, welche »im Grunde Monologe« waren, »in denen eine einzige Person in ihren Beziehungen zur Welt und zum eigenen Ich betrachtet wird«. Diese »Seelenbiographien«, »Ausdrucksversuche seelischer Vorgänge im Kleide sichtbarer Ereignisse«, zeigen das polare Strömen in der Seele des Dichters, wie es dann im »Tractat vom Steppenwolf« unmittelbar ausgesprochen wird. Aber seit der »Morgenlandfahrt« entsprach diese »Art zu erzählen«, entsprach die »psychologische Spielmethode«, das »Gegeneinanderstellen von konzentrierten Vorstellungen« nicht mehr Hesses »Art zu erleben«. In den Feuern und Leiden seines Weges nach innen hatte es der Dichter gelernt, »sein eigenes Erlebnis und Gefühl zu objektivieren« und es zu klaren, »allgemeinen, überpersönlichen Bildern« zu ordnen.

Diese Ordnung zu klaren Bildern führt zur »formalen Spielmethode«. Hesse baute nun eine Dichtung »von zwar moderner und persönlicher Struktur und Thematik, vor allem aber von einer durchsichtig klaren, klassischen Komposition und streng symmetrischer, nur mäßig ornamentierender, altmeisterlich anmutiger Durchführung auf«.[35]

In der Tat darf Hesse mit größtem Recht diese Dichtung als eine »durchsichtig klare, klassische Komposition« bezeichnen.

In diesem Werke vollzieht sich alles in klaren Entsprechungen und klaren Bezüglichkeiten. Dem symmetrisch gefügten Satz entspricht das symmetrisch gebaute Kapitel und die symmetrisch angelegte Gesamtkomposition. Den drei Regeln des Glasperlenspiels (dem Ausgehen vom Besonderen, das polar zerlegt und schließlich zur Synthese geführt wird) entsprechen die Formprinzipien der Dichtung. Diese drei Formprinzipien können auf die drei Hauptstufen der Seelengeschichte Knechts und Hesses, ja jedes Menschen bezogen werden; man kann diese dreifache Beziehung auch im dichterischen Schaffen Hesses erkennen: die Zeit der Abhängigkeit von überkommenen Formen (Teil I), das Schwelgen in der Freiheit der neuen Form der Seelenbiographie (Teil II) und schließlich die klassische Komposition, wie sie sich im »Glasperlenspiel« äußert (Teil III). Hesse hat für sein eigenes Leben immer wieder, unmittelbar oder im Bilde seiner Gestalten, auf diese dreifache Bezüglichkeit hingewiesen; so spricht etwa Goldmund von seinem, von Hesses künstlerischem Weg: »In dieser Stunde schien es Goldmund, als habe sein Leben einen Sinn gewonnen, als übersähe er es wie von oben, sähe deutlich seine drei großen Stufen: die Abhängigkeit von Narziß und ihre Lösung – die Zeit der Freiheit und des Wanderns – und die Rückkehr, die Einkehr, den Beginn der Reife und Ernte.« In dieser unnachahmlichen Klarheit der Entsprechung und Bezüglichkeit erbaut sich der Dichter seine zweite Welt der Ordnung und des Maßes. Fritz Strich führt in seiner Rede »Dank an Hesse« denselben Gedanken aus: »Diese Sprache aber, die in ihrer schönen Klarheit, Einfachheit und Ausgewogenheit die Reihe der großen Sprachmeister, eines Goethe, eines Stifter, eines Gottfried Keller, fortsetzt, und die auch dann, wenn der Dichter den Blick ins Chaos tut, ihre würdige Haltung bewahrt, ferner die Einfachheit, die Einheit und Symmetrie der Komposition, die alles an seinen richtigen Ort stellt: das ist es, was das verwirrte Chaos in eine Ordnungswelt wandelt.«[36] Und eben diese Klarheit, diese Ordnung und dieses Maß, die sich in der besonderen Gestaltung seiner Werke äußern, will der Dichter für die vom Stoff bedrohte Zeit bewahren. Zu dieser Ordnung und zu diesem Maß will der Dichter, der, wie es in seinen »Worten zum Bankett anläßlich der Nobel-Feier« im Jahre 1946 heißt, immer mehr zum »Liebhaber der Qualität, des Durchgeformten, Unnachahmlichen« wird[37], die Menschen erziehen und umformen; weiß er doch, daß in »Zeiten der Beunruhigung« die »unfehlbarste Arznei: Maß und Ordnung« ist.

Hesses Anschauung vom Beruf des Dichters als eines Bewahrers von »Maß und Ordnung«, wie er sich dem Leser durch die besondere dichterische Gestaltungsweise aufschloß, wird auch durch den Gehalt der Dichtungen bestätigt. Schon die häufige Wandlung der dichterischen Grundformen, mit denen Hesse seine Gehalte ergriff, deutet auf die zahlreichen Veränderungen und Verwandlungen hin, denen Hesses Leben unterworfen war. Das Wort Siddharthas: »Manche, Govinda, müssen sich viel verändern, müssen allerlei Gewand tragen, ihrer einer bin ich«[38] ist sehr zutreffend für Hesses Leben gesprochen. Der Wunsch des Knaben Hesse nach vielen Wandlungen im Leben ist erfüllt worden.

In seiner ersten Schaffensperiode charakterisiert sich der Dichter als »Sucher«. Die »ästhetenhaften Züge« seiner frühen Dichtungen konnten ihn auf die Dauer nicht ausfüllen; er begann die Suche nach Welt und Wirklichkeit. Diese Wirklichkeit glaubte der junge Dichter des Lauscherbuches und des »Peter Camenzind« in der Natur zu finden. Der Natur in Dichtungen Ausdruck zu gewähren, dies ist die erste festumrissene Aufgabe, die er sich stellt und die er auch löst. Hesse hat sich auch schon in den ersten Schaffensjahren nie von der äußeren Wirklichkeit überwältigen lassen; er ist nie bloßer Kopist gewesen. Er schildert die Natur nicht ab, er beseelt sie und verwandelt sie in einen Mythus. Unter dem Einfluß von Gottfried Keller wendet sich Hesse der Menschendarstellung zu. Auch hier weiß sich der Dichter ständig als »Sucher nach dem Ideal des Menschentums«. Auch in der Menschendarstellung will er keine Abbilder, sondern bleibende Sinnbilder schaffen, »Sinnbilder des Seins«, wie es in »Roßhalde« gelegentlich heißt. Der Satz, den Hesse im Jahre 1913 in einer Skizze des »Bilderbuches« niedergeschrieben hat: »Im Grunde ist es doch überall das Menschliche, was wir suchen und wonach uns dürstet«, ist für sein gesamtes dichterisches Schaffen bestimmend geworden. Der Mensch wird nun für ihn »zum edelsten, obersten Gegenstand« der dichterischen Gestaltung. In zunehmendem Maß beginnt sich nun in Hesse eine Grunderfahrung durchzusetzen, die er in einem Aufsatz des Jahres 1915 – auf eine Parallelstelle im Brief »An den jungen Künstler« wurde verwiesen – in den Satz faßt: »Es gibt uns nun jeder Dichter umso mehr, je vollkommener er seinen Typ ausspricht.«[39] Um *seinen* Typus aussprechen zu können, muß der Dichter ihn zutiefst erfahren.

Dieses Erfahren seiner selbst bedeutet für den Dichter, den Weg nach innen, den Weg in die eigene Seele zu beschreiten. Er will nun nicht mehr die Menschen und die Dinge der Außenwelt, sondern sich selbst verwandeln. Bei dieser Verwandlung seiner selbst stellt der Dichter nicht nur die »hübsche Seite« seines Ringens nach außen, sondern auch alles Leid und alle Qual und die ganze Triebhaftigkeit des Menschen. Hesse fühlt sich im Bann unbedingter Wahrheit. Denn »welchen Sinn hätte das Schreiben, wenn nicht der Wille zur Wahrheit dahinter stünde?« Über allen Sensationen aber, die ihm die verworrene Nachkriegszeit und das aufgewühlte eigene Leben in überreichem Maße zu bieten hat, geht es ihm immer nur um dies eine: um die menschliche Seele. Hülle um Hülle löst er von ihr. Immer wieder, und bis in die jüngsten Erzählungen hinein, tönt seine Klage, wie wenig der Mensch um sich selber weiß, und wie wenig das Wissen um den Menschen erschöpft ist. Sein Leidensweg, der in der Überwindung der infernalischen Konflikte endet, gibt allen Menschen Mut, Mensch zu sein. Der Dichter wird zum Bürgen der Integrität des Menschlichen.

Für den Dichter selbst bedeutet der Weg nach innen, der Weg in die eigene Seele eine »Passion der Menschwerdung«. Der Dichter ist der Ahnende, der Gezeichnete und der Leidende dieser Passion. Seine Leiden sind nicht die eines in sich selbst verliebten Psychopathen; sie sind stellvertretendes Leiden. Der Dichter ist ein zarter Seismograph für die Erschütterungen, die jeden geistigen Menschen einmal überfallen werden. Durch das Aufweisen der größten Emotionalität seines eigenen Innern will der Dichter Antrieb auch in das Seelenleben seiner Mitmenschen bringen, deren Seele vom Verflachen bedroht ist. Immer aber deutet der Dichter in der aufgezeigten Leidenswelt die Möglichkeit einer Rettung an, das »dritte Reich des Geistes«, oder, wie Hesse in der Ausgabe des »Steppenwolfes« von 1942 geschrieben hatte, »eine positive, heitere, überpersönliche und überzeitliche Glaubenswelt«. Er will seine Dichtungen nicht als die Bücher eines »Verzweifelten«, sondern eines »Gläubigen« aufgefaßt wissen; denn in all seinem Leid will er die »Spuren des Göttlichen« aufweisen, die »goldene Spur«, wie es gelegentlich im »Steppenwolf« und in »Narziß und Goldmund« heißt. Denn im tiefsten Grunde bedeutet für ihn, wie er gerade in dieser Zeit einmal ausführt, »jede wahre Dichtung ... Lobpreis Gottes und seiner Schöpfung«.

Durch die Fegefeuer seines Weges nach innen geläutert und gewandelt, vermag der Dichter nun in verklärender Weisheit sein Leben zu überschauen. Langsam gewinnt er Abstand von den orgiastischen Werken, die an seinem Leidensweg standen. Er erringt sich Ruhe und Beschaulichkeit; er lernt es nun, »das eigene Erlebnis und Gefühl zu objektivieren« und jede Konstellation seines Lebens in »allgemeine, überpersönliche Bilder« zu ordnen. In diesen Bildern sind alle Gegensätze des Lebens »aufgehoben«; in ihnen hat der Dichter die Integrierung der Ambivalenzen geleistet. Diese »Bilder sind es, die wir zärtlich lieben/ ... Und sie werden unvergänglich bleiben«. Im »heiligen Dienst« an den Bildern vollzieht sich eine wichtige Aufgabe des Dichters. Diese Schau überpersönlicher, unvergänglicher Bilder geschieht im Ringen um die innere Stille, in der Betrachtung, in der Meditation. Immer wieder wird im »Glasperlenspiel« auf diesen inneren Vorgang der Betrachtung hingewiesen. Im Lebenslauf »Der Regenmacher« lernte der junge Knecht diese Betrachtung von seinem Meister: »Er lernte lauern ... aber das Wild, auf das er und sein Meister lauerten, war nicht nur Fuchs und Dachs ... sondern der Geist, das Ganze, der Sinn, der Zusammenhang.« In solcher Betrachtung vermag der Dichter in der Erscheinungswelt die wirkliche Welt, im Teil das Ganze und den Zusammenhang zu erschauen. Durch diese »Schauung« vermittelt der Dichter »Maß und Ordnung« seiner vom Stoff bedrohten Zeit.

Hermann Hesse hat sich von der äußeren Welt und Wirklichkeit abgewandt. Er ist den Weg nach innen, den Weg zu den Quellen und Ursprüngen gegangen. Nun gelingt es ihm, geläutert und abgeklärt, wieder in die gegenwärtige Wirklichkeit vorzustoßen, diese von innen her zu durchleuchten, zu klären und zu ordnen, und das menschliche Dasein wieder sinnvoll und menschenwürdig zu machen.

Der Dichter sucht nicht mehr nach dem »Ideal des Menschentums«. Er bildet es vor. Knecht ist ein solches »Vorbild«, ein Vorbild in der »Ehrfurcht vor der Wahrheit, im Gehorsam gegen den Geist, im Dienst am Wort«. Zu diesem Vorbild möchte der Dichter, der Erzieher, die Menschen sammeln und erziehen. Diese große und neue Form des menschlichen Verhaltens vermag alle Stürme des Lebens auszuhalten, wie ja auch Knecht, nachdem er Kastalien verlassen hat und der Welt ausgesetzt ist, seine Geistigkeit und seine Heiterkeit bewahren kann.

Aus dem »Sucher« ist der »Bewahrer« Hesse geworden, der für die Zeiten der Beunruhigung »Maß und Ordnung« bewahren möchte. Die Sprache seiner Dichtung, seine durchsichtig klare Komposition beschwören ebenfalls dieses Maß und diese Ordnung. In diesem Bewahren und Beschwören vollzieht sich der Beruf des Dichters, Hesse hat es selbst in einem der jüngsten seiner veröffentlichten Gedichte von Januar 1945 so ausgesprochen:

»Beschwörung und Bewahrung
Das Amt der Dichter ist.«[40]

In der »Bewahrung« als Amt des Dichters entbirgt sich nun der höchste Bezug von Hesses Dichterberuf. Durch eine Sprache, die Klarheit und Einfachheit, Ordnung und Maß in sich trägt, durch eine zielbewußte klare Gestaltung in der Dichtung wird der Leser »zum Erlebnis des Vollkommenen und Göttlichen« geleitet. Die dichterische Form wird zur Auffassungsform des Göttlichen, die Dichtung »Erscheinungsform des Göttlichen«. Hesse selbst stellt diesen Bezug unmittelbar her, wenn er in einem Brief vom 25. Mai 1948 an Max Brod von den dichterischen Gestaltungsweisen, von den »Spielregeln« der Dichter, »der Wahrer der geistigen Substanz«, schreibt: »Aber unsre Spielregeln, so glauben wir, sind mehr als Spielregeln, sie sind wirkliche Gebote, wirkliche Gesetze, ewige, göttliche. Ihrer Wahrung gilt unser Dienst«[41]. Der Dichter als Wahrer göttlicher Gesetze: dies ist die wirkliche Berufung des Dichters Hermann Hesse. Über die Epiphänomene der Seelenpolarität, durch den Weg der Objektivierung, der Entpersönlichung, wo der Dichter nur noch Medium ist, gelangt Hermann Hesse zum Urphänomen Gott. Mit göttlichen Gesetzen schafft der Dichter, wie es in »Narziß und Goldmund« hieß, »Gottes Schöpfung nochmals«.

Dichter sein heißt für Hermann Hesse, in einer alles in sich tragenden, zeitlos schönen Sprache und in einer klaren klassischen Komposition »Maß und Ordnung« zu beschwören und zu bewahren, um dadurch die Leser zum »Erlebnis des Vollkommenen und Göttlichen« zu führen. Dichter sein heißt, die Formgesetze als Auffassungsform des Göttlichen zu begreifen. Dichter sein heißt, über den Weg der Entpersönlichung nur noch Medium zu sein für wirkliche, ewige, göttliche Gesetze und mit ihnen »Gottes Schöpfung nochmals« nachzuerschaffen als poietés, als Schöpfer einer »zweiten, höheren, unvergänglichen Welt«.

Anmerkungen

1 Gedichte S. 463 Nachwort.

2 a.a.O. S. 463.

3 »Deutsche Erzähler«. In: Neue Rundschau 26 1915 S. 197.

4 Brief von Anfang Mai 1934 an den Ephorus des Uracher Seminars. Mitgeteilt von G. Hafner, Hermann Hesse. S. 58. Dieser Brief teilt die Absicht Hesses mit, den schwäbischen Klosterpräzeptor J. A. Bengel nachzuzeichnen: » . . . ich bin diesmal, einer Neigung nachgebend, weit über das übliche Maß in den Vorstudien hinausgegangen und habe mich seit einem Jahr mit jener Zeit und jenen Gestalten beschäftigt.«
Sehr aufschlußreich für die Gestaltungsweise des Dichters ist nun die Tatsache, daß Hesse bei der endgültigen Gestaltung diese Nebenfigur wieder fallen ließ, mit der bezeichnenden Bemerkung des Biographen: »Am Ende ließ er diese Arbeit liegen, zufrieden mit dem, was er bei ihr gelernt hatte, erklärte sich aber für unfähig, daraus einen Lebenslauf zu machen, denn er habe viel zu viel Einzelstudien getrieben und Details gesammelt« (160). Hesse weiß zu sehr um den inneren Charakter seiner Dichtung als einer »zweiten Welt«, so daß er mit Gewißheit der Gefahr entgehen wollte, durch allzuviel historische Details die Verwandlung des Stoffes in die dichterische Wahrheit eines gestalteten Bildes unmöglich zu machen. Ganz in diesem Sinne fährt der Biograph fort: »Diese Aussage berechtigt uns vollends, in jenen ausgeführten drei

Lebensläufen mehr die Schöpfungen ... eines dichterischen Menschen und eines edlen Charakters als die Arbeiten eines Gelehrten zu sehen, womit wir ihnen nicht Unrecht zu tun meinen« (160).

5 Goes, Rede auf Hermann Hesse S. 22.

6 Gedicht »Es kommt ein Gewitter«. Gedichte S. 316.

7 Zitiert nach einer Sonderausgabe der Büchergilde Gutenberg. Zürich o. J. Da diese Ausgabe ohne Seitennummerung angelegt ist, muß auf genaue Seitenangabe verzichtet werden.

8 Das Werk wird zitiert nach der ersten deutschen Ausgabe vom Dezember 1946. Diese Ausgabe ist textgleich mit der Schweizer Erstausgabe.

9 Diese Zitate sind der Abhandlung Friedrich Beißners »Unvorgreifliche Gedanken über den Sprachrhythmus« entnommen. Festschrift Kluckhohn-Schneider S. 428 f. – Friedrich Beißner zitiert in diesem Zusammenhang einen Brief Rilkes an die Gräfin Sizzo (Muzot, 17. März 1922), der in mehreren Beziehungen dem in der folgenden Anmerkung genannten Aufsatz Hesses entspricht.

10 »Beim Lesen eines Romans«. In: Neue Rundschau 44 1933 S. 699.

11 Dank an Goethe S. 11.

12 Hesse selbst macht diese Zeitangabe, die dem Werk so genau nicht zu entnehmen ist, in einem Vorabdruck der »Einführung« in der Neuen Rundschau 45 1934.

13 Dieser Brief Hesses vom Februar 1950, auf den im weiteren Verlauf der Untersuchung noch mehrmals verwiesen werden muß, ist abgedruckt in Hermann Hesses »Briefmosaik« in: Neue Schweizer Rundschau 17 1950 S. 687 ff.

14 Goethe, Maximen und Reflexionen. Nr. 1002 S. 169.

15 Aus dem Geleitwort zur Ausgabe von Hesses »politischen« Briefen und Aufsätzen, »Krieg und Frieden« S. 12.
Hesse hat selbst in jenem in Anm. 13 genannten Brief die Figur des Pater Jakobus mit Jakob Burckhardt identifiziert, wenn er schreibt: »Erkannt wurde vor allem die Figur des Pater Jakobus, die eine Huldigung an den von mir sehr geliebten Jakob Burckhardt ist. Ich habe mir sogar erlaubt, ein Wort von ihm meinem Pater in den Mund zu legen.«

16 Diesen Quellennachweis gab Gerhard F. Hering in »Die Zeit« v. 10. 7. 1947: J. Burckhardt, »Historische Fragmente«. 1942 S. 200.

17 Goethe an Schiller am 22. 4. 1797 S. 120.

18 Hesse selbst bestimmt diese inneren Aufbauformen der Dichtung terminologisch mit »Hinweise«, wenn es einmal im Werk

heißt: »Der angekündigte ›junge Diener‹ nämlich näherte sich ihm in Gestalt eines geistlichen Schülers namens Anton, und wenn dieser junge Mensch auch in Josef Knechts Leben keine Rolle gespielt hat, so war er doch ... ein Hinweis, ein Bote zu Neuem und Größerem, ein Ansager kommender Ereignissen« (223).

19 Emil Staiger, Grundbegriffe S. 89 f.

20 Goethe, Maximen und Reflexionen Nr. 635 S. 105.

21 Die Zitate sind Hesses Aufsatz »Ein Stückchen Theologie« entnommen. Kliemann/Silomon S. 78 ff.

22 a.a.O. S. 83.

23 Paul Böckmann, Die Welt des Geistes S. 227.

24 Es wird nun auch deutlich, warum etwa auf Jakobus, Thomas, Ferromonte, Dubois und Gervasius die Perspektive nie verlegt wurde. In sie konnte sich der Biograph nie einfühlen, da sie Portraits wirklicher Personen sind. In jenem zitierten Brief (Anm. 13) schreibt Hesse: »Von den Figuren des Buches haben einige ihr individuelles Gesicht von wirklichen Personen erhalten, manche dieser Vorbilder sind von guten Lesern denn auch erkannt worden, andere bleiben mein Geheimnis.«

25 Goethe, Maximen und Reflexionen Nr. 562 S. 90.

26 Vgl. hierzu Goes, Rede auf Hermann Hesse S. 27: »Das Buch ist – wir deuteten schon darauf hin – ein Buch, in welchem der Erzieher Hesse zu Wort kommt.«

27 Julius Petersen hat in seinem Werk »Die Wissenschaft von der Dichtung« Goethes Auffassung des Dichters als Lehrers aufgewiesen. A.a.O. 2. Aufl. Berlin 1944 S. 440 ff.

28 »Briefmosaik«. In: Neue Schweizer Rundschau 17 1950 S. 681.

29 Glasperlenspiel II, 199.

30 Glasperlenspiel II, 199.

31 Betrachtungen S. 140.

32 »Der Bettler. Eine Erzählung«. Separatabdruck aus der Neuen Zürcher Zeitung Okt. 1948. Nrn: 2 092, 2 100, 2 111, 2 123.

33 »An einen jungen Künstler«. Privatdruck 1949 S. 8.

34 »Unterbrochene Schulstunde. Erzählung«. Sonderabdruck aus Schweizer Monatshefte 28 1948 S. 561.

35 Glasperlenspiel S. 277.

36 Fritz Strich, Der Dichter und seine Zeit S. 390.

37 »Worte zum Bankett anläßlich der Nobel-Feier« 1946. In: Krieg und Frieden S. 207.

38 Siddhartha. In: Weg nach Innen S. 159.

39 »Deutsche Erzähler«. In: Neue Rundschau 26 1915 S. 191.

40 »Erinnerung«. Gedichte S. 460.

41 Brief an Max Brod. In: Krieg und Frieden S. 224.

Die Interpretation des »Glasperlenspiels« in meiner Dissertation erfolgte auf der Basis des originalen Textes, einiger sekundärer Literatur, des Bandes »Briefe« von 1951 und jener Briefe, die Hesse selbst mir in dieser Zeit geschrieben hatte. Erst sehr viel später, in den Gesprächen mit Peter Suhrkamp und mit Hermann Hesse, vor allem aber in dem von Volker Michels aufgearbeiteten Nachlaß mit Briefen von und an Hesse, mit den Dokumenten und Zeugnissen der Zeit, enthüllte sich mir ein neuer Aspekt des »Glasperlenspiels«. Diese Dokumente wie auch die verschiedenen Fassungen der Einleitungen, die Lebensläufe und jener aus dem Nachlaß edierte »Vierte Lebenslauf Josef Knechts« (1965, Bibliothek Suhrkamp, Band 181) zeigen, wie eng die Entstehung des »Glasperlenspiels« mit den politischen Verhältnissen in Deutschland seit 1930 verflochten ist und wie sehr diese »utopische Dichtung« auch als Ausdruck der politischen Haltung Hesses in dieser Zeit zu verstehen ist. Um dies auch im Zusammenhang des Buches zu belegen, sei aus der »Werkgeschichte« das Kapitel über die Entstehung des »Glasperlenspiels« wiederholt.

Zur Genesis des »Glasperlenspiels«

Hesse hat an keinem anderen Werk so lange gearbeitet wie am »Glasperlenspiel«. Im »Kurzgefaßten Lebenslauf« des Jahres 1925, einer Konjekturalbiographie im Jean Paulschen Sinn, spricht er von seiner Beschäftigung in den auf das Jahr 1930 folgenden Jahren: »Es wurde der Ehrgeiz meines späteren Lebens, eine Art Oper zu schreiben; in ihr sollte das menschliche Leben in seiner sogenannten Wirklichkeit wenig ernst genommen werden«, er wollte in der Oper das leisten, was ihm in den Dichtungen nie ganz gelungen ist: »Dem Menschenleben einen hohen und entzückenden Sinn zu setzen«; er wollte die Entwicklung der Natur schildern bis dorthin, wo sie durch unausbleibliches Leiden gezwungen würde, wieder sich dem Geiste zuzuwenden, »und das Schwingen des Lebens zwischen den beiden Polen der Natur und des Geistes sollte sich heiter, spielend und vollendet darstellen wie die Spannung eines Regenbogens ... Allein mir gelang die Vollendung dieser Oper nie«. Hesse selbst hat die Anfänge seines mathematisch-musikalischen Geistspiels auf das Ende des Jahres 1930 datiert. Am 29. April 1942 schloß er die Arbeit ab.

Ist der »Steppenwolf« das wirkungsreichste Werk Hesses, so ist das »Glasperlenspiel« sicherlich das Werk, dessen Bedeutung bis heute noch nicht erkannt worden ist. Die literarische Kritik mußte es schwer haben mit diesem Werk, weil sie den politischen Hintergrund der Entstehung und auch die Genesis des Werkes nicht übersehen konnte. Dieser Überblick ist jetzt erst möglich anhand des aus dem Nachlaß edierten Textmaterials, anhand der überlieferten Texte zum »Glasperlenspiel«, der verschiedenen Fassungen, Entwürfe usw., insbesondere anhand der zahlreichen Briefe Hermann Hesses aus dieser Zeit und auch der etwa 35 000 an Hesse gerichteten Briefe (die in den Archiven von Bern und Marbach liegen).

Die Entstehung des »Glasperlenspiels« ist untrennbar verbunden mit der Entwicklung der politischen Verhältnisse in Deutschland in der Zeit ab 1930. Vielleicht wird das »Glasperlenspiel« einmal erkannt werden als der große intellektuelle

Gegenentwurf zur Barbarei und zu den Verbrechen des Dritten Reiches, als scharfe Analyse dieser Zeit und gleichzeitig als Utopie, deren Zukunftserwartung Inhalte der klassischen Utopien, wie die der Rückkehr zur Natur, die der Idee des Friedens und die einer klassenlosen Gesellschaft aufnimmt. Ein Ernst Blochsches »Noch-Nicht« hat Hesse im Motto des Werkes erfunden und Albertus Secundus zugeschrieben (von seinen Freunden Franz Schall – Clangor – und Josef Feinhals – Collofino – ins Lateinische übersetzt): ». . . denn mögen auch in gewisser Hinsicht und für leichtfertige Menschen die nicht existierenden Dinge leichter und verantwortungsloser durch Worte darzustellen sein als die seienden, so ist es doch für den frommen und gewissenhaften Geschichtsschreiber gerade umgekehrt: nichts entzieht sich der Darstellung durch Worte so sehr und nichts ist doch notwendiger, den Menschen vor Augen zu stellen, als gewisse Dinge, deren Existenz weder beweisbar noch wahrscheinlich ist, welche aber eben dadurch, daß fromme und gewissenhafte Menschen sie gewissermaßen als seiende Dinge behandeln, dem Sein und der Möglichkeit des Geborenwerdens um einen Schritt näher geführt werden.« Am 18. 4. 1932 verläßt Hesse seine Züricher Winterwohnung. Er hatte (am 14. 11. 1931) zum drittenmal geheiratet, Frau Ninon Dolbin, geb. Ausländer, und war im Juli 1931 in das von seinem Freund Bodmer ihm auf Lebenszeit zur Verfügung gestellte Haus eingezogen; in diesem Haus entstehen, von gelegentlichen Aufenthalten in Baden abgesehen, die Texte des »Glasperlenspiels« und auch alle folgenden Arbeiten.

Im Jahre 1931 tritt Hesse aus der Sektion für Dichtung der Preußischen Akademie der Künste aus. Er mißtraute dem deutschen Staat, nicht »weil er neu und republikanisch ist, sondern weil er mir beides zu wenig ist«. Thomas Mann versucht im Dezember 1931 Hesse zu einem Wiedereintritt zu gewinnen, doch dieser lehnt ab. Seine Hoffnung auf eine ernstzunehmende Republik war zerstört. »Deutschland hat es versäumt, seine eigene Revolution zu machen und seine eigene Form zu finden«, die paar guten Geister der Revolution seien totgeschlagen worden. Er selbst sei seit dem Ersten Weltkrieg, während die Mentalität der Mehrheit gleichgeblieben sei, »um viele Meilen nach links getrieben worden«, und er sah »ohne Zweifel eine blutige Welle weißen Terrors« voraus. In einem Brief aus dem Jahr 1932 schreibt er: »... aber der jetzt drohende faschistische Terror ist die genaue und von der deutschen Politik mit Sorgfalt emporgehätschelte Konsequenz von allem, was im Reich seit 1914, und schon lang vorher, Offizielles geschehen ist.« Auf diesem Hintergrund ist die Entstehung des »Glasperlenspiels« zu sehen. Hesse sieht Terror und Krieg voraus, aber er verweigert sich – nach den Erfahrungen des Ersten Weltkriegs – der Gewalt und dem direkten Engagement: »Lieber von Faschisten erschlagen werden, / als selbst Faschist sein. / Lieber von den Kommunisten erschlagen werden, / als selbst Kommunist sein«, heißt es in einem »in dieser Form nicht brauchbaren« Gedicht aus der Zeit der NS-Machtübernahme; er will »kein Partei- und Machtglück genießen / Und im Namen der Menschheit [nicht] auf unsere Brüder schießen«. Seine Reaktion auf diese Zeit war es, eine überparteiliche Haltung zu formulieren (etwa in den beiden Abhandlungen »Mein Glaube«, 1931, und »Ein Stückchen Theologie«, 1932), und in der ›Utopie‹ des »Glasperlenspiels«: »Es galt für mich zweierlei: einen geistigen Raum aufzubauen, in dem ich atmen und leben konnte, aller Vergiftung der Welt zum Trotz, und zweitens den Widerstand des Geistes gegen die barbarischen Mächte zum Ausdruck zu bringen.«

»Das Glasperlenspiel« entsteht ganz konsequent, Stufe um Stufe, mit gelegentlichen halb- oder ganzjährigen Pausen, die für Vorstudien, insbesondere zu den »Lebensläufen«, erforderlich sind. Ständig unterbrochen wurde die Arbeit durch Einsatz für Flüchtlinge und Emigranten (schon im März 1933 ist »ein Flüchtling aus Leipzig, ein sozialistischer Schriftsteller seit acht Tagen unser Gast, gestern kam auch Thomas Mann«). Thomas Mann folgten Bertolt Brecht, Heinrich Zimmer; dessen Buch »Maya« Hesse im Juni 1936 liest; »Der indische Lebenslauf« vom März/April 1937 ist davon beeinflußt – dann Gottfried Bermann Fischer, Joachim Maass, Albert Ehrenstein, Peter Weiss.

Unterbrechungen auch durch zahllose Besucher aus Deutschland (Peter Suhrkamp, Max Picard, Ernst Wiechert – dem Hesse empfiehlt, nicht nach Deutschland zurückzukehren –, Hermann Kasack, Hans Carossa und andere). Empfindlich beeinflußt wurde die Arbeit zudem durch Angriffe von seiten des NS-Regimes und der Emigrantenpresse wegen seines Verbleibens im S. Fischer Verlag, seiner Treue zu Peter Suhrkamp, seiner zeitkritischen Rezensionen in der »Neuen Rundschau« und »Bonniers Magasin« und schließlich durch die Nachrichten von den KZ-Aufenthalten von Kollegen, Freunden und den Verwandten seiner jüdischen Frau.

Im Juni 1932 beginnt Hesse mit der Niederschrift der »Einleitung zum Glasperlenspiel«, »nahezu ein Jahr vor den deutschen Ereignissen vom März 1933«. Sie wird mehrfach geschrieben. Im Frühsommer 1934 entsteht eine dritte Fassung; es ist dies die »politische« Fassung der Einführung, in der vor Terror, Barbarei und Diktatur gewarnt wird und die in Abschriften in Deutschland kursiert.

Da diese Einleitung in Deutschland nicht gedruckt werden kann, schreibt Hesse im Mai und Juni 1934 eine vierte, wesentlich veränderte Fassung. Diese letzte, definitive Fassung, erscheint im Dezember 1934 in der Neuen Rundschau (nur die lateinische Version des Mottos wurde nachträglich noch zweimal geändert) mit folgender Anmerkung: »Diese Abhandlung ist das Vorwort zu einer utopischen Dichtung, man hat sie sich etwa um das Jahr 2400 geschrieben zu denken. Von dieser Dichtung sind bisher nur zwei Teilstücke fertiggeschrieben: die vorliegende Abhandlung und die Erzählung vom Regenmacher.«

Im April 1936 entsteht der zweite Lebenslauf »Der Beichtvater« (vorabgedruckt in »Neue Rundschau«, Juli 1936) und im März und April 1937 der dritte »Indische Lebenslauf« (vorabgedruckt in »Neue Rundschau«, Juli 1937). Ein vierter Lebenslauf (siehe »Der vierte Lebenslauf Josef Knechts«) wird im Juni und Juli 1934 in zwei Fassungen geschrieben, jedoch am 16. 10. 1934 als »vorerst gescheitert« aufgegeben.

Parallel zu den Lebensläufen entstehen die dreizehn Gedichte, die später als »Die Gedichte des Schülers und Studenten Josef Knecht« in das Werk eingehen.

Das erste Kapitel der Lebensbeschreibung, »Die Berufung«, schreibt Hesse im Januar 1938 (vorabgedruckt in der »Corona«, Juni 1938), die weiteren Kapitel folgen zügig; »die letzten zwanzig Seiten« (also die Beschreibung des Todes von Knecht) »haben etwa ein Jahr gebraucht«. Am 29. 4. 1942 schließt Hesse die Arbeit ab: ein Kapitel wird noch nachträglich im Februar 1943 umgearbeitet.

Am 16. März 1942 treffen die ersten 7 Kapitel der Lebensbeschreibung beim S. Fischer Verlag in Berlin ein, der zweite Teil des Gesamtmanuskriptes folgt im Mai; die Kommunikation mit dem Verlag ist zeitbedingt schwierig. Hesses Werke sind unerwünscht, der Verleger erhält für sie kein Papier. Deshalb soll die langgeplante Gesamtausgabe der Gedichte in Zürich erscheinen. »Der ›Josef Knecht‹ aber soll nicht in Zürich erscheinen, sondern in Berlin, da ich meinem alten Verleger die Treue halte und ich neun Zehntel meiner Leser dort habe. Die Zähigkeit und Freundestreue, mit der Suhrkamp in Berlin meine immer wieder gefährdete Existenz durchgehalten hat, ist bestes Deutschland« (Brief an Carl Seelig, vom Sommer 1942). Suhrkamp versuchte die Genehmigung für den Druck zu erhalten, obwohl ihm, wie er berichtet hat, die Vergeblichkeit, ja Unmöglichkeit seiner Bemühung klar war. Das Werk kann im Deutschland dieser Jahre nicht erscheinen. Hesse hat diese Hoffnung in all den Jahren vorher nicht aufgegeben, deshalb ist bei politischen Passagen ein oftmals allusiver Sprachduktus zu beobachten, den umzuarbeiten, als die Veröffentlichung unmöglich wurde, Hesse nicht mehr die Kraft hatte. Schließlich wird die Publikation definitiv vom Propagandaministerium abgelehnt, wie Suhrkamp berichtet, »wegen eines Kapitels, das in einem Kloster spielt«. Peter Suhrkamp gelingt es mit Schwierigkeiten sowohl von seiten der deutschen als auch der Schweizer Behörden endlich, vom 20.–26. August 1942 nach Baden zu kommen, um Hesse die Ablehnung mitzuteilen und ihm das Manuskript zurückzugeben. Danach beabsichtigt Hesse »nun eben irgendwo in der Schweiz« das Werk drucken zu lassen, »damit es wenigstens erhalten bleibt«, denn »das Manuskript kann jeden Tag durch eine Bombe, einen Brand oder ähnliches zerstört werden, und dann wären die letzten elf Jahre mir verloren«.

Mit Suhrkamps Zustimmung schließt Hesse am 20. 3. 1943 einen Vertrag mit dem Verlag Fretz & Wasmuth, Zürich, über die Herausgabe des »Glasperlenspiels«. Der Titel des Werkes lautet damals noch »Der Glasperlenspielmeister«. Eine mit Peter Suhrkamp vereinbarte Bitte von Walther

Meier, Lektor im Verlag Fretz & Wasmuth, die »Hinterlassenen Schriften« von Josef Knecht in die Biographie selbst einzubringen, sie also nicht getrennt an den Schluß zu stellen, lehnt Hesse ab. »Ich habe über diese Dinge nicht wie Suhrkamp und Sie, einige Tage oder Stunden nachgedacht, sondern etwa zehn Jahre lang, und ich muß mich daher wehren.« Hesse hat sich ein Leben lang gegen Änderungsvorschläge gewehrt; Suhrkamp mußte gleich am Anfang seiner Verlegerlaufbahn eine entsprechende Erfahrung machen. Wahrscheinlich gibt es überhaupt keine Korrekturen in Hesses Texten, die auf Einwirkung Dritter zurückzuführen sind.

Die erste Ausgabe des »Glasperlenspiels« erscheint am 18. 11. 1943 in Zürich in zwei Bänden.

Kurz nach seiner Rückkehr von seiner Schweizer Reise wird Peter Suhrkamp unter Gestapo-Aufsicht gestellt. Im März 1943 soll der Suhrkamp Verlag vormals S. Fischer, »aus Rache wegen Hesse, Flake und Kellermann«, wie eine Tagebuchnotiz von Hermann J. Abs vom 5. 3. 1943 berichtet (mitgeteilt nach Falk Schwarz »Literarisches Zeitgespräch im Dritten Reich, dargestellt an der Zeitschrift ›Neue Rundschau‹«, Frankfurt 1972), geschlossen werden. Suhrkamp gelingt noch einmal die Verhinderung des Schließungsbeschlusses, doch am 13. 4. 1944 wird er von der Gestapo verhaftet. »Mein treuester Freund in Deutschland, mein Verleger Suhrkamp, Fischers Nachfolger, war lange Zeit, zum Teil meinetwegen, Gefangener der Gestapo; ich weiß nicht, ob er noch lebt.« (Brief an Lina Kurtz vom Juli 1945. Unveröffentlicht.)

Anfang 1945 wird Suhrkamp in das KZ Sachsenhausen bei Oranienburg eingeliefert, jedoch am 8. Februar schwerkrank entlassen; das Verlagshaus mit allen Akten und Archivunterlagen wird durch Bomben zerstört. Nach der Kapitulation und nach seiner teilweisen Genesung bewirbt sich Suhrkamp sofort bei den Alliierten in Berlin um eine Verlagslizenz. Am 17. Oktober 1945 erhält er als erster Verleger eine britische Lizenz. Schon bei der Beantwortung der Fragen für die Bewerbung um die Lizenz weist Suhrkamp auf die dringliche Herausgabe des »Glasperlenspiels« in Deutschland hin. – Hesse erhält am 28. 8. 1946 den Goethe-Preis der Stadt Frankfurt. Anfang November 1946 wird ihm der Nobelpreis für Literatur zugesprochen.

Im Dezember 1946 erscheint im Suhrkamp Verlag, Berlin, mit dem Copyright 1943 bei Fretz & Wasmuth, Zürich, und unter der Lizenznummer der Besatzungsmächte ICB 481 die erste deutsche Ausgabe des »Glasperlenspiels« in zwei Bänden im Rahmen der Gesammelten Werke.

Peter Suhrkamp hatte 1946, in Zeiten wirtschaftlicher Not und Papierknappheit, die Idee, wenn man schon nicht die Klassiker selbst veröffentlichen könnte, so doch die Leser durch Essays über große Werke zu informieren. Suhrkamp sah im »Glasperlenspiel« immer die »höchste Form der Erziehung, der Religion und der Gemeinschaft in der Menschenwelt, und das in Form einer Prosa, die so kühl, so rein und klar und so transparent ist wie eine Musik von Bach«. Daß das »Glasperlenspiel« aber das große Thema »Geist und Politik« enthielt, erkannte ich erst viel später aus den Erzählungen von Suhrkamp und aus den zahlreichen Briefen, in denen sich Hesse über das »Glasperlenspiel« äußert. Von hier her hat sich für mich auch die Genesis des »Glasperlenspiels« bei Hesse fast neu ergeben.

Persönliche Begegnungen

»Besuchen Sie mich einmal, wenn Sie in die Schweiz kommen.« Dieser Aufforderung in einem Brief aus dem Jahre 1950 kam ich im August 1951 nach. Meine Frau und ich besuchten zum ersten Mal Lugano und Locarno. Unser Reisebegleiter war das Buch »Wanderung«, und mit ihm erlebten wir die Reise vom Norden in den Süden über den Gotthard, jenen Paß, wo »die nördliche, deutsche Bauart ein Ende nimmt samt deutscher Landschaft und deutscher Sprache. Wie schön ist es, solche Grenzen zu überschreiten! ... Noch hat mein Blick die Wahl, noch gehört ihm Nord und Süd. Nach fünfzig Schritten wird nur noch der Süden mir offenstehen. Wie atmet er geheimnisvoll aus bläulichen Tälern herauf! Wie schlägt mein Herz ihm entgegen! Ahnung von Seen und Gärten, Duft von Wein und Mandel weht herauf, alte heilige Sage von Sehnsucht und Romfahrt.« Es war meine erste Reise in den Süden, und so ist es verständlich, daß Hesses Aufzeichnungen seiner damaligen Reise mich bewegten. Seine Betrachtung über »Bäume« in der »Wanderung« gehört für mich noch heute zu den schönsten Seiten deutscher Dichtung.

Angeregt von Hesses Tessiner Beschreibungen waren wir in Locarno, durchwanderten die Schlucht des Onsernone und entdeckten das Bergdorf Berzona, noch bevor seine späteren berühmten Bewohner es erreicht hatten. Die Gegend um Lugano wurde sorgsam erwandert; für mich war es eine Art heiliger Boden, und ich hatte immer wieder den Eindruck, Bekanntem zu begegnen, so in Montagnola, beim Palazzo Camuzzi, beim »Papageienhaus« in Carona, bei der kleinen Kirche der Madonna d'Ongero, in Agnuzzo, wo Hesse häufig Hugo Ball und Emmy Hennings besucht hatte; und den Friedhof von San Abbondio, wo Hugo Ball ruhte und wo auch Hesses einziges persönliches Besitztum war, seine Grabstätte. Es war die Landschaft Klein und Wagners, Klingsors, der Gestalten der Märchen, und wenn man wollte, konnte man Siddhartha, Harry Haller, den Morgenlandfahrern und Josef Knecht begegnen.

Abends im Hotel in Paradiso, zwischen den beiden Bergen des Luganer Sees, und Montagnola unmittelbar hoch oben vor den Augen, lasen wir dann in Hesses Beschreibungen des »Bilderbuches« unsere Spaziergänge nach.

Als wir ihn dann in Montagnola besuchen wollten, war er nicht da; ich erfuhr später, daß er in Bern sei, wir gaben es schon auf, ihn zu sehen. Auf der Rückfahrt faßte ich jedoch plötzlich den Entschluß zu einer Fahrt nach Bern; ich wußte nicht, wo er sein könnte, aber meine Absicht war, das Quartier der Morgenlandfahrer, Schloß Bremgarten, aufzusuchen. Hier traf ich ihn, und hier fand unsere erste Begegnung statt.

Zum 80. Geburtstag von Hesse, 1957, habe ich versucht, meine Begegnungen mit ihm zu beschreiben:*

Persönliche Begegnungen mit Dichtern sind Glückssache: sie fallen einem in den Schoß oder sie mißglücken, jedenfalls sollte man sie nicht herausfordern. In die Chronique intime der Literatur könnte man unter der Rubrik solcher Begegnungen manche Histörchen einfügen, etwa jenen Brief Robert Walsers, in dem er einen angekündigten Besucher dadurch abzuwehren suchte, daß er schrieb, sein Haus wimmele vor Ungeziefer. Oder man denke an jenen Besucher Thomas Manns, der nach zwanzig Minuten das Haus verließ, weil der Verehrte auch nicht ein einziges Wort gesprochen hatte. Detlev von Liliencron wurde eines Tages von einem jungen Menschen ein Paket Verse mit den gebundenen Worten übergeben: »Ich fühle mich immer geadelt, wofern ein weiser Mann mich tadelt.« Liliencron blätterte in dem Konvolut und verabschiedete danach unvermittelt seinen Besucher mit den Worten: »Ernenne Sie zum Großfürsten!« – Es gibt freilich auch eine Kehrseite der Medaille. Es war im Jahre 1816, als sich bei Goethe eine dreiundsechzigjährige Dame anmeldete: es war Charlotte Kestner, geborene Buff, die Lotte des »Werther«; der Besuch erregte in Weimar mehr Aufsehen, als dem großen Alten wohl lieb war, und so behandelte er sie bei einem Mittagessen mit steifster Courtoisie. Charlotte Kestner berichtete über diese Begegnung an ihren Sohn: »Ich habe die Bekanntschaft eines alten Mannes gemacht, welcher,

* Der nachfolgende Text ist eine Zusammenfassung und Erweiterung der beiden 1957 geschriebenen Erinnerungen an persönliche Begegnungen mit Hermann Hesse; einer dieser Berichte wurde in »Westermanns Monatsheften« (1957 Heft 7) veröffentlicht, der andere vom Hessischen Rundfunk am 2. 7. 1957 gesendet.

wenn ich nicht wüßte, daß er Goethe wäre, und auch dennoch keinen angenehmen Eindruck auf mich gemacht hat.«

Die erste Begegnung mit Hesse war eine literarische, ich erhielt 1944 das Gedicht »Seltsam im Nebel zu wandern« in Abschrift zugesandt und lernte es auswendig. Eine zweite, mittelbare Begegnung mit Hesse geschah bei der Lektüre des »Glasperlenspiels«. Hier gibt Hesse ein Selbstporträt in chinesischem Kostüm. Ich habe auf jener Seite, wo der Chronist des »Glasperlenspiels« den Besuch Josef Knechts beim chinesischen Eremiten beschreibt, ein Foto Hesses eingelegt, denn so kann man ihm in seiner Tessiner Landschaft begegnen:

»Dorthin also wanderte Josef Knecht, mit häufigen Rasten und von der Landschaft entzückt, die ihm nach der Übersteigung der Bergpässe von Süden blau und duftig entgegenblickte, mit sonnigen Rebenterrassen, braunem Gemäuer voll Eidechsen, würdigen Kastanienhainen, eine würzige Mischung aus Südland und Hochgebirge. Es war Spätnachmittag, als er das Bambusgehölz erreichte; er trat ein und sah mit Erstaunen ein chinesisches Gartenhaus inmitten eines wunderlichen Gartens stehen ... Ein schmächtiger Mann, in graugelbes Leinen gekleidet, mit einer Brille über blauen abwartenden Augen, erhob sich von einem Blumenbeet, über dem er kauernd verweilt hatte, kam langsam auf den Besucher zu, nicht unfreundlich, aber mit jener etwas linkischen Scheu, wie Zurückgezogene und Alleinlebende sie manchmal an sich haben ...«

Lugano, August 1951. Altersgraue Häuser, Basare und Campanile sind in einem Halbkreis an den Ufern der verführerisch blauen Wasser des Ceresio hingebettet, eingefaßt von den beiden mächtigen Säulen des Monte San Salvatore und des Monte Bré, alles farbig und leuchtend, ein Sinnbild des Südens. Montagnola, jenes kleine Dorf auf der Collina d'oro, dem »goldenen Hügel«, an dessen Rand Hesse jenes Haus gebaut hatte, das ihm die Großmut seines Freundes Hans C. Bodmer unerwartet auf Lebenszeit zur Verfügung gestellt hat, ist von Lugano aus mit dem Bus oder Wagen über eine schöne Hochstraße zu erreichen, die durch malerische Dörfer wie Gentilino und Certenago führt. Der schönere Weg ist freilich ein Fußpfad, ein früherer Ziegensteig, der mitten durch Wiesen und Wälder der Collina d'oro führt, jenes Hügels, der seinen Namen zu Recht führt. Es ist eine terra santa, eine geheiligte Erde, die sich verschenkt und auch dem Ärmsten sein Brot und seinen Wein gibt. Es ist, seit 1917, die Landschaft des Malers Hesse, zugleich auch die Landschaft von »Klingsors letztem Sommer«, jener expressiven Epoche in Hesses Schaffen. Das Gedicht »Klingsor zecht im herbstlichen Wald« gibt die Atmosphäre jener Zeit, in der die Märchen und die Erzählungen »Klingsors letzter Sommer«, »Siddhartha«, »Klein und Wagner« entstanden.

Klingsor zecht im herbstlichen Walde

Trunken sitz ich des Nachts im durchwehten Gehölz,
An den singenden Zweigen hat Herbst genagt;
Murmelnd läuft in den Keller,
Meine leere Flasche zu füllen, der Wirt.

Morgen, morgen haut mir der bleiche Tod
Seine klirrende Sense ins rote Fleisch,
Lange schon auf der Lauer
Weiß ich ihn liegen, den grimmigen Feind.

Ihn zu höhnen, sing ich die halbe Nacht,
Lalle mein trunkenes Lied in den müden Wald;
Seiner Drohung zu lachen
Ist meines Liedes und meines Trinkens Sinn.

Vieles tat und erlitt ich, Wandrer auf langem Weg,
Nun am Abend sitz ich, trinke und warte bang,
Bis die blitzende Sichel
Mir das Haupt vom zuckenden Herzen trennt.

Der Fußpfad Lugano-Paradiso nach Montagnola führt durch unendliche Wälder mit herrlichen, alten, riesigen Bäumen, Edelkastanien, Akazien, Platanen, mit vielen Stechpalmen und gelegentlich Eschen. Hier spätestens versteht man, daß Bäume für Hesse immer »die eindringlichsten Prediger« gewesen sind: »Bäume sind Heiligtümer. Wer mit ihnen zu sprechen, wer ihnen zuzuhören weiß, der erfährt die Wahrheit.

Sie predigen nicht Lehren und Rezepte, sie predigen, um das Einzelne unbekümmert, das Urgesetz des Lebens ... im ausgeprägten Einmaligen das Ewige zu gestalten und zu zeigen ... Ein Baum spricht: meine Kraft ist das Vertrauen. Ich lebe das Geheimnis meines Samens zu Ende, nichts andres ist meine Sorge. Ich vertraue, daß Gott in mir ist. Ich vertraue, daß meine Aufgabe heilig ist. Aus diesem Vertrauen lebe ich.« In der grünen Zeit des Jahres ist dieser Pfad mit Gestrüpp verwachsen, mit Brombeergerank und Farnkräutern. Der Weg führt vorbei an den Stirnseiten kleiner steinerner Giebelhäuser, die keine Rückseiten haben, denn Haus und Dach verlieren sich in Boden und Fels. Es sind die Schatzkammern des Tessins, die kühlen Weinkeller der Bauern; da liegt Grotto an Grotto, am Abend stehen freundliche Leute bei der Bocciabahn und trinken ein Glas Landwein; nirgendwo trinkt sich der rote Nostrano besser.

Nach einer gemächlichen Stunde mündet der Pfad in die Hochstraße ein und diese führt am Hotel Bellevue vorbei in kühnem Schwung mitten ins Dorf Montagnola. Hesses Haus ist weder vom Dorfe noch von der Fahrstraße aus zu sehen. Man muß durch die winkligen Gäßchen hindurch, vorbei an der roten Poststation, an den Häusern mit den für das Tessin so typischen Balkonen und Altanen. Zur linken Seite liegt das Palazzo Camuzzi, in dem Hesse über zehn Jahre wohnte; über dem Garten, dem Zaubergarten Klingsors, der Steinbalkon: »Klingsor stand nach Mitternacht, von einem Nachtgang heimgekehrt, auf dem schmalen Steinbalkon seines Arbeitszimmers. Unter ihm sank tief und schwindelnd der alte Terrassengarten hinab, ein tief durchschattetes Gewühl dichter Baumwipfel, Palmen, Zedern, Kastanien, Judasbaum, Blutbuche, Eukalyptus, durchklettert von Schlingpflanzen, Lianen, Glyzinen. Über der Baumschwärze schimmerten blaßspiegelnd die großen blechernen Blätter der Sommermagnolien, riesige schneeweiße Blüten dazwischen halbgeschlossen, groß wie Menschenköpfe, bleich wie Mond und Elfenbein, von denen durchdringend und beschwingt ein inniger Zitronengeruch herüberkam. Aus unbestimmter Ferne her mit müden Schwingen kam Musik geflogen, vielleicht eine Gitarre, vielleicht ein Klavier, nicht zu unterscheiden. In den Geflügelhöfen schrie plötzlich ein Pfau auf, zwei- und dreimal, und durchriß die waldige Nacht mit dem kurzen, bösen und hölzernen Ton seiner gepeinigten Stimme, wie wenn das Leid aller Tierwelt ungeschlacht und schrill aus der Tiefe schellte. Sternlicht floß durch das Waldtal, hoch und verlassen blickte eine weiße Kapelle aus dem endlosen Walde, verzaubert und alt. See, Berge und Himmel flossen in der Ferne ineinander.«

Wenn man das Dorf verlassen hat und jenen Waldsteig hochgeht, entdeckt man jenes orangenrote Gebäude, in dem Hesse nun seit 1931 wohnt. Das Haus strahlte Ruhe und Sicherheit aus, es war wie Kastalien, die pädagogische Provinz, in welcher von nun an alle Wanderungen endeten, und Verwandlungen der Seele wurden, meditiert und meditierend, vollzogen, die gelebte Dauer im Wechsel. Nach Osten gibt das Haus einen herrlichen Blick auf das Seetal des Lago Lugano frei, nach Süden fällt in Terrassen der Garten des Hauses ab. Hier im Garten huldigt Hesse noch heute dem »chymisch-symbolischen« Kult des Feuerbrennens, jener Verwandlung von Holz und Kraut in Asche, jener »Rückverwandlung der Vielfalt ins Eine«, wie er es 1935 in den Hexametern seiner Idylle »Stunden im Garten« beschrieb, in denen zum ersten Mal das Motiv des »Glasperlenspiels« auftaucht.

Dann stehe ich vor der eichenen Tür des Hauses. Hinter dem vergitterten Türfenster warnt ein vergilbtes Blatt mit den Worten des Meng Hsiä: »Wenn einer alt geworden ist und das Seine getan hat, steht ihm zu, sich in der Stille mit dem Tode zu befreunden. Nicht bedarf er der Menschen. An der Pforte seiner Behausung ziemt es sich vorbeizugehen, als wäre sie niemandes Wohnung.«

Ich fühlte, diese Worte waren kein Spaß und auch kein Appell an meine literarische Bildung. Beim Weggehen stieß ich auf einen Studenten, der vom Rheinland bis Lugano getrampt war. Auch er kehrte um. Bei einem Becher Nostrano trösteten wir uns mit der Anekdote, daß eines Tages am Blatt des Meng Hsiä ein Zettel gehangen habe: »Schade, hätte Sie gern gesehen. Thomas Mann« . . .

Im Schloß Bremgarten bei Bern stand ich dann Hesse zum ersten Male gegenüber. Er war es, unverkennbar, der mir aufrecht, elastisch und vogelleicht gegenübertrat. Er war größer als ich dachte, hager und schlank. Der Eindruck der asketischen Gestalt wurde vom Gesicht her verstärkt. Die Augen groß, gütig, leuchtend; eine Offenheit des Auges, dessen Kraft im Zauber und Bezaubern liegt, auch im Zauber der Erinnerung. Der Mund schmal, fast lippenlos, deutet auf Wege eines gläubigen, zweifelnden, auf alle Fälle suchenden und eindringenden Menschen, auf jenen Mann, der sich selbst als »Sucher und Bekenner« bezeichnet hatte. Unvergleichlich ist diese Spannung zwischen Augen und Mund gezeichnet. Ein Gesicht faunischen Geistes, Sinne und Geist scheinen hier ein Bündnis eingegangen zu sein, das eine eigene Art der Sensibilität ausstrahlt. Was wir im einzelnen sprachen, weiß ich nicht mehr. Nur, daß über den weitgezogenen, rasenbestandenen Schloßhof in fast regelmäßigen Intervallen ein Taubenschwarm hin und zurück flog; das surrende Geräusch steht in meiner Erinnerung auch jetzt noch zwischen unserem Gespräch. Nachher geleiteten mich Hesse und Frau Ninon durchs Schloß. Bremgarten sei der älteste historische Boden Berns, soviel habe ich noch behalten. Im übrigen ›kannte‹ man ja Bremgarten. War es doch jener Ort, an dem die Morgenlandfahrer ihre Bundesfeier abhielten. So wanderten wir durch die bekannte Landschaft der »Morgenlandfahrt«, durch den Park, in dem einst Pablo, mit Rosen bekränzt, seine Rohrflöte blies, am Brunnen vorbei, an dem Don Quichotte seine erste Nachtwache hielt; man hörte die Aare rauschen, deren Wasser einst den Morgenlandfahrer H. H. mit hinab in die kühle Kristallwelt genommen hatte. Hesse führte mich durch den großen Saal des Schlosses mit der berühmten Hodler-Sammlung. Auch dieser Ort war ›historisch‹, das feierliche Synedrion der morgenlandfahrenden Bundesoberen hatte hier stattgefunden. Hier schritt Leo sorgfältig, demütig und dienend; hier entdeckte der Morgenlandfahrer H. H., daß Verzweiflung das Ergebnis jedes ernsthaften Versuches ist, das Leben mit der Tugend, mit der Gerechtigkeit, mit der Vernunft zu bestehen; hier in Bremgarten hatte Leo, nach dem »Gesetz« befragt, geantwortet: »Es ist das Gesetz vom Dienen. Was lange leben will, muß dienen. Was aber herrschen will, das lebt nicht lange.«

Jahre später – über Bellinzona, der Kreisstadt des Tessins, schienen an jenem Sommersonntagmorgen alle Schleusen des

Himmels geöffnet. Mühsam kämpfte sich das Taxi durch Sturzbäche auf den Straßen zum Spital, wo wir Hesse und Frau Ninon treffen sollten. Hesse hatte sich wieder einer ärztlichen Konsultation unterziehen müssen, die aber offensichtlich ohne Verdikt endete. Er war heiter, wie ich ihn selten gesehen hatte. Scherzend reichte er im Auto, in dem uns seine Gattin gen Lugano steuerte, meiner Gefährtin eine Decke, weil er zu wissen vermeinte, sie schätze, wie er, Wärme, während er mir, wie seiner Gattin, ein besseres Ertragen kühlerer Temperatur zutraute. Lächelnd erinnerte er daran, daß die Fahrt über den Monte Ceneri nach Lugano noch im achtzehnten Jahrhundert ein Unternehmen war, das mit aller Sorgfalt vorbereitet werden mußte, das Vorsicht erheischte und nur in größerer Gesellschaft unternommen werden durfte; Raubüberfälle und Hinterhalte von Wegelagerern aus der Val Cavargna seien üblich gewesen. Seine Heiterkeit hatte ausstrahlende Kraft und ging als Wohlwollen, gute Laune und Zuversicht auf uns alle über. Seine Heiterkeit, so sehr sie Spiel war, war nicht Oberfläche, sie war ernst und tief, Erkenntnis und Liebe, Bejahen unserer Wirklichkeit, Annahme unseres individuellen, unumkehrbaren, einmaligen Lebens.

Das Haus in Montagnola ist zweigeschossig angelegt, unten die Tages- und Arbeitsräume, die Bibliothek und ein Gastzimmer, oben Schlafräume, ein Archivraum, und schließlich die Räume des Reiches von Frau Ninon, in denen sie ihren wissenschaftlich-archäologischen Studien nachgeht.

Hesse empfängt seine Besucher in seiner Bibliothek. Das gibt dem Gespräch Atmosphäre und meist von vornherein einen konkreten Gegenstand. Dort ist Weltliteratur versammelt, und bedeutende Zeitgenossen, Romain Rolland, André Gide, Thomas Mann, Thornton Wilder und andere sind mit handschriftlichen Widmungen vertreten. Ein großer Tisch war überhäuft mit neuerschienenen Büchern, die ihm zugesandt wurden. Frau Ninon, nun schon seit Jahren im Amte des behütenden und umsorgenden Geistes waltend, liest ihm Tag für Tag aus diesen Büchern vor. Eine Augenkrankheit verbietet ihm selbst langes Lesen. Hesse arbeitet und schreibt noch heute ohne Sekretärin, ohne Hilfskraft. Neben dem Bibliothekszimmer liegt das ›Atelier‹; hier hatte er früher gemalt, noch jetzt zeigt er voll Stolz eine Auswahl erlesener Papiere. – Vom Bibliothekszimmer aus fällt der Blick in den Garten. Doch dieser ist nicht mehr so gehegt wie einst. Hesse und auch sein hochbetagter Gärtner bewältigen diese beschwerliche Arbeit nicht mehr. So holt sich der Wald – Hesse erklärt uns dies lächelnd – Schritt für Schritt wieder das zurück, das er ihm einst abgerungen hatte. Die Natur ist halt doch stärker als wir, bemerkt er, und im schwyzerischen Ton seiner Sprache klingt schwäbischer Urgrund durch. Beim Tee werden im Gespräch gemeinsame Freunde lebendig: Max Frisch, dessen Stiller für ihn ein so beunruhigend-sympathischer Kerl ist; Monique Saint-Hélier, deren Werke sein Verleger Suhrkamp hier in seiner Bibliothek entdeckt hat. Martin Buber, Hermann Kasack, der Japanologe Gundert und die Witwe des Sinologen Wilhelm tauchten im Gespräch auf. Wenn Hesse ins Erzählen kommt, erstaunt immer wieder das Freie und Offene seiner Rede. Er nimmt den Gedanken beim Wort, faßt das Gespräch behaglich, aber sorgfältig an, in einer »schicklichen Mitte« zwischen Vertraulichkeit und Ehrfurcht vor dem Gegenstand seiner Erfahrung. Er spielt mit seiner Katze, als ich ihm von jener merkwürdigen Beobachtung berichte, daß seine Bücher immer wieder von einer neuen, nachwachsenden jungen Generation gelesen werden. Man weiß von Studentenbüchereien, wo seine Werke an der Spitze der ausgeliehenen Bücher stehen. Ist es, weil die Jugend in ihm einen Führer sieht, einen Ratgeber? Hesse wehrt ab und meint, daß auch der Dichter nur ein Ahnender und Leidender ist, der auf Führerschaft und Weisheit längst verzichtet habe. Ist es die Denkart des Dienens und der Ehrfurcht? Hesse wehrt ab und weist auf die Evangelien, auf die Bhagavad-Gita, auf die Erfahrung und Weisheit der Chinesen: ein Satz des Konfuzius sei für ihn wesentlich geworden, das Wichtigste im Leben sei »Treue zu sich selbst und Güte zu anderen«. Lange unterhalten wir uns über das gestalterische Problem des ersten Satzes eines Romanes. Ich spreche ihn an auf seine ästhetische Auffassung, die er in einem Privatdruck 1949 niedergelegt hat: »Man kann aus Bau und Rhythmus eines Prosasatzes von Goethe oder Brentano, von Lessing oder E.T.A. Hoffmann über das Charakteristische, über die leibliche und seelische Veranlagung des Dichters oft weit mehr schließen, als aus dem, was dieser Prosasatz aussagt.« Hesse bestätigt nochmals seinen Satz aus dem Jahr 1949. Zwar sei er kein Ideologe in der Frage, ob Form oder Inhalt einer Dichtung wichtiger sei, jedoch beschäftige ihn immer die Frage, was aus Anlaß von Inhalt an Sprache und Form entstanden ist.

Dies war also der Mensch Hesse. Das Aufregendste einer Begegnung mit ihm: die auffallende Identität von persönlicher Erscheinung und dem, was man seinem Werke über ihn entnehmen konnte. Er war dieser Mensch des »Werdens und der Wandlungen« und eben nicht Vertreter einer festen, fertig formulierten, orthodoxen Lehre. Man verstand sein Bekenntnis zur Güte, sein Bekenntnis zur Liebe, das er immer wieder ausgedrückt hat: »Es gab vielerlei Gefühle, scheinbar, aber im Grunde waren sie alle eins. Man kann alles Gefühl Willen nennen, oder wie immer man will. Ich nenne es Liebe. Glück ist Liebe, nichts anderes. Wer lieben kann, ist glücklich. Jede Bewegung unserer Seele, in der sie sich selbst empfindet und ihr Leben spürt, ist Liebe.« Man verstand aber auch, warum er in seinen Schriften den »Blick in Chaos« aufzeigt und auch die Gefahren der modernen Zivilisation nennt, ihre Ausschweifung, ihre Profitsucht, ihren Mangel an Individualität.

Es war spät am Nachmittag, als wir uns verabschiedeten. Wir gaben uns die Hand. Lächelnd, das Schöne im Abschied, die Hoffnung rufend, sagte der Achtundsiebzigjährige: »Ich bin sicher, daß wir uns wiedersehen werden – und grüßen Sie mir die Freunde.«

Die Hoffnung, die dieser Bericht von 1957 ausdrückte, hat sich erfüllt. Ich habe Hermann Hesse mehrfach wiedergesehen, zumeist – oder fast ausschließlich – in Montagnola, ein-, zweimal bei Autoausflügen in die nähere Umgebung, einmal in Sils Maria, wohin Hesse jahrelang jeden Sommer in Ferien fuhr, um dem Luganeser Föhn zu entgehen. Bei unseren Recherchen für die Briefausgabe fand sich eine Karte von Hermann Hesse vom 31. 8. 1951, gerichtet an Eugen Zeller nach Ulm. Hesse berichtet von seiner Fahrt von Sils über den Comer See nach Montagnola und von dort mit dem Zug nach Bern, alles sei »mit Schwierigkeiten und großen Verspätungen« erfolgt und hier seien sie »nun schon wieder am Ende der Ferien«. Und dann folgt ein Satz, der unsere erste Begegnung widerspiegelte: »Und am Sonntag erschien, während wir beim Schwarzen Kaffee saßen, ein junger Fremder, der kam aus Ulm und hieß Unseld, es war nett, er gefiel uns gut.«

Bei dieser ersten Begegnung in Bremgarten konnte niemand die spätere Verlagsbeziehung vorausahnen. Hesse hat mich damals gefragt, was ich machte, was ich arbeitete. Ich war zu dieser Zeit in einer Buchhandlung in Heidenheim. Ich erinnere mich noch, daß Hesse mich fragte, warum ich als Buchhändler und nicht in einem Verlag arbeitete. Ich sagte ihm, daß ich jetzt einmal diese Seite des Buchhandels kennenlernen wollte und daß es meine Absicht sei, später einen eigenen Verlag zu eröffnen. Hesse erzählte mir von seinem Freund Suhrkamp, der einen jungen Mann als Nachfolger suche. Das klang mir wie eine Botschaft von einem fremden Stern. Der Suhrkamp Verlag, als Verlag Hermann Hesses und jener jüngeren Literatur, für die ich mich als Buchhändler in Heidenheim engagierte, schien mir persönlich etwas Unerreichbares zu sein, und die Person seines Leiters war für mich mehr Legende als Wirklichkeit. Doch geschah es sicher unter dem Eindruck dieser Begegnung, daß ich mich am 3. Oktober 1951 doch an Suhrkamp wandte; meine Buchhändlerzeit war von vornherein auf ein Jahr beschränkt; einige Angebote, im Verlag arbeiten zu können, zerschlugen sich. Die Idee eines eigenen Verlages stand vor mir, ich wollte Prosa von Josef Mühlberger und Gedichte von Maria Müller-Gögler verlegen, mit denen ich seit Jahren befreundet war, und Arbeiten jener jüngeren Schriftsteller, die ich in Tübingen kennengelernt hatte; freilich, es war mir damals schon klar, daß mit neuerer Literatur allein kein Verlag beständig sein könnte; so liebäugelte ich immer mit der Idee, die eine oder andere Hesse-Lizenz zu erhalten. Mein Brief an Suhrkamp wurde von ihm mit einer Einladung nach Frankfurt beantwortet; am 23. Oktober 1951 traf ich Suhrkamp in Frankfurt; wir sprachen ein paar Stunden miteinander und vertrugen uns hierbei erstaunlicherweise gut; das Oldenburgische und das Schwäbische widersprachen sich nicht. Ich nahm am 4. November sein Angebot zur Mitarbeit im Suhrkamp Verlag an, und Suhrkamp bestätigte mir seinerseits am 5. 11.: »Ich freue mich sehr, daß Sie am 1. Januar 1952 zur Mitarbeit bei uns im Verlag eintreten wollen. Dem will ich hinzufügen, daß ich fest glaube, Ihr Entschluß wird in jeder Beziehung, auch für uns, von positiver Bedeutung sein.« Hesse nahm meine Nachricht, es sähe so aus, »als wolle die dritte Begegnung mit Ihnen und ihrem Werk sich zu meiner Lebensarbeit runden und der bisher mehr literarisch-philologische Dienst an Ihrem Werk sich zum praktisch-beruflichen Dienst erweitern«, mit Freude zur Kenntnis. Er schrieb mir am 15. Januar 1952: »Als ich im Sommer in Bremgarten beim Kaffee saß, erst wenig erfreut über die Störung durch Besuch, dann auf Ihren Namen hin erfreut, dachte ich nicht, das könnte etwa mein mutmaßlich künftiger Verleger sein. Sie haben nun den Weg dazu angetreten, und ich wünsche Ihnen, Suhrkamp und mir, es möge gut gehen und von Dauer sein, zumindest für die Strecke, die ich vermutlich noch mit dabei sein werde.« Damit begann dann die neue, berufliche Phase meiner Begegnung mit Hermann Hesse.

Um es klarzustellen, »Verleger« war nur einer, Peter Suhrkamp. Bis zu seinem Tode am 31. März 1959 war und blieb er der Verlagspartner für Hesse. Ich war für Suhrkamp linke oder rechte Hand, »der junge Hund«, wie Suhrkamp es einmal nannte. Meine Rolle war die einer internen Beratung für mögliche Publikationen Hesses, ich arbeitete an den Editionen und an der Präsentation des Werkes von Hesse in der Öffentlichkeit und beim Buchhandel. Aus der Idee eines Prospektes, der, jenseits aller Werbung, die Genesis des Werkes von Hesse darstellen sollte, erwuchs das bio-bibliographische Hesse-Brevier, das dann später zu einer Werkgeschichte wurde. Hesse und ich haben viele Briefe gewechselt, weil Hesse auf Nachricht über Suhrkamps Befinden drang, das ja von einem ständigen Auf und Ab begleitet war. Der Arbeitsbeziehung Hesse–Suhrkamp ist das nachfolgende Kapitel gewidmet. Die persönliche Verbindung beruhte in einer in erster Linie von Hesse ausgehenden tiefen Freundschaft und großen Loyalität zu dem Mann, der in der Ausübung seines Berufes und auch wegen seines Eintretens für Hermann Hesse Gestapo-Haft, Gefängnis, Folter und lebensgefährdendes Konzentrationslager auf sich nehmen mußte. Diese Freundschaft und Loyalität half Suhrkamp in seiner Beziehung zu Hesse, die nicht ganz unkompliziert war. Zweimal hat sich Suhrkamp über Hesse geschrieben, zum 60. Geburtstag Hesses im S. Fischer Almanach von 1937 und zum 70. Geburtstag in einer Rundfunkansprache vom 2. 7. 1947. Beide Texte lassen zwischen den Zeilen doch einige Vorbehalte des Norddeutschen gegenüber dem Werk, dessen Karat »deutsch-romantisch« ist, erkennen. Suhrkamp war als Person wie als Verleger ein Mann des eigenen Maßes. Das Konzept seines Verlages legte er fest, das Programm bestimmte nur er selbst. Auch in den Fragen der Publikationen Hesses, in denen ich ja Fachmann war und große Detailkenntnisse hatte, mußte ich sehr behutsam vorgehen, um ihn, Suhrkamp, von der einen oder anderen Idee zu überzeugen. Selbstverständlich wählte ich nie den Weg, mich mit einer Publikationsidee an Hesse selbst zu wenden, das wäre mir unmöglich erschienen, und Suhrkamp hätte das auch nicht akzeptiert; dagegen mußte ich akzeptieren, daß Suhrkamp manchmal meine Ideen in negativem Lichte Hermann Hesse vortrug, und Hesse dann das Ganze abschlägig beschied. Es waren in der siebenjährigen Tätigkeit mit Suhrkamp vor allem zwei Publikationsvorhaben, bei denen wir nicht übereinstimmten. Die Neugründung des Suhrkamp Verlags lag, als ich eintrat, gerade eineinhalb Jahre zurück. Der Verlag war klein, sein Umsatzvolumen bescheiden, sein Grundkapital so gering, daß er nur mit Mühen daran denken konnte, die ihm anvertrauten Rechte zu wahren und jene Werke editorisch aufzubauen, die ihm nun einmal anvertraut waren, insbesondere das Werk von Hesse, das Werk von Brecht und auch die Werke, die Peter Suhrkamp im besonderen am Herzen lagen, das Werk von Schröder, von George Bernard Shaw und von T. S. Eliot. Ich entwickelte Suhrkamp einen Plan, der uns mit eigenen Möglichkeiten helfen sollte, jene materielle Basis zu erweitern; ich schlug Suhrkamp vor, er möchte jeden Monat ein Werk, das sich für einen größeren Kreis eigne, in größerer Auflage in Leinen gebunden, jedoch zu niedrigem Preis herauszubringen. Es war dies in den Jahren 1952/53, wo auf dem Buchmarkt die Buchgemeinschaften sich bemerkbar machten und dem Buchhandel empfindliche Konkurrenz bereiteten. Von den zwölf Titeln eines Jahres sollten anfänglich zwei Bücher Hermann Hesse gewidmet sein; ich machte den Vorschlag, mit »Narziß und Goldmund« und dem »Demian« zu beginnen. Im ersten Programm sollten dann Bücher von Bertolt Brecht, Ernst Penzoldt, Hermann Kasack, Hans Erich Nossack, Wolf von Niebelschütz, Franz Tumler, Walter Cisek, Alfred Marnau und Heinrich Schirmbeck erscheinen. Und sicher konnten wir auch Lizenzen anderer Verlage für diese monatliche Reihe erwerben. Es war ja immer noch ein großer Nachholbedarf an wichtiger Literatur vorhanden, und eine junge deutsche Literatur zeigte sich durchaus schon in den ersten Ansätzen. Mit den damaligen Lektoren sprach ich den Plan ab, erarbeitete eine genaue Kalkulation mit Aufwendungen und Erträgen und schenkte Suhrkamp den Plan zu seinem Geburtstag im März 1953. Er war entsetzt. Ich hatte mit der Benennung der Reihe als »Volksausgaben« einen entscheidenden Fehler gemacht, er verwies darauf, daß das nur die Neuaufnahme einer alten Idee sei, die schon S. Fischer einmal gehabt habe, freilich hätte sie Fischer damals nur verwirklicht, weil der Verleger Droemer Thomas Mann mit einem hohen Angebot für eine Volksausgabe der »Buddenbrooks« abwerben wollte. Es brach der Konflikt aus, der bei all meiner Bewunderung und Verehrung für ihn ein ständiger Begleiter unserer Zusammenarbeit war. Er, der aristokratische Mann, dachte an eine Minderheit der Leser, nur von ihr könnte die entscheidende Veränderung ausgehen, nur sie trüge zum Fortschritt der Zeit bei. Alles Denken in großen Auflagen sei falsch, und dies verböte sich geradezu bei dem Charakter jener Autoren, die er an seinen Verlag gebunden habe. Mein Hinweis selbst auf Bertolt Brecht, der vielleicht nicht ganz in diese Kategorie zu passen schien, fruchtete wenig, da Suhrkamp mit Recht darauf hinweisen konnte, daß die Bücher Brechts kaum gekauft wurden und daß selbst Aufführungen Brechts nur mit größten Schwierigkeiten zu erreichen waren. Suhrkamp reagierte ganz charakteristisch auf meinen Vorschlag. Es sollte keine Reihe von »Volksausgaben« begonnen werden, jedoch eine Reihe mit sogenannten »Tausenddrucken«, Bücher, die nur in Auflagen von tausend Exemplaren erschienen und von 1 bis 1 000 numeriert waren. Im Laufe der Zeit legte er dann sein Konzept für die Tausenddrucke vor, es waren Bücher, die wirklich nur für eine Handvoll Leser bestimmt waren; sie waren auch entsprechend schwierig vorzubereiten, und so erschien der erste Tausenddruck »Avon« von H. D. erst 1955. Unter den Initialen verbarg sich Hilda Aldington, die mit ihrem Buch »By Avon River«, das die Erscheinung Shakespeares aus den konzentrischen Kreisen anderer Dichter visionär neu deutete, in Amerika und England einen gewissen Erfolg gehabt hatte; bei uns reüssierte die Autorin nicht, selbst nicht im exklusiven Tausenddruck, von dem man noch nach zwei Jahrzehnten Exemplare der ersten Auflage beziehen konnte. Doch ergaben die Gespräche, daß wir wenigstens einmal im Jahr ein sogenanntes »Suhrkamp-Hausbuch« bringen durften. Wir begannen hier mit »Narziß und Goldmund«. Das zweite Hausbuch wurde Ernst Penzoldts »Süße Bitternis«, und dies war Titel Nummer 2 jenes Zusammenschlusses von 19 Verlegern, die aus denselben Motiven meiner damaligen geplanten »Volksausgaben« eine Reihe »Die Bücher der Neunzehn« schufen und jeden Monat »Einmalige Sonderausgaben, hervorragende Werke zu volkstümlichen Preisen« herausbrachten. Peter Suhrkamp war hoch angesehener und kritischer Teilnehmer dieses Neunzehner-Kreises.

Das zweite Motiv für jene grundsätzliche Dissenz zwischen Suhrkamp und mir und dann auch mit Hermann Hesse war mein Vorschlag, für den 80. Geburtstag Hesses eine in großer Auflage gedachte Werkausgabe zu bringen. Auch hier erarbeitete ich die genauen Unterlagen und überreichte sie Suhrkamp. Dieser reagierte diesmal gar nicht, sondern nahm meinen Plan mit nach Montagnola, besprach ihn dort und kam zurück mit der Nachricht, daß Hesse meinen Vorschlag weit von sich gewiesen, sehr ärgerlich reagiert habe und sich solch vulgärer Verbreitung widersetze.

Wenn ich diese beiden Vorgänge aus meiner Erinnerung hervorhole, so soll dies nicht den Anschein erwecken, als wäre die Beziehung des Verlages zu Hesse irgendwie kritisch gewesen. Über Jahre hinweg stand die Beziehung zwischen Frankfurt und Montagnola im Zeichen strahlenden Himmels, und die paar Blitze und Donner dienten nur dazu, die Atmosphäre zu reinigen; das nachfolgende Kapitel spricht davon.

Die Korrespondenz zwischen Hesse und Suhrkamp liegt ab 1945 gesammelt vor; die Korrespondenz, die Hesse und ich führten, wird sicherlich auch einmal ediert werden und für die Philologen und Freunde Hesses das eine oder andere Detail zur Lebens- und Wirkungsgeschichte Hesses bringen. Von meiner Seite aus sind es Briefe zu Jubiläen und Auszeichnungen, Reaktionen auf die neueren Arbeiten von Hesse, insbesondere auf die Rundbriefe und Privatdrucke, die er verschickte. Von seiner Seite aus sind es Briefe und Karten, die meine Arbeiten begleiteten. Zwei sachliche Komplexe zeichnen sich in dieser Korrespondenz ab. Ich hatte im Jahre 1955 eine gewisse Chance, in das International Seminar der Harvard University aufgenommen zu werden. Das International Seminar wurde von dem damaligen Harvard-Professor Henry Kissinger geleitet, und ich wäre sehr gern Teilnehmer dieses Seminars geworden und hätte sehr gern diese Reise nach den USA unternommen, die für mich ja im wahren Sinn noch eine neue Welt waren. Auf Bitte von Suhrkamp schrieb Hesse mit dem Datum vom 9. Februar 1955 an die »Hochgeschätzten Herren« des Seminars einen Brief, in dem er mir attestierte, »voraussichtlich künftig an bedeutender Stelle dem deutschen Verlagswesen und Kulturleben anzugehören«. Hesse schickte mir eine Kopie dieses Briefes, seinen Begleitbrief möchte ich jedoch ungekürzt hier wiedergeben:

Februar 1955

Lieber Herr Dr. Unseld
Danke für Ihren Brief, und hoffen wir, daß Sie Glück haben und nach Amerika können! Ich habe für dieses Land Sympathien nur in den Jahren der Knabenzeit gehabt, in denen ich den Lederstrumpf und »Trapper und Indianer« las, nachher war es aus damit, und ich war auch stets damit einverstanden, daß die Antipathie von drüben durchaus erwidert wird. Ein dortiger Professor hat es so formuliert: »Um Hesse zu goutieren, muß man ihn lieben – und was sollte in einem Buch wie dem Glasperlenspiel für einen Amerikaner Liebenswertes zu finden sein?«
Aber ich habe noch nie einem Jüngeren, wenn er dazu Gelegenheit hatte, vom Besuch Amerikas abgeraten, und ich fände es für Sie wertvoll und wichtig, es kennen zu lernen.

Der schöne kleine Wald hinter meinem Haus ist beinah verschwunden, es drohte schon lang, und jetzt liegen alle die alten lieben Bäume gefällt und zersägt am Boden, auf Befehl des Forstamtes, der Kastanienkrankheit wegen. Auch diese Krankheit verdanken wir den USA.

Herzlich grüßt Sie Beide Ihr

H. Hesse

Hesse blieb bei seinem Urteil und Vorurteil. Als ich aus den USA zurückkam, schickte ich ihm meine für die Frankfurter Allgemeine Zeitung geschriebenen Eindrücke dieser Reise: »Siedlertraum einer besseren Zukunft«. Doch weder diese Darstellung noch mein persönlicher Bericht, den ich ihm in Montagnola gab, vermochten ihn zu überzeugen. Er mochte die Amerikaner so wenig, wie diese ihn zu mögen schienen. Ich berichtete ihm auch von den paar Übersetzungen seiner Werke ins Amerikanische, die ich da drüben gesehen und geprüft hatte und die mir ganz und gar indiskutabel vorkamen. Bei der Lektüre der amerikanischen Ausgabe des Glasperlenspiels unter dem Titel »Magister Ludi« konnte ich wirklich nur mit Anstrengung herausfinden, daß es sich hier um einen Text von Hesse handelte! Doch auch das berührte Hesse nicht. Der durchschnittliche Amerikaner der Gegenwart sei, so urteilte Hesse einmal, »ein vergnügter und genügsamer Halbmensch . . . dessen Musikalität im Handhaben eines Grammophons besteht, für den ein gut lackierter Kraftwagen schon zur Welt des Schönen zählt«. Das Schicksal seiner Bücher in Amerika war ihm vollkommen gleichgültig. Er traute den Amerikanern keine Kultur, keine Kultur des Wortes zu; ein wenig wurde er in dieser Haltung bestärkt vom Verleger Kurt Wolff. Dieser hat auch mir immer wieder bestätigt, daß es unmöglich sei, Hermann Hesse ins Amerikanische zu übertragen. Kurt Wolff hat während seiner amerikanischen Verlagszeit nie versucht, Hesse zu edieren. Als ich zwei Jahre später wieder nach Amerika fuhr, um dort Autoren, Verlage, Agenten und Buchhandlungen zu besuchen, ich bemühte mich, die Rechte an den amerikanischen Ausgaben der Werke von Hermann Hesse zurückzukaufen. Das war damals ganz leicht, denn die wenigen nach der Verleihung des Nobelpreises erschienenen Werke von Hesse waren nicht nur kein buchhändlerischer Erfolg, sie waren der größte ›flop‹ für die Verlage, die sie herausbrachten. Der Verleger, von dem ich die Rechte des »Glasperlenspiels« für 500 Dollar zurückkaufte, lud mich anschließend zu einem Essen ein und gab mir Gelegenheit, von dem unfairen ›deal‹ zurückzutreten. Für kaum 2 000 Dollar hatte ich die amerikanischen Rechte zurückerworben und gesichert, daß die bisherigen entstellenden Übersetzungen nicht mehr ausgeliefert werden konnten. Von meinem Unternehmen konnte ich Suhrkamp nichts sagen, da der Suhrkamp Verlag zu dieser Zeit die Auslandsrechte Hesses gar nicht betreute; Suhrkamp hatte zu Beginn des Zweiten Weltkriegs die Auslandsrechte von Berlin aus an Hesse zurückgegeben, und der neue Suhrkamp Verlag hatte sie nicht übernommen. So mußte ich in Montagnola Frau Hesse für den Plan des Rückkaufs einzunehmen versuchen. Unter der Bedingung, daß ihr Mann von unserem Unternehmen nichts erfahren dürfte, gab sie mir die Hälfte des Betrages aus der Privatschatulle, die andere Hälfte stiftete dann doch Peter Suhrkamp, und wir erhielten bei dieser Gelegenheit dann auch wieder vertraglich die Auslandsrechte Hesses zugesprochen. Es war uns dann möglich, die Rechte in Amerika neu zu vergeben, und vor allem, wir konnten Einfluß auf Übersetzer nehmen, die nun das Werk von Hesse angemessen übertrugen. 1964 wurde ein Vertrag mit Harper and Brothers über »Narziß und Goldmund«, »Demian«, »Peter Camenzind« und »Unterm Rad« geschlossen, doch, da der im Verlag für Hesse zuständige Lektor Selbstmord beging, gab der Verlag die Rechte wieder zurück, mit Ausnahme des bereits erschienenen »Demian«. 1967 trat der Verlag Farrar, Straus and Giroux, New York, in den Harper and Brothers-Vertrag ein, der Suhrkamp Verlag schloß danach einen generellen Vertrag mit Farrar, Straus and Giroux über die Veröffentlichung der Werke Hesses in den USA. Das war 1967, und es hatte sich Besonderes ereignet. Das Magazin »Time«, das 1948 anläßlich einer Rezension der amerikanischen Ausgabe des »Glasperlenspiels« geschrieben hatte, der Nobelpreisträger Hesse sei in diesem Land praktisch unbekannt, berichtete nun, Hesse sei eine große »literarische Kultfigur der USA« geworden. In der »Psychedelic Review« erklärte Timothy Leary 1963 Hesse zum »Meisterführer zum psychedelischen

Erlebnis ... Vor Deiner LSD-Sitzung solltest Du Siddhartha und den Steppenwolf lesen. Der letzte Teil des Steppenwolf ist ein unschätzbares Lehrbuch«. Von da an begann eine Bewegung »Saint Hesse among the Hippies«. Die um sich greifende Welt der Hippies bemächtigte sich der Werke Hesses, in den Meditationsgruppen, in den Zurück-aufs-Land-Bewegungen, in den »Reservaten von Frieden und Gewaltlosigkeit«, bei Konzerten, in den Parks, in den Theatern wurde Hesse gelesen. Etwa 1967 kam ein Umschwung. Das Interesse entwickelte sich vom romantischen zum rebellischen Hesse. Der Titel von Ernst Roses Publikation 1965 ist kennzeichnend: »Hesse's Way from Romanticism to Modernity«. Durch eine Rock-Band mit dem Namen »Steppenwolf« wurde Hesses Namen und Werk in Windeseile durch die USA getragen und von der studentischen Jugend aufgenommen. Der amerikanische Student von 1967, quer durch alle Sozialschichten, las Hermann Hesse. Und nun begann auch die amerikanische Germanistik, die Hesse so lange vernachlässigt hatte, mit neuen Untersuchungen. Theodore Ziolkowski, »The Novels of Hermann Hesse« (1965), Robert E. Joyce, »Toward the Resolution of Polarities in Hermann Hesse's Steppenwolf« (1966), Rainulf A. Stezzmann, »Kafka's Trial and Hermann Hesse's Steppenwolf« (1966), Theodore Ziolkowski, »Hermann Hesse« in Columbia Essays on Modern Writers (1966), Mark Bulby, »Hesse. His Mind and Art« (1967). Das größte Verdienst in der wissenschaftlichen Behandlung der Werke Hesses gebührt Theodore Ziolkowski, der 1956 mit einer Arbeit »Hermann Hesse and Novalis« promovierte und schon 1961 eine Arbeit über »Hermann Hesse's Chiliastic Vision« schrieb und in einer hervorragenden Arbeit »Hermann Hesse's Steppenwolf. A Sonata in Prose« die musikalische Komposition dieses Buches darlegte. – Zahllose Abhandlungen wurden nun von Schülern und Studenten geschrieben, der »Hesse Companion« verzeichnet 34 neue Dissertationen. Nun beschäftigten sich auch die literarische Kritik, die literarischen Zeitschriften und Magazine und die Kulturseiten der Tageszeitungen mit Hesse: »Hesse spricht die Sprache der Jugend ... Letztlich liest die Jugend in Hesses Prosa eine Dichtung der Mündigkeit.« (Life-Book-Review, 1. 12. 1968); »... der einflußreichste Schriftsteller seiner Generation« (Christian Science Monitor, 10. 5. 1968); »... der größte Schriftsteller unseres Jahrhunderts« (San Francisco Sunday Examiner, 28. 4. 1968); »Hesse, der in diesem Jahr 92 Jahre alt geworden wäre, ist einer der größten geistigen Mentoren unserer Zeit« (Oklahoma Tulisa World, 19. 4. 1969). Zu denen, die sich der allgemeinen Emphase nicht anschlossen, gehörte George Steiner. In einem langen Aufsatz in ›The New Yorker‹ (Januar 1969) mit dem Titel »Eastward Ho!« bezeichnet er Hesses Werk als Aufguß, lediglich das »Glasperlenspiel« erschien ihm als die »meisterliche Ausnahme«.

Selbst bei dieser ungewöhnlichen Publizität muß es wundern, welch große Auflage Hesses Werke innerhalb des kurzen Zeitraumes von drei, vier Jahren erreichten. Insgesamt sind bis 1973 über 8 Millionen Exemplare der Werke Hesses in den USA verkauft worden (bei einer Einwohnerzahl von 200 Millionen). »Der Steppenwolf« erreichte eine Auflage von über 2 Millionen, »Siddhartha« von ca. 3 Millionen Exemplaren.

Die immer wieder gestellten Fragen, ob bei dieser ungewöhnlichen Hesse-Renaissance in den USA Mode oder wirkliche Rezeption, Mißverständnis oder Notwendigkeit vorherrschen, und die Frage nach der Wirkung der Publizität und nach den verkauften Auflagen werden erst im Rückblick beantwortet werden können. Angesichts der immensen Verbreitung der Bücher und der ernsthaften wissenschaftlichen, kritisch literarischen Beschäftigung scheinen jedoch Manipulation oder Zufall ausgeschlossen. In seiner dreiseitigen Titelbetrachtung »Cultivating Hesse« schreibt der Rezensent in »The Times Literary Supplement« vom 31. August 1973, daß Hesse sich in den siebziger Jahren zu einem ›Brennpunkt‹ entwickelt habe: »Hesse, der Umweltschützer, der Kriegsgegner, der Feind der computergesteuerten Technokratie, der höchstes Bewußtsein sucht (eher durch Poesie als durch Drogen) und der für seine Freiheit alles zu opfern bereit ist, außer seiner Integrität.«

Der andere große Bereich meines Briefwechsels mit Hesse waren die Berichte über das gesundheitliche Befinden von

Suhrkamp und auch die Frage, wie die verantwortliche Nachfolge Suhrkamps in der Leitung des Verlages geregelt werden könnte. Hier seien einige Briefe wiedergegeben, die diese Situation und ihre Entwicklung schildern und die auch Bericht abgeben über Krankheit und Tod von Peter Suhrkamp.

am 21. März 1954

Hochverehrter, lieber Hermann Hesse –

einen längeren Brief an Sie verschob ich immer wieder, da ich Sie leidend oder über und über mit ihrer Korrespondenz beschäftigt wußte. Heute möchte ich Ihnen nun aber doch einen kleinen Bericht zuschicken; ich will mich um äußerste Kürze bemühen.

Zunächst herzlichen Dank für all die »Drucksachen«, die Sie mir im Lauf der letzten Monate zugehen ließen. Für das reizvoll-heitere Bändchen »Autorenabend«, für den Nachruf auf Marulla, für die »Engadiner Erlebnisse«, für das »Kaminfegerchen«, für das Gedicht »Regen im Herbst«, das ich in der Frankfurter Allgemeinen Zeitung las, und für ihre Vorlesung aus »Glück«, die ich mir am Neujahrstag früh anhörte. Am meisten habe ich mich über das »Kaminfegerchen« gefreut; ich habe es, da ich es selbst nicht besitze, Suhrkamp wochenlang entführt, und es in meiner Brieftasche immer greifbar mitgeführt. Sie schreiben in diesen Stücken eine Prosa, die unverkennbar die Ihre ist und die doch, indem sie besondere Lebensmomente dichterisch kristallisiert, eine letzte Allgemeingültigkeit ausspricht: als gesprochene Lebenszeit, als gesprochenes Sein. – Nicht anders Ihr letzter Sonderdruck »Beschwörungen«; ich danke Ihnen besonders für die wertvolle Büttenausgabe. Der Druck ist mir auch deshalb lieb, weil er diese letzte Nachricht von Professor Zeller enthält. Die Größe dieses Mannes ist noch in der letzten Umnachtung erschütternd. Sie erinnern sich doch, daß ich sein Schüler war in Ulm, daß er es war, der mich zu Ihnen und Ihrem Werk hinlenkte; ich besuchte ihn oft in Schorndorf und blieb lange mit ihm verbunden. Ich werde mir seine Worte: »Ich bin immer für die kühnste Lösung« als Vermächtnis bewahren. – Doch nicht nur dies wollte ich Ihnen schreiben. Ich bestaunte bei diesem Rundbrief wieder einmal ein ästhetisches Problem:

Einmal wollen Sie doch Ihren Freunden ganz Konkretes mitteilen. Dann aber wird jede nur persönliche Regung, jedes Verlangen nach persönlicher Wirkung zugunsten der verbindlichen, anschaulichen Darstellung beschnitten, und in dieser Selbstbeschränkung eignet Ihrer Sprache nun plötzlich kein Mitteilungscharakter mehr. Im Rundbrief, der doch ganz und gar aus scheinbar mitteilenden Worten gemacht ist, wird eine gefühlte Wirklichkeit nicht nur bezeichnet, sondern erschaffen: »O ihr toten Freunde, wie unsterblich seid ihr, wie beglükkend und wie schmerzlich könnet ihr jederzeit wieder lebendig werden!« Ihre Worte werden so mit höchstem Recht zu »Beschwörungen«. Eine neue Welt von Bezügen und Verknüpfungen entsteht. Der Aufhebung des chronologischen Erlebens antworten Sie mit der »inneren« Zeit, mit der Erinnerung; so die an Julius Baur; diese erinnerten Erlebnisse und die augenblicklichen Anrufungen, die Ihnen aus Ihrer Umgebung, aus Briefen zuströmen, werden für uns Leser insofern relevant, als sie sich – wie hier bei Baur – in einer solch glücklichen Konstellation zu einem sprachlich-rhythmischen Kairos in Ihnen verbinden. So wächst mir aus diesen Arbeiten – daß es Arbeiten sind und keine aus dem Handgelenk geschüttelten Texte, daran zweifle ich nicht, obschon man die Mühe der Entstehung nicht erkennt – in der Reife des Geistes, der Sitten, der Sprache etwas heran, was man als gemeinverbindlichen Stil bezeichnen könnte, eine Eigenschaft, die nur höchster Dichtung zukommt.

Doch ich rufe mich zu meiner Absicht, nicht zu ausführlich zu werden, wieder zurück. So, hier noch einiges in füglicher Kürze:

Von Suhrkamp kommen gute Nachrichten; es scheint, daß die Kur ihm wohl bekommt. Die Ärzte wollen ihn noch bis Mitte April dabehalten. Suhrkamp schreibt, er könne es kaum wohl solange aushalten. Bitte reden doch auch Sie ihm zu, möglichst lange zu bleiben; ein vorzeitiges Aufbrechen könnte ihn um die Früchte des ganzen Aufenthalts bringen; seine Adresse haben Sie wohl (Oberstdorf, Stillachhaus). Suhrkamp hat am kommenden Sonntag, 28. März, Geburtstag; sicher wird er sich sehr freuen, von Ihnen und Ihrer Gattin einen Gruß zu bekommen. – Vielleicht besuche ich ihn sogar – wenn er noch dort ist.

Im Verlag selbst können wir uns nicht beklagen. Obschon alle sog. schöngeistigen Verlage es sehr schwer haben, kommen wir überraschender Weise besser weg. Das Sortiment erkennt allmählich unsere konzessionslose, um hohe dichterische Aussage und um größte buchtechnische Qualität bemühte Haltung an; wir stehen fast allein auf weiter Flur. – Das Wagnis Proust (zwei Verlage sind schon daran gescheitert) wurde zum Erfolg: die erste Auflage war kurz nach Erscheinen vergriffen; auch die zweite Auflage bewegt sich. Im Mai wird der zweite Teil »Im Schatten junger Mädchenblüte« erscheinen. Suhrkamp hat mir ganz die Betreuung der Ausgabe, sowohl vom Lektorat, der Beobachtung der Übersetzung, wie von der Herstellung und der Werbung her übertragen. In der vergangenen Woche war ich wieder einmal in Heidelberg, um mit der Übersetzerin, Frau Dr. Rechel, einige Fragen mündlich durchzusprechen. Übrigens wurde jetzt auch von der hersteller-fachmännischen Jury »Schönste Bücher des Jahres 1953« der Proust-Band prämiiert (im letzten Jahre waren es Ihre »Gesammelten Dichtungen« und die Schröder-Werke). – Auch das Lesebuch »Deutscher Geist« setzt sich durch. Dagegen haben wir es schwer mit Kasacks »Fälschungen«, mit Overhoffs Reisebuch und mit dem Roman »Dämmerung« von Henry Green, dem englischen Romancier.

Ich weiß nicht, ob Ihnen Frau Müller-Gögler schon von Ihrem Besuch bei uns geschrieben hat. Unglücklicherweise kam sie gerade in einer Zeit, als Suhrkamp krank war und in Königstein bleiben mußte. Suhrkamp hatte aber vorher das Manuskript gelesen. Wir können es – leider – nicht publizieren. Müller-Göglers Prosa hat nicht den Rang ihrer Lyrik; in Gedichten vermag sie sich besser auszudrücken als im epischen Wort. Ich hatte den Auftrag, ihr dies mitzuteilen. Es scheint, daß an meiner Offenheit unsere jahrelange Freundschaft zerbrochen ist. Sie wird es nun, mit unserer Vermittlung, bei der Deutschen Verlagsanstalt in Stuttgart versuchen. – Wir haben ferner eine Dissertation »Das Problem der Wirklichkeit bei Hermann Hesse« zur Veröffentlichung ablehnen müssen, da sie nicht für einen größeren Kreis zumutbar war. – Zur Zeit liegt bei mir ein Manuskript »Briefe eines Flüchtlings« von Ferdinand Gerhardt aus Rosenheim; es sind auch Briefe an Sie darunter; wahrscheinlich werden wir auch dies nicht veröffentlichen können, wir werden es aber sorgsam erwägen.

Sie fragten neulich nach neuen Bänden in der blauen Reihe. Ich wäre unbedingt für die »Märchen«, ein wirkliches Desiderat, das oft gefragt ist; auch das »Fabulierbuch« ist eine schmerzliche Lücke.

Hier will ich einhalten. Vielleicht ergibt sich die Möglichkeit eines Gesprächs. Ich bin mit meiner Frau Ende Mai für 14 Tage im Tessin, an einem kleinen Ort in der Nähe von Locarno. Wenn es Ihnen recht ist, besuche ich Sie. Mich würde es natürlich sehr freuen, wenn ich kommen dürfte.

Neulich schrieb ich eine kleine Arbeit über Oskar Loerke. Da Sie ihn kannten, schicke ich Ihnen anbei den in der Frankfurter Allgemeinen Zeitung erschienenen Aufsatz als besonderen Gruß zu.

Ihr sehr ergebener Siegfried Unseld

März/April 1954

Lieber Herr Dr. Unseld

Danke, Ihr Brief samt dem schönen Aufsatz über Loerke hat mir Freude gemacht und mich in allen Teilen interessiert und angeregt. Über die guten Nachrichten von Suhrkamps Befinden waren wir beide auch froh, ich habe ihm in meinem Geburtstagsbrief auch in Ihrem Sinn ein wenig zugeredet.

Über Frau Müller-Gögler sind wir einer Meinung. Sie hat mir bei ihrem Besuch im Herbst auch persönlich einen sehr angenehmen Eindruck gemacht. Aber mit ihrer Prosa (ich las nur vor einigen Jahren zwei historische Novellen) ist nichts anzufangen, was ich ihr auch gesagt habe.

Bei meinem letzten Rundbrief machte es mir Spaß, daß das schönste Stück, das ich darum auch als Steigerung an den Schluß gesetzt habe, nicht von mir sondern von meinem Vetter ist, also freilich dem Blut wie dem Geist nach doch die selben Ahnen hat.

Wenn Sie Ende Mai nach Locarno kommen, wollen wir, wenn bei uns alles leidlich steht, uns einmal sehen, Sie schreiben mir dann noch eine Karte mit Ihrer Ferienadresse und etwaiger Telef. Nummer. Die unsre ist Lugano 22646, die ich aber niemandem weiterzusagen bitte.

Für heute nur dies und herzliche Grüße von Ihrem H. Hesse

Verehrte, liebe gnädige Frau am 19. Januar 1958
lieber Herr Hesse –

ich darf diesen Brief, der nun schon lange als Situationsbericht fällig ist, an Sie Beide richten. Ohnehin werden Sie, liebe Frau Hesse, das vielleicht ausführlicher werdende Schreiben Ihrem Gatten vorlesen mögen zur Schonung seiner Augen, und dann betrifft dieser Brief ja Sie Beide.

Von Herrn Suhrkamp weiß ich, daß Sie darüber informiert sind, daß ich ab 1. Januar als persönlich haftender Gesellschafter in den Verlag, d. h. in die Kommanditgesellschaft, eingetreten bin. Die Vorgeschichte, der unmittelbare Anlaß zu diesem Vorgang, ist leicht erzählt. Im Sommer des vergangenen Jahres traten die Inhaber des Ullstein Verlages an Herrn Suhrkamp und mich heran und offerierten mir eine Position, eine leitende Stellung in den Verlagen Ullstein. Ich lehnte zunächst ab. Dann boten mir die Ullstein Leute die selbständige Leitung der drei Ullstein Verlage an, samt einem Sitz im Vorstand der Ullstein AG, kurz ein Angebot, das nicht nur vom Finanziellen her etwas Außerordentliches war, etwas Einzigartiges innerhalb des Gesamtbuchhandels. Ullstein ist nach wie vor ein riesiger Konzern und vereinigt in sich eine große Machtfülle; so kontrolliert er zusammen mit dem Konzern Springer in Hamburg (beide Unternehmen sind finanziell verflochten) 48% der gesamten deutschen Presse. Von hierher gesehen hatte das Angebot geradezu einen kulturpolitischen Akzent, denn es ist natürlich wichtig, wer dort sitzt und wer das Entscheidende für das geistige Leben hier fördern oder verhindern kann. Suhrkamp und ich sprachen immer wieder über das Projekt, oft mit verkehrten Fronten, er mit der These, das Angebot sei so gewaltig, daß ich es wohl beachten müsse, ich von meiner inneren Bindung an den Verlag. An sich war unser Gespräch nie dramatisch oder aufregend. Ich war mir sicher, daß ich an einen Punkt kommen werde, wo die Entscheidung gar keine Entscheidung sondern eine selbstverständliche Weiterentwicklung sein werde. Wie es in Suhrkamp aussah, ob er an eine Trennung überhaupt dachte, weiß ich nicht, jedenfalls, so schien es mir, schmeichelte auch ihm das Angebot, denn es war klar und offensichtlich, daß ich das, was ich geworden bin, durch ihn geworden bin. Die Frage war einfach die, wie er, Suhrkamp, die spätere Nachfolge geklärt wissen wollte und welche Residuen er meinem sich regenden Selbständigkeitsdrang einräumen konnte. Denn, dies war sehr merkwürdig, ich hatte vor drei Jahren einmal mit Suhrkamp konkreter über die Nachfolge gesprochen, seitdem nie wieder, da ich verständlicherweise das Gespräch nicht verursachen wollte; eine Zeitlang schien es überhaupt so, als läge Suhrkamp überhaupt nichts an einer Nachfolge; diese unklare Situation schaffte oft Mißbehagen in Zeiten, da er infolge seines Krankseins vom Verlage abwesend war. Während ich dies so überdachte, entwarf Suhrkamp seinen Gegenvorschlag, der nun eben sehr suhrkampisch war, d. h. mir wirklich alles anbot, was er überhaupt anbieten konnte. Ich hatte daran nie gedacht, unsere Gespräche kreisten immer nur um den einen Punkt, ob er mich überhaupt später einmal als Nachfolger sehen wollte, um einen Punkt, den er oral und wörtlich auch nie beantwortete. Oldenburgische Geheimnisse. Er hätte nur ein einziges Mal ein halbwegs deutliches Ja artikulieren müssen, die ganze Geschichte wäre in Ordnung gewesen. Aber dieses tat er nicht, dagegen offerierte er mir diesen Vertrag, der mich formal juristisch in dieselbe Stellung setzt, die er selbst inne hat. – Das Gespräch mit Gebr. Volkart war überraschend. Auch dort hatte man sich der Nachfolge wegen Gedanken gemacht und vor ein oder zwei Jahren aus diesem Gesichtspunkt heraus, wie mir Herr Reinhart erzählte, einen Neffen der Familie nach Frankfurt als Volontär schicken wollen; der junge Mann kam auch, hatte aber dann doch keine Lust mehr. Von meiner Existenz wußten Reinharts nichts. Aber sie haben großzügig, vertrauensvoll und überaus fair und wohlwollend reagiert. Ich habe jetzt auch Peter Reinhart kennengelernt, den ich auf Anhieb bewunderte. Wir haben uns länger unterhalten können, so daß diese Ehe zu Dritt auch für Reinharts keine Unbekannte enthielt. In diesem Geist gegenseitigen Verstehens und Vertrauens, gegenseitiger Bereitschaft und gegenseitigen Eintretens wurde der Vertrag jetzt unterschrieben. – Intern wurde geregelt, daß Suhrkamp nach wie vor die letzte Entscheidung habe; nach seinem Tode werden seine Erben Kommanditisten, d.h. »stille« Teilhaber, die nicht auf die Geschäftsführung einwirken können, die mir dann allein zufällt. So gingen diese Dinge also, merkwürdig, unerwartet, eigentlich auch in ihrer jetzigen drastisch-juristischen Form ungewollt, denn jetzt ist aus der Neigung die Ehe geworden, eine unkündbare (zumindest zunächst auf zehn Jahre, danach verlängert sich der Vertrag automatisch, wenn nicht gekündigt, wobei die Kündigung schwierig ist) und sehr ausschließliche. Meine einzige Sorge ist nur, wie es zwischen mir und Herrn Suhrkamp gehen wird, denn bislang war ich immer noch ein freier Mann, der bei fundamentalen oder bei jenen heftigen Diskrepanzen die Möglichkeit des Rückzugs hatte; das ist vorbei. Nun, ich will diese Gefahr nicht übertreiben. Bis jetzt war es jedenfalls Suhrkamp, der sich einfach vorbildlich und großzügig benahm, es wird jetzt an mir sein, ihm dies durch meine Dienste zu danken. Bis jetzt wirkte sich auch alles bestens aus. Die Situation intern im Verlag ist klar, Suhrkamp hat die Mitarbeiter durch Rundbrief orientiert. Er ließ mir schöne Möglichkeiten des Wirkens: so in der Zusammenstellung der Auswahl-Ausgabe für R. A. Schröder »Fülle des Daseins«, im kommenden Schröder-»Morgenblatt«, in unserem Weihnachts- und Neujahrsgruß, der offensichtlich auch Suhrkamp gefiel. Und jetzt tauchen Geschäftsprobleme genug auf, die als Ventile meines Betätigungsdranges wirken und in denen ich mich rein geschäftlich bewähren muß.

So ist es nun also zu dieser Lösung gekommen. Ich nahm sie nicht an als ein Geschenk, das einem so in den Schoß fiel, sondern als eine Verpflichtung für ein wesentliches Amt, die ich nicht leicht nehme, sondern von meinem Gewissen, von einer inneren Verantwortung her ausüben möchte.

Ich weiß nicht, ob Sie sich noch jenes Gespräches im Schloßgarten zu Bremgarten erinnern, in jenem Sommer 1951, bei dem Sie sagten, daß Ihr Verleger Suhrkamp nach einem möglichen Nachfolger Ausschau hielte; ich hatte damals nicht die Kühnheit, dies auf mich zu beziehen. So standen Sie – wenn ich dies rückblickend so sehen darf – nun auch am Anfang meines praktischen Weges, nachdem Sie und Ihr Werk am Anfang meines geistigen Weges gestanden sind. Es war nicht zuletzt Ihr Wohlwollen, das ich fühlte, das mich trug, das mich bestärkte, im Auf und Ab der Krisen und Hochstimmungen, das mich sicher machte. Ich möchte Ihnen hier einen Satz schreiben, den ich noch niemandem geschrieben und noch nie zu jemandem gesagt habe, und ich werde es auch in Zukunft niemandem schreiben oder sagen: in dieser Ullsteingeschichte, im Durchdenken dessen, wo innere Bindungen lösbar gewesen wären, waren es im allerletzten nicht meine jungen Schriftstellerfreunde, die durch mich zum Verlag kamen (irgendwie wären wir doch wieder zusammengekommen), war es im allertiefsten Grunde auch nicht Suhrkamp (eine Trennung im Guten schien mir für beide möglicher und würdiger als die pure Möglichkeit einer Trennung im Zerwürfnis), die mich an den Verlag banden und mir von innen her die Trennung unmöglich machten, sondern Sie, lieber Herr Hesse: irgendeine Resultante, eine Summe Ihres Werkes und Ihrer Haltung schoß da in mir zusammen und machte mir klar, was einfach Verrat wäre und was Ruf ist. – Ich hoffe, Sie verstehen mich, ich darf es nicht noch deutlicher sagen, und überhaupt: vergessen Sie es wieder.

Hoffen wir, daß auch nun diesem Anfang – und es ist ein Anfang – jener Zauber innewohne »der uns beschützt und der uns hilft zu leben«.

Hoffentlich habe ich Sie mit diesen Dingen nicht allzusehr belastet. Kehren wir in die Bezirke der Forderungen des Tages zurück.

Suhrkamps Arzt plädiert sehr für einen längeren Aufenthalt in Ägypten oder Sizilien. Beides ist für Suhrkamp natürlich einfach nicht zu denken. Und doch wäre es so wichtig. Wenn er schon nicht mehr ganz gesund werden kann, müßte er doch alles tun, was zu seiner Erhaltung notwendig ist. Wirken Sie doch bei Gelegenheit auch in diesem Sinne auf ihn ein, auf Sie hört er ja.

Mit Freuden vernahm ich Ihre Zustimmung zu unserem Plan, »Klein und Wagner« in der »Bibliothek« zu bringen. Im nächsten Frühjahr sollten wir dann daran denken, die »Frühe Prosa« in der blauen Ausgabe zu bringen.

Frau Ninon sprach mir bei meinem letzten Besuch von einem möglichen zweiten Band der »Briefe«. Denken Sie noch daran?

Mit Dr. Zeller vom Schiller-Nationalmuseum erwägen wir einen Bildband Hesse, analog den beiden Insel-Bildbänden »Goethe und seine Welt« und »Rilkes Leben und Werk im Bild« und dem Gallimard-Band »La vie de André Gide«. Darüber werden Sie noch hören.

Ich nehme an, Suhrkamp hat Ihnen inzwischen zur Regelung der Übersetzerrechte geschrieben; auch er ist sehr einverstanden, will nur vorher mit Ihnen sprechen, welche Rechte Sie Mohrenwitz eingeräumt haben.

Sonst ist zu sagen, daß es dem Verlag im Jahre 1957 sehr gut erging; Sie sahen dies ja auch an den Zahlungen an Sie. Es war ein erster wirklicher materieller Erfolg. Und dazu ein hoher kritischer Erfolg, immer wieder tauchte in den Rezensionen und Bilanzen die Prägung vom literarisch »angesehensten« oder »bedeutendsten« Verlage auf.

Manches wäre noch zu berichten (so daß es Frau und Söhnchen Joachim wohl ergeht), aber ich habe Sie jetzt lange genug beansprucht.

Ich schicke Ihnen, auch im Namen meiner Frau, herzliche Grüße und Wünsche zu und verbleibe wie immer Ihr ergebener

Siegfried Unseld

21. Januar 1958

Lieber Herr Dr. Unseld,
über Ihren heute angekommenen ausführlichen Brief habe ich mich sehr gefreut – ich sage »ich«, weil mein Mann Ihnen auch schreibt.

Das müssen aufregende Tage und Wochen für Sie und für Herrn Suhrkamp gewesen sein! Wie froh bin ich, daß Sie einen so guten Abschluß gefunden haben, eine Lösung, die für alle Teile – damit meine ich auch uns – so hochbefriedigend ist! Ich gratuliere Ihnen von Herzen und freue mich.

Wie gut wäre es, wenn der neue Stand der Dinge Herrn Suhrkamp veranlaßte, mehr für seine Gesundheit zu tun, sich längere Kuraufenthalte zu gönnen. Die Last der Verantwortung liegt doch nicht mehr auf ihm allein, er hat einen Teilhaber, einen Helfer!

Ich danke Ihnen noch sehr für einen lieben Brief vom 3. Juli – er hat mir wohlgetan und mich tief gefreut. Warum ich nicht gleich dankte, werde ich Ihnen ein andres Mal schreiben oder sagen.

Bitte grüßen Sie Ihre liebe Frau – ob Sie wieder ins Verrascatal in die Ferien kommen?

Noch möchte ich sagen, wie entzückt ich über die Schroeder-Auswahl bin! Man wird so »gluschtig«, Schröder zu lesen, wenn man in dieses Buch hereinsieht, man brennt geradezu darauf! Und doch hat es nichts von Readers digest-Alluren – ich finde es vorbildlich gemacht und denke, Schr. müsse sich auch sehr darüber freuen!

Herzlichst grüßt Sie
Ihre Ninon Hesse

Montagnola, Januar 1958

Lieber Herr Dr. Unseld
Mit voller Teilnahme und Freude haben wir Ihren Brief miteinander studiert. Die wichtigsten Punkte hatte uns Freund Suhrkamp schon mitgeteilt.

Ich bin froh darüber, daß das nun geregelt ist, und froh, auch am neuen Teilhaber des Verlages einen Freund meines Werkes zu haben, froh auch für uns beide, daß Sie nicht vom großen Berliner Gestirn angesogen worden sind.

Möchten Sie noch lang an Suhrkamps Seite den Verlag betreuen. Seit unsrer ersten Begegnung in Bremgarten hat vieles sich entwickelt.

Mit herzlichen Wünschen, auch für Ihre Frau, grüßt Sie
Ihr H. Hesse

am 23. März (1959)

Verehrte gnädige Frau,
lieber Herr Hesse –
ich bin sicher, Sie rüsten sich zum Gedenken an Suhrkamps Geburtstag am Sonnabend, und so tut es mir doppelt leid, Ihnen schreiben zu müssen, daß er sich gar nicht wohl befindet. Vor etwa acht Tagen überfielen ihn, eben vom Verlag nach Königstein gekommen, heftige Knochenschmerzen. Der herbeigerufene Arzt diagnostizierte einen Rippenbruch, der freilich spezielle Komplikationen mit im Gefolge hatte. Suhrkamp hatte sehr rasch kaum aushaltbare Schmerzen. Der Arzt konnte sich nicht anders als mit Betäubungsmitteln helfen, die aber ihrerseits die Funktionen von Magen und Darm, besonders aber die von Lunge und Herz beeinträchtig-

ten. Suhrkamp hatte schwere Nächte, meist mit heftigen Anfällen seiner Angina pectoris. Wir, Professor Eppelsheimer und ich, in Verbindung mit Frau Dr. Ansorge (jener mit Suhrkamp befreundeten Ärztin vom Sanatorium Glotterbad) bemühten uns, Suhrkamp zur Übersiedlung ins Krankenhaus zu bewegen. Er leistete unseren Ratschlägen mit dem ihm eigenen Eigensinn Widerstand. Sonnabend war sein Befinden besorgniserregend; ich war schon bereit, Sie anzurufen und auch Sie zu bitten, ihm telephonisch zur Klinik zu raten. Sonntag war es etwas besser, in der Nacht aber machte der Kreislauf Schwierigkeiten und schwächte ihn doch so, daß er schließlich seinen Widerstand gegen das Krankenhaus aufgab. Er ist dort heute nachmittag aufgenommen worden (Universitätsklinik Frankfurt, Abt. Prof. Hoff, Station 11, Frankfurt, Ludwig-Rehn-Str. 14). Ich besuchte ihn am Abend; er war voll Hader gegen seine Freunde, die ihn zu diesem Krankenhausaufenthalt »gezwungen« hätten; er gibt sich aber der ärztlichen Behandlungsmethode, die sofort einsetzte, ohne Widersprüche hin. Ich sprach mit dem behandelnden Arzt; er bezeichnete die neue Erkrankung als sehr schwer, glaubte aber sicher zu sein, daß nach drei, vier Tagen intensiver Behandlung der allgemeine körperliche Zustand soweit gebessert sei, daß man an eine therapeutische Behandlung der einzelnen speziellen Leiden gehen könnte; akute Lebensgefahr bestünde nicht.

Das sind nun alles andere als erfreuliche Nachrichten, und ich weiß wohl, wie sehr ich Sie damit beunruhige. Wir können aber nur hoffen, daß die Ärzte recht behalten. Das Schlimme ist nur, daß Suhrkamps Energie, der Krankheit zu trotzen, gebrochen und verschwunden ist; der Lebenswille ist auf ein Minimum gesunken. Sollten Sie ihm schreiben, so versuchen Sie doch, ihm Mut zu machen!

Ich kann nicht sagen, daß dieser Rückfall für mich so ganz unerwartet gekommen wäre, obschon seine Heftigkeit mich völlig überraschte. Suhrkamp hat sich seiner Art nach nicht nur nicht geschont sondern sich viel zu viel vorgenommen und die Zeit im Verlag bis in die Abendstunden ausgedehnt, obschon natürlich hier die Furcht, am Abend allein und zu irgendeiner Tätigkeit unfähig in Königstein zu sein, ihr Teil beigetragen hat. Vor seinem Rückfall hatten wir Pläne erwogen, sein Königsteiner Domizil, das des langen Hin- und Herfahrens wegen doch strapaziös für ihn ist, aufzugeben und in Frankfurt eine Wohnung für ihn zu nehmen. Meine Frau und ich hatten ihm mehrfach angeboten, mit uns gemeinsam eine Wohnung zu beziehen, und vielleicht wäre diese Absicht auch verwirklicht worden. Jetzt aber sind diese Pläne aufgeschoben. Selbst wenn die Klinikbehandlung von zwei, drei Wochen besonders erfolgreich sein sollte, wird ein längerer Sanatoriumsaufenthalt notwendig sein.

Sie können sich denken, in welcher Sorge und Beunruhigung wir in den letzten Tagen und Nächten waren. Jetzt ist aber wenigstens erreicht, daß Suhrkamp sich in guter ärztlicher Obhut befindet, was in Königstein ja leider nicht der Fall war.

Sie dürfen sicher sein, daß ich Sie beständig auf dem laufenden halte. Bitte seien Sie nicht allzu beunruhigt; vielleicht ist mein Bericht durch die Aufregung der letzten Tage etwas zu grau ausgefallen.

Ich bin mit herzlichen Grüßen und Wünschen für Sie

Ihr ergebener

Siegfried Unseld

Die in meinem Briefe ausgedrückte Hoffnung hat sich nicht erfüllt. Peter Suhrkamp starb am Morgen des 31. März in der Frankfurter Universitätsklinik; die Todesnachricht übermittelte ich Ninon Hesse telephonisch. Die nachfolgende Korrespondenz spiegelt Vorgänge in den Tagen nach Suhrkamps Tod.

am 1. April (1959)

Verehrte gnädige Frau,
lieber Herr Hesse
immer noch ist alles schwer zu fassen, und doch zwingt das Leben zu Fortgang und Weiterarbeit.

Ich war heute mit dem beim Rechtsanwalt hinterlegten Testament beim Frankfurter Amtsgericht, um zu erfahren, ob im Testament schriftliche Anordnungen zur Beerdigung getroffen seien. Ich wurde aber ans Amtsgericht Königstein verwiesen, da Suhrkamp dort seinen (2.) Wohnsitz hatte. In der

Zwischenzeit fand Frau Dr. Reichert, die Hauswirtin Suhrkamps, nun doch eine »Letztwillige Verfügung«: danach war es Suhrkamps Wunsch, daß seine Leiche verbrannt werden sollte. Vorher sollte ein Pastor die »notwendigen Gebete« sprechen. Der Sarg soll dann ohne jeden Zeugen und ohne jede Beteiligung geschlossen und dem Krematorium übergeben werden. Die Benachrichtigung an Freunde, Autoren, Mitarbeiter des Verlages und Angehörige darf erst nach der Einäscherung erfolgen. Die Asche sollte von Frau Franck westlich der Insel Sylt in die Nordsee gestreut werden. (Diese Anordnung macht rein juristisch die ganze letztwillige Verfügung unzulässig; sie ist nach deutschem Gesetz nicht ausführbar; man könnte zwar durch einen Antrag eine Bestattung der Urne an einem Privatplatz erwirken, es ist aber gesetzlich verboten, die Aschenreste zu zerstreuen; ich habe heute vormittag zusammen mit dem Königsteiner Amtsrichter die einschlägigen Bestimmungen des Gesetzes über Feuerbestattung studiert.)

Ich habe nun (in Verbindung mit Frau Suhrkamp, die ja, da die Ehe nicht geschieden ist – der Scheidungstermin wäre der morgige Tag gewesen! – erste Erbin und rechtlich bis zur Öffnung des Testaments am 10. April für den Nachlaß verantwortlich ist) folgende Regelung getroffen: Morgen nachmittag, gegen 15.30 Uhr, wird in Gegenwart von Frau Franck und in Anwesenheit des Pastors der Sarg geschlossen und anschließend ins Krematorium überführt (Suhrkamp ist jetzt in der Leichenhalle des Krankenhauses aufgebahrt, selbstverständlich für niemanden zugänglich). Die Einäscherung wird entweder Donnerstag abend oder Freitag früh vorgenommen, ich selbst möchte es hier so genau gar nicht wissen. Bis Donnerstag abend sollten sich die Freunde an das Schweigeversprechen halten. Am Freitag vormittag werde ich die Presse verständigen und die inzwischen in Verschwiegenheit hergestellten Todesanzeigen verschicken. Eine ganzseitige Anzeige wird am kommenden Dienstag im Buchhändler-Börsenblatt veröffentlicht, irgendwelche Zeitungsanzeigen scheinen mir vom Verlage aus nicht ratsam. Ich habe dies auch Frau Suhrkamp abgeraten, weiß aber natürlich nicht, ob sie es nicht doch tun wird. Ich bin überzeugt, daß jede anständige Zeitung von sich aus einen Nachruf bringen wird.

Die Entscheidung über die Bestattung der Urne kann nach dem Gesetz nur von Frau Suhrkamp getroffen werden. Ich habe ihr vorgeschlagen, die Urne auf einem Dünenfriedhof in Keitum in der Nähe von Kampen auf der Insel Sylt beisetzen zu lassen. Offenbar gehörte Suhrkamps Liebe doch dieser Insel. Der Friedhof liegt nahe am Wattenmeer: Mit der Zeit verweht der Dünenwind die Gräber und allmählich geht die Erde dort in Watten und Meer über. Das scheint mir eine sinngemäße Auslegung von Suhrkamps Willen zu sein, da seine eigentliche Anordnung nun einmal legitim nicht auszuführen ist. – Diese Beisetzung kann aber noch Wochen verschoben werden, da die Urne zunächst ohne weiteres in Frankfurt aufbewahrt werden kann.

Ich ließ heute nun, und zwar für die Dauer dieser Woche, Suhrkamps Arbeitszimmer im Verlag aufräumen und festlich herrichten. Auf seinem Arbeitstisch steht ein großer Strauß Gerbera (Suhrkamp liebte diese Blume besonders), den ich in Ihrem Auftrag erstand, ein Frauenschuh von meiner Frau und mir (Suhrkamp schenkte meiner Frau zu besonderen Anlässen diese Orchidee) und ein Strauß der Mitarbeiter. So sieht das Zimmer schlicht und doch würdig und feierlich aus. – Später, in vier oder sechs Wochen, wollen wir dann hier in Frankfurt eine Gedenkfeier veranstalten.

Ich hoffe, diese Regelungen sind auch in Ihrem Sinne. Es ist ja alles anders geworden, seit er nicht mehr sein Ja oder Nein sagen kann, und jede, noch so kleine Entscheidung, die man sonst mit Leichtigkeit getroffen hätte, ist mit Gewichten behaftet.

Bitte entschuldigen Sie die Tipperei und den vielleicht etwas nüchternen Berichtston mit den Umständen.

Herzlich
Ihr ergebener
Siegfried Unseld

Montagnola, 3. April 1959

Lieber Herr Doktor Unseld,

ich danke Ihnen für das Telegramm. So konnte ich gestern um 15.30 Uhr, als vermutlich die Einäscherung stattfand, an unseren geliebten Peter Suhrkamp denken und ihn betrauern.

Aber das Trauern hat erst angefangen. Peter Suhrkamp war so in unser Leben verwoben, daß er durch seinen Tod nicht daraus zu reißen ist. Wir halten ihn in uns lebendig. Ich stelle ihn mir immer wieder vor, erinnere mich seiner Worte, seiner Späße, seiner Erzählungen, Bemerkungen, der Fahrten mit ihm.

Am liebsten erinnere ich mich seiner Erzählungen vom Elternhaus, von den Lehrerjahren, von der ersten Berliner Zeit – von Studium, Plänen, Hoffnungen. Und beglückt las ich in diesen Tagen in seinen gesammelten Schriften: Da wurde er mir wieder ganz lebendig, und mir war es, als hörte ich ihn reden, während ich die Zeilen las. Wie gut, daß es die »Schriften« gibt – und »Munderloh« –, daß er zu uns sprechen kann!

Lieber Dr. Unseld – wie sehr empfinde ich mit Ihnen – unmittelbarer als uns trifft der Verlust *Sie*. Aber Sie dürfen sein Andenken tätig bewahren, in seinem Geist weiter arbeiten, von ihm zeugen. Das ist eine schwere aber schöne Aufgabe.

Ich wünsche Ihnen von Herzen Gutes.

Ihre Ninon Hesse

(Rückseite)

4. 4. 59

Inzwischen kam Ihr lieber Brief vom 1. 4. an uns – haben Sie Dank! Vielen, vielen Dank, daß Sie uns alles schilderten, alles sagten, was wir wissen wollten.

Also erst am Donnerstag Abend oder Freitag früh war die Einäscherung! Ihre Anordnung, das Arbeitszimmer festlich zu schmücken, war ein guter Gedanke, ich danke Ihnen, daß Sie ihm von uns seine Lieblingsblumen hinstellten.

Heute früh fanden wir die 1. Nachricht in der Presse (N. Zch.Ztg., Feuilleton m. Bild von ihm und Brecht, wir haben es noch nicht gelesen).

Es war merkwürdig, wie uns die fettgedruckte Schlagzeile traf: P.S. gestorben. Es war wie ein Schlag – als hätten wir's noch nicht gewußt, es jetzt erst erfahren. . .

April 1959

Lieber Herr Dr. Unseld

Daß mein Freund Peter nicht mehr zu leiden und zu kämpfen hat, gönne ich ihm von Herzen. Daß er mir im Sterben zuvorgekommen ist, tut mir freilich sehr weh. Daß ich ihm nach dem Martyrium der Hitlerzeit und der schweren Enttäuschung mit dem alten Verlag beim Aufbau des neuen helfen konnte, rechne ich zum Positiven in meinem Leben.

Sie treten jetzt an seine Stelle. Da wünsche ich Ihnen Kraft, Geduld und Freudigkeit, es ist ja eine schöne und edle Art von Arbeit, in der Sie stehen. Es ist auch eine schwierige und verantwortungsvolle. Der Verleger muß »mit der Zeit gehen«, wie man sagt. Er muß aber nicht einfach die Moden der Zeit übernehmen, sondern auch, wo sie unwürdig sind, ihnen Widerstand leisten können. Im Anpassen und im kritischen Widerstehen vollzieht sich die Funktion, das Ein- und Ausatmen des guten Verlegers. So einer sollen Sie sein.

Herzlich trauere ich mit Ihnen über unsern Freund, und herzlich wünsche ich uns beiden ein gutes Zusammenarbeiten.

Ihr H. Hesse

Knapp vier Jahre dauerte die Zeit, für die Hesse »uns beiden ein gutes Zusammenarbeiten« wünschte. Dieser Wunsch erfüllte sich; von einigen Mißverständnissen und von einigen Dissenzen abgesehen, war die Beziehung zwischen dem verehrten Autor und seinem jungen Verleger harmonisch und für beide in der Sache vollkommen. Es ist nur zu verständlich, daß die briefliche und sachliche Verbindung ganz im Zeichen der Trauer um Peter Suhrkamp stand. Er, Hesse, hatte einen Freund verloren, den Freund, der ihm am wichtigsten war. Für mich bedeutete der Tod Suhrkamps die entscheidende Zäsur in meinem Leben. Buchstäblich am Vorabend seines Todes waren wir zu viert, abends, nachdem die Freunde weggegangen waren, in seinem Krankenzimmer. Er sagte, vor den beiden Zeugen, die anwesend waren, einen jener Sätze, die ich gelernt habe, nicht wörtlich zu nehmen, weil wir alle, die wir Suhrkamp kannten, zwar von seiner gesundheitlichen Gefährdung wußten, aber nie, wie er, glaubten, daß dieses

Leben zu Ende sein könnte. An diesem Abend sagte er zu mir: »Versuchen Sie nie, den Verlag so zu leiten, wie ich das gemacht habe. Das können Sie gar nicht. Machen Sie den Verlag so, wie Sie selbst das für richtig halten. Und wenn Sie dann Glück haben, dann wird es gut.« Am Vormittag des nächsten Tages starb Suhrkamp, und dann wurde mir die Macht dieser Aussage evident. Er glaubte nicht, daß ich den Verlag so leiten könnte wie er, und sicherlich hatte er recht. Und doch mußte er ein Vertrauen haben, daß ich, mit Glück, auf meine Weise den Verlag leiten konnte. Die nachfolgenden Monate nach seinem Tode verliefen für mich fast in einer Art Traumwelt. Der große Widerstand, das große Vorbild, der Mann, der mein Leben, mein Denken und Arbeiten bestimmt hatte wie kein anderer, war nicht mehr. Was hatte ich an Möglichkeiten zu bieten? An Hesse schrieb ich am 15. April 1959 einen Brief, mit dem ich mich für seinen Zuruf bedankte: »Ich war nun doch fast acht Jahre mit Suhrkamp zusammen, und obschon es immer sein Rat war, den Verlag einmal nie so zu leiten, wie er es tat, sondern anders, auf eigene Weise, bin ich doch überzeugt, daß ich bewußt und unbewußt vieles von ihm aufgenommen habe. Vielleicht wird es viel schwerer sein, es anders zu machen.« Hesse verstand dies durchaus. Ihn hatten viele Briefe erreicht, in denen der Tod Suhrkamps beklagt wurde. Rudolf Alexander Schröder sandte ihm »den schönsten der vielen Briefe, die mir nach Suhrkamps Tod zukamen«. Hesse schrieb an Schröder, »wunderbar hat Ihr Zuruf mir in der Trauer wohlgetan. Viele Freunde und Leser schreiben mir Teilnehmendes zu Suhrkamps Tod. Und schon sehe ich ihn, durch den Schmerz hindurch, in der Distanz, in der die lieben Vollendeten uns erscheinen, alles Zufälligen ledig, ganz er selbst, ganz Gestalt«. Der Verlag veranstaltete im September 1959 eine Gedenkfeier für Peter Suhrkamp. Die Gedenkrede hielt Rudolf Alexander Schröder, Hans W. Eppelsheimer, der Freund Suhrkamps, sprach ein kurzes Gedenkwort, Helene Brecht-Weigel las aus Suhrkamps Schriften, und Hermann Kasack schloß die Feier mit einem Schlußwort ab. Hermann Hesse schrieb Mitte September an mich: »Daß wir an Ihrer Gedenkfeier für Peter Suhrkamp nur in Gedanken teilnehmen können, bedaure ich sehr. Sein Verlust wird mir immer fühlbarer, zugleich das Ganze seines Wesens immer klarer und auch immer teurer. Daß ich ihm in der bittersten Zeit seines Lebens zur Seite stehen, ihn ermutigen und ihm beim Beginn des eigenen Verlags habe helfen können, rechne ich zu den Taten, um deren willen der Himmel mir manches andre verzeihen wird.« In die Zeit der knapp vier Jahre, in denen ich mit Hesse zusammenarbeitete, fielen keine großen editorischen Entscheidungen mehr. Das Werk lag vor, es mußte komplettiert werden, doch selbst bei dieser Komplettierung hatte Hesse seine eigene Auffassung. Ich schlug ihm damals vor, für eine Neuauflage der »Traumfährte« zwei bedeutende Texte, »Mein Glaube« und »Ein Stückchen Theologie« mit aufzunehmen. Nach meinem Urteil ergänzten diese autobiographisch angelegten Texte die dichterischen Autobiographien der »Traumfährte«. Doch Hesse war anderer Meinung. »Ihr Brief vom 26. Mai 1959 wegen ›Traumfährte‹ hat mir rechtes Unbehagen gemacht. Sie haben den Drang zum Gestalten und Redigieren, während ich mehr für das Schonen und Erhalten des natürlich Gewachsenen bin. Sie sind ein Mann von heute, ich einer von gestern. Das autobiographische Element in dem Buch haben Sie richtig gespürt ... Daß in den rein dichterischen Band Essays mit hinein sollen, ist mir unbegreiflich, ich lasse das keinesfalls zu.« Ich antwortete auf diesen Brief am 10. Juni 1959: »Herr Suhrkamp hat mich gelehrt, nie irgendeine Sache mechanisch auszuführen und bei Neuauflagen und Neuausgaben jedweder Art das Corpus des Buches neu zu bedenken und, selbstverständlich mit dem Autor, ja nur mit ihm, Änderungen zu erwägen. Ich dachte mir auch, es machte Ihnen Freude, zu sehen, daß wir uns hier wirklich mit Ihren Büchern beschäftigen und sie nicht einfach stur und mechanisch nachdrucken.« Hesse antwortete: »Das Prinzip, das Suhrkamp Sie gelehrt hat, keinen Neudruck nur mechanisch vorzunehmen, sondern die Möglichkeit von Änderungen zu erwägen, ist vollkommen richtig, und ich habe gar nichts dagegen, daß Sie es treulich befolgen. An Ihrer Stelle hätte ich das auch getan. Nur war ich mit Suhrkamp z. B. darin einig, daß wir, soweit irgend möglich, dichterische und essayistische Texte nicht im selben Band bringen ... Wenn mein Brief über die ›Traumfährte‹ Sie enttäuscht oder gar verletzt hat, so tut mir das leid und ich bitte, es mir nicht länger nachzutragen.« Die Neuauflage der »Traumfährte« erschien ohne die beiden Texte.

Nur zweimal wagte ich es, Anregungen an Hesse heranzutragen. Seine Gedichte, von schmalen Bändchen in der Insel-Bücherei abgesehen, lagen nur in dem sehr umfangreichen und auch teuren Band »Die Gedichte« vor. Ich schlug Hesse eine Auswahl vor, die dann als seine Auswahl letzter Hand tradiert werden sollte. Der Band »Stufen. Alte und neue Gedichte in Auswahl« erschien dann 1961; die Auswahl umfaßte ein Fünftel seines lyrischen Œuvres.

Der andere Plan zielte auf eine Bild-Chronik. Ich zeigte bei einem Besuch in Montagnola Hermann Hesse das im Insel Verlag erschienene Buch »Goethe und seine Welt«. Einen solchen Bildband wollte ich auch ihm und seiner Welt widmen. Hesse war einverstanden. Wir begannen die Arbeit an dieser Chronik, er selber schrieb an Söhne und Verwandte und bat, uns Fotos einzuschicken. Herausgeber des Bandes war Bernhard Zeller, der Leiter des Schiller-Nationalmuseums Marbach und seit langem mit Hermann Hesse verbunden. Bernhard Zeller legte das endgültige Material Hesse und seiner Frau in Montagnola vor, es entspannen sich ganz heftige Dispute über Auswahl und Layout der Bilder. Überhaupt war Hesse leicht allergisch, als er den festen Plan der typographischen Anlage des Bildbandes sah. In der Frühjahrsausgabe der Jahresschau »Dichten und Trachten«, Heft 15, 1960, veröffentlichten wir ein Bild des Umschlags der Hesse-Chronik. Dem Bild war beigegeben eine Einführung von Bernhard Zeller und auch das Motto des Buches aus dem »Demian«: »Jeder Mensch aber ist nicht nur er selber, er ist auch der einmalige, ganz besondere, in jedem Fall wichtige und merkwürdige Punkt, wo die Erscheinungen der Welt sich kreuzen, nur einmal so und nie wieder. Darum ist jedes Menschen Geschichte wichtig, ewig, göttlich, darum ist jeder Mensch, solange er irgend lebt und den Willen der Natur erfüllt, wunderbar und jeder Aufmerksamkeit würdig. In jedem ist der Geist Gestalt geworden, in jedem leidet die Kreatur, in jedem wird ein Erlöser gekreuzigt.« Das war auch unser Vorhaben mit Band und Umschlag. Die typographische Gestaltung des Bandes hatte Willy Fleckhaus übernommen. Es war das Buch, das uns zusammenführte, das erste

Buch, das den Stempel jenes Mannes trug, der nachher das optische Gesicht des Suhrkamp Verlages so entscheidend prägte. Es zählt zu seinen Risiken, daß gerade der erste Umschlag, den er für das Buch eines Autors machte, vom Autor nicht akzeptiert wurde. Hesse reagierte in einem Brief vom 21. Mai 1960 ganz entschieden: »Im Fall des Bildbandes waren Sie keineswegs um unsern Geschmack besorgt, sondern haben uns mit dem in ›Dichten und Trachten‹ abgebildeten abscheulichen Umschlag überrascht und vor den Kopf gestoßen. Und noch unverständlicher ist mir folgendes: gleich nachdem wir ›Dichten und Trachten‹ gesehen hatten, schrieb Ihnen meine Frau ausführlich und dringend wegen dieses Umschlags, der uns das Buch verleidet, und auf diesen Brief hat sie nie eine Antwort bekommen. Mit Bedauern stelle ich diese Unstimmigkeit fest. Ihr Umschlag ist, nach unsrem Urteil, geschmacklos und knallig. Daß Sie ein frühes und ein spätes Bild von mir wählten, stört uns nicht, aber daß das späte Bild ein schlechtes, karikierendes ist und auch die Aufmachung mit den beiden auf die Spitze gestellten Quadraten – das hätte durchgekämpft werden müssen, statt hinter unserem Rücken gemacht.« So entschieden war Hesses Ton. Ich teilte seine und auch seiner Gattin Meinung nicht, doch ich fügte mich ihr, und wir änderten den Umschlag. Ich ließ mich jedoch nicht von der typographischen Anlage des ganzen Bildbandes abbringen, Willy Fleckhaus konnte seine Vorstellung verwirklichen. Ich hatte natürlich große Angst, wie Hesse das Buch gefallen würde, und als es erschien, schrieb ich ihm am 22. Juni 1960: »Wie kaum ein anderes Buch hat dieses seine Geschichte. Ich hoffe, man merkt ihm heute nicht mehr die Mühe an, die es gekostet hat, sondern nur die Liebe, mit der wir es hergestellt haben. Ich selbst hatte doch keine Vorstellung, welchen Aufwand dieses Buch für den Verlag bedeutet. Ich erinnere mich noch sehr genau jenes ersten Besuchs, den Suhrkamp und ich im Sommer 1958 Dr. Zeller in Marbach abstatteten. Dr. Zeller zeigte uns damals etwa tausend Photos. Wir waren einen Tag damit beschäftigt, sie durchzusehen. Daraus entstand dann ein Material von 500 Photos, das wiederum im Gespräch mit Dr. Zeller auf 400 konzentriert wurde. Dr. Zeller und ich haben dann die Doppelseiten komponiert. Danach ging das Material zu Ihnen, und danach haben wir wiederum zusammen mit unserem Bildarrangeur in drei oder vier Arbeitsgängen von jeweils mehreren Tagen die Bild- und Textanordnung getroffen. Äußerst schwierig war auch die Klischierung der Bilder, denn vor allem die frühen Photos waren ja Amateuraufnahmen; als sie aufgenommen wurden, bedachte man natürlich nicht eine spätere Reproduktion. Wir haben die beste Klischee-Anstalt, die es vermutlich in Europa gibt, die Firma Schwitters in Basel, mit der Herstellung der Klischees beauftragt. Auch hier wurde jedes einzelne Klischee von uns kontrolliert, und nicht wenige Klischees, sicher über ein Viertel, mußten nochmals neu gemacht werden, weil sie unseren Anforderungen nicht genügten.

Ich darf Sie darauf hinweisen, daß der typographischen Anordnung des Ganzen ein bestimmtes Muster unterliegt. Mit geringen Ausnahmen (ich glaube, es sind nur zwei Bilder, etwa auf Seite 9 die Zeichnung von Carl Hermann Hesse), Ausnahmen, die vom unveränderbaren Format der Vorlage bestimmt waren, sind alle Bilder auf drei bestimmte Breiten reproduziert, also 3/3, 2/3 und 1/3 des Satzspiegels. Ihre Texte sind immer im 10-Punkt-Grad zweispaltig gesetzt, die Erläuterungen des Bearbeiters, also die Bildunterschriften, in Petit einspaltig (durch das letzte Arrangement ist deutlich zu sehen, welche Texte von Ihnen und welche nicht von Ihnen stammen). Dieses Durchlaufschema sollte dem Bildband Ruhe geben. Es war unendlich schwierig, dieses Schema bei all den verschiedenen Vorlagen durchzuführen, aber ich glaube, es ist uns gelungen. Im Vergleich mit anderen Bildbänden ist der unsere eine Oase der Ruhe.«

Ich war dann sehr erleichtert, daß Hesse diese Bildchronik doch gefiel und daß er unsere Arbeit anerkannte.

Überhaupt nahm Hesse erstaunlichen Anteil an der Verlagsarbeit. Er las die Bücher, die wir brachten, oder ließ sie sich vorlesen. Gelegentlich rezensierte er Bücher, Frischs »Homo faber« und Peter Weiss' »Abschied von den Eltern«. Bis in die letzten Jahre hinein war er interessiert an den Büchern der jüngeren deutschen Literatur. Ruth Rehmanns »Illusionen« nahm er zur Kenntnis, die Bücher von Max Frisch, und ganz besonders beschäftigte er sich mit Uwe Johnsons »Mutmaßungen über Jakob«. »Wir lesen den Uwe Johnson«, schrieb Ninon Hesse am 20. November 1959 an mich, »finden ihn ausgezeichnet, trotzdem wir gelegentlich stöhnen, wenn wir nicht wissen, *wer* gerade ›mutmaßt‹. Aber im ganzen haben wir eigentlich nichts gegen die Mode: es – dem – Leser – nur – ja – recht – schwer zu machen ... Wenn ich Kresspahls Aussprüche lese, denke ich immer an Herrn Suhrkamp – der (herrlichen!) Sprache wegen. Es macht mir Freude, daß ich da jedes Wort verstehe, manchmal nicht sofort, aber bei mehrmaligem vor-mich-hin-sprechen.« Die weitere Lektüre macht Hermann Hesse und seiner Frau Ninon doch Schwierigkeiten. Im November erreicht sie die Jahresschau »Dichten und Trachten« und darin ein Kommentar des Autors zum Buch. Hesse schrieb Ende November 1959 dazu: »Hätten wir, als wir Johnsons hochinteressantes Buch lasen, das ›Dichten und Trachten‹ schon gehabt, so hätte es uns die Lektüre sehr erleichtert. Man versteht nicht, warum es dem Leser so schwer gemacht wird, wenn das, was der Autor mitzuteilen vergaß, nachher durch Kommentare doch noch an den Tag kommt, nur zu spät. Da stimmt etwas nicht. Aber von diesen Versäumnissen oder Unarten abgesehen, ist dies Buch wirklich etwas Neues, Originelles und Hochbegabtes, und die Gestalt von Jakob wie die Art seiner Verbundenheit mit den Arbeitskameraden ist wundervoll.«

Man mußte auf Hesse Rilkes Diktum anwenden, das er im »Malte« geschrieben hatte: Er war ein Dichter und haßte das Ungefähre. Im letzten Jahr vor seinem Tod kam noch einmal eine Schwierigkeit auf. Bei einem meiner Besuche in Montagnola hatte ich ihm davon gesprochen, daß nach meiner Überzeugung die Lesegewohnheiten junger Leute sich ändern würden und daß das gebundene Buch für junge Leute nicht mehr jenen Reiz und jenen Wert besäße, den wir ihm zusprächen. Damals wendeten sich die bestehenden Taschenbuchverlage der zeitgenössischen deutschen Literatur zu, und neue Taschenbuchverlage entstanden mit dem Vorsatz, sich der zeitgenössischen Literatur zu widmen. Ich habe damals den Autoren des Verlages und so auch Hesse vorgeschlagen, wir möchten Lizenzen an diese Taschenbuchverlage geben, damit jüngere Leute die Texte in billiger Form haben könnten. Ein Argument, das mich im Falle Hesse bewegte, teilte ich dem Autor freilich nicht mit. Die Rezeption des Werkes von

Hesse befand sich 1952, dann noch einmal 1957, auf einem Höhepunkt. Gemäß dem in der Literaturgeschichte zu beobachtenden Gesetz, daß sich die Rezeption von Literatur in einer Wellenbewegung von Hoch und Nieder vollzieht, war damals in den frühen sechziger Jahren die Hesse-Rezeption in deutlichem Rückgang und die kritischen Stimmen nahmen überhand. Ich wollte sehr gerne mit Taschenbuchausgaben eine neue Leserschicht erreichen. Ich versuchte, Hesse dies aufgrund der allgemeinen Situation plausibel zu machen. Er stimmte auch der einen oder anderen Taschenbuchausgabe bei S. Fischer zu, besonders weil diese Bitten von dem damaligen Leiter des S. Fischer Verlages, Rudolf Hirsch, vorgetragen wurden. Am 2. April schlug ich ihm dann vor, eine Lizenz des »Glasperlenspiels« an den Deutschen Taschenbuchverlag zu vergeben. Hier reagierte Hesse wiederum sehr entschieden. Am 4. April 1962 schrieb er mir: »Danke für Ihren Brief vom 2. April. Ich will ganz offen schreiben, als säßen Sie mir gegenüber. Jetzt, wo das ›Glasperlenspiel‹ verhökert werden soll, sehe ich erst, was es für mich bedeutet, vermutlich macht auch der Zustand von Schwäche und dauernder Plage mich empfindlicher. Aber es ist so: daß noch vor meinem Tode mein Lebenswerk verschleudert werden soll, ist mir schmerzlich. Vermutlich kann ich es nicht hindern, doch möchte ich es mindestens verzögern. Geschäftlich ist es ja ohnehin wertlos: wir geben mit dem ›Glasperlenspiel‹ einen festen, langsam rentierenden aber dauernden Wert weg gegen einen nicht einmal hohen Betrag in Geld, das von Tag zu Tag wertloser wird. Doch ist mir dies nicht so wichtig. Es ist der Ausverkauf, das Verschleudern, was mir weh tut, es ist, wie wenn man vor meinen Augen meinen Hausrat versteigern würde. Ich weiß, daß ich prinzipiell Ihnen in der Taschenbuchfrage zugestimmt oder nachgegeben habe, ich will das auch nicht unbedingt zurücknehmen. Aber mindestens für dies Jahr bitte ich noch um Schonung, und bis wir über das ganze nochmals gesprochen haben.«

Die Ausgabe des »Glasperlenspiels« beim Deutschen Taschenbuchverlag unterblieb natürlich. Ich trug bei meinem nächsten Besuch noch einmal die Taschenbuchfrage vor. Ich versuchte, Hesse von der Notwendigkeit solcher Ausgaben zu überzeugen. Damals sagte er mir, ich möchte doch eine Form finden, solche billigen Bände im eigenen Verlag herauszugeben. Nicht zuletzt unter dem Eindruck der Haltung Hesses entstand dann bei mir die Idee, selbst eine Art Taschenbuchreihe vorzulegen; die edition suhrkamp erschien im Mai 1963.

Noch einmal diskutierte ich mit Hesse eine ihm heikle Änderung. Seit 1927 waren seine gesammelten Werke in blaues Leinen gebunden und in Unger-Fraktur gesetzt und gedruckt. Es war nicht einfach, Hesse zu überzeugen, daß es immer weniger Leute gab, und unter den Jungen kaum jemand, der in der Lage war, den alten Fraktursatz zu lesen. So schlugen wir Hesse eine Mediaeval-Antiquaschrift vor. Nach langen Proben war Hesse einverstanden. Auch der Umschlag für Ausgaben im Antiquasatz wurde geändert: Autor und Verlagsname wurden in Antiqua-Versalien gesetzt, der Titel eines Buches von Gunter Böhmer gezeichnet. Diese Änderung zog sich über Jahre hin, und Hesse war allergisch gegenüber ihren Ergebnissen. Zum 85. Geburtstag faßte ich noch einmal den Mut, ihm eine Erweiterung seines Buches »Gedenkblätter« vorzuschlagen.

Das Erinnerungsbuch war 1937 zum ersten Mal erschienen. Ein zweites und drittes Mal in erweiterter Form 1945 und 1950. Für die Ausgabe zum 85. Geburtstag schlug ich Hesse, nicht ohne Zögern, vor, sechs später entstandene Prosastücke aufzunehmen, seine »Erinnerung an André Gide«, seine Erinnerung an Georg Reinhart unter dem Titel »Der schwarze König«, eine Erinnerung an Martin Buber, an Suhrkamp und an einen Musiker. Hesse stimmte zu, bat mich jedoch, zu der neuen Ausgabe einen Text zu schreiben und diesen Text ihm zuzuschicken:

»›Das, was mich bei Goethe vor allem bewegt‹, schrieb Paul Valéry, ›ist dieses sehr lange Leben.‹ Auch Hermann Hesse war dieses lange Leben vergönnt, und er hat immer wieder verwandelt oder unmittelbar von ihm bekannt und berichtet. Hermann Hesse lebt in unserer Welt, er nimmt noch heute an ihr Anteil, und doch lebt er gleicherweise in anderen Räumen und Zeiten. In seinen Erscheinungen begegnet er Vergangenem. Die Vergangenheit des eigenen Lebens, Erlebnisse und Erfahrungen, Begegnungen mit Freunden und Verwandten werden als Erinnerung im gegenwärtigen Leben mächtig.

Die Form, in der sich diese Erinnerung äußert, ist die der Beschwörung, des Gedenkens. So sind diese Gedenkblätter, wie sie in diesem Band gesammelt vorliegen, nicht nur die denkbar persönlichste Selbstbiographie, sondern auch die kennzeichnende dichterische Aussageform des späten Hermann Hesse ... Hermann Hesses ›Gedenkblätter‹ verbinden Vergangenes und Gegenwärtiges, frühe Erlebnisse sind in der Sicht eines neuen, weisen Lebenszusammenhangs gespiegelt. Sie knüpfen im Vor- und Zurückgehen ein Band vom Gewesenen zum Gewordenen und zeigen damit auch das unvergleichlich Ganze des Werkes und Menschen Hermann Hesse. So ruft diese neue Ausgabe zum 85. Geburtstag des Dichters Goethes Wort herauf: ›Der ist der glücklichste Mensch, der das Ende seines Lebens mit dem Anfang in Verbindung setzen kann.‹«

Im Sommer 1962 sandte ich Hesse die in Antiqua gesetzten neuen Bände »Gedenkblätter« und »Kurgast – Die Nürnberger Reise«. Der Brief, mit dem Hesse den Eingang der beiden Bände bestätigte, war sein letzter größerer, der mich vor seinem Tode erreichte: »Schön sind die beiden neuen Antiquabände, und schön Ihre Texte dazu, ich sage vielen Dank und wollte, ich könnte es besser tun, aber es geht mir nicht angenehm, und ein Fieber mit Schüttelfrost neulich beim plötzlichen Einbruch der Hitze hat mich noch mehr geschwächt. Die Postlawine ist schrecklich groß, zum Glück hilft eine der Töchter meiner Schwester Adele mit auspacken, sortieren, vorlesen. Diesmal überfällt uns auch das Dorf: Abendliche Blasmusik vorm Haus, andern Tags Bürgermeister, Gemeinderat, die Leute vom Radio: Überreichung der Urkunde d. Ehrenbürgerschaft. Der Arzt hilft mit Spritzen nach. Nehmen Sie vorlieb, und haben Sie herzlichen Dank für ihre Treue.«

Am 9. August 1962 starb Hermann Hesse.

Es war ein Tod, wie man ihn sich nur wünschen kann. Hesse war in den letzten Jahren seines Lebens schwer krank gewesen, zum Glück wußte er es nicht. Seine Krankheit, Leukämie, hatte vor Jahren begonnen, aber sie ließ sich durch den Arzt aus Bellinzona eindämmen; im Dezember 1961 wurde sie virulent. Danach bekam Hesse immer wieder Transfusionen, über die er in seinen Briefen häufig klagte. Und doch entstanden in den letzten Monaten Gedichte, die zu den besten von Hermann Hesse zählen.

Zu welchem Arbeitsprozeß, zu welcher literarischer Kraft Hesse noch in den allerletzten Tagen seines Lebens fähig war, beweisen die drei Fassungen des Gedichts »Der geknickte Ast«.

Erste Fassung

Geknickter Ast, an Splittersträngen
Noch schaukelnd, ohne Laub noch Rinde,
Ich seh ihn Jahr um Jahr so hängen,
Sein Knarren klagt bei jedem Winde.

So knarrt und klagt es in den Knochen
Von Menschen, die zu lang gelebt,
Man ist geknickt, noch nicht gebrochen,
Man knarrt, sobald ein Windhauch bebt.

Ich lausche deinem Liede lange,
Dem fasrig trocknen, alter Ast,
Verdrossen klingts und etwas bange,
Was du gleich mir zu knarren hast.

Sie entstand am 1. August. Einen Tag später schrieb Hesse das Gedicht noch einmal nieder. Jetzt sind die Beobachtungen und Erfahrungen des Ich verschwunden. Das Gedicht objektiviert seinen Gegenstand.

Zweite Fassung

Splittrig geknickter Ast,
Hangend schon Jahr um Jahr,
Trocken knarrt er im Winde sein Lied,
Ohne Laub, ohne Rinde,
Kahl, fahl, zu langen Lebens,
Zu langen Sterbens müd.
Hart klingt, rauh sein Gesang,
Klingt trotzig, klingt bang
Noch einen Sommer, noch einen Winter lang.

Am Morgen des 8. August ging Hesse mit Frau Ninon in den Wald, der an das Grundstück in Montagnola grenzt. Wie üblich sammelte Hesse beim Spazierengehen Holz für sein Gartenfeuer. So blieb er auch an diesem Morgen stehen und riß an jenem geknickten Ast einer Robinie, an dem er schon oft gerissen hatte, wenn er vorbeigegangen war. »Er hält noch«, sagte er.

Am Abend dieses Tages übergab Hesse seiner Frau die letzte Fassung:

Dritte Fassung

Splittrig geknickter Ast,
Hangend schon Jahr um Jahr,
Trocken knarrt er im Wind sein Lied,
Ohne Laub, ohne Rinde,
Kahl, fahl, zu langen Lebens,
Zu langen Sterbens müd.
Hart klingt und zäh sein Gesang,
Klingt trotzig, klingt heimlich bang
Noch einen Sommer,
Noch einen Winter lang.

Seine Frau Ninon war sehr bewegt und sagte zu ihm, daß dies eines seiner schönsten Gedichte geworden sei. Hesse hörte noch eine Mozart-Klaviersonate; am Morgen des 9. August starb er an einer Hirnblutung.

Am 11. August haben wir Hermann Hesse auf dem Friedhof von San Abbondio zu Grabe getragen; er hatte die Stelle, an welcher er ruhen würde, zu Lebzeiten bestimmt: im unteren Teil des umfriedeten Ortes, an der Mauer, hinter welcher der Turm von San Abbondio aufragt. Ein paar Reden am Sarg, der Jugendfreund Dekan Völter aus Maulbronn las aus dem 13. Kapitel des I. Briefes an die Korinther die Worte über unser Wissen, das Stückwerk ist, »nun aber bleibt Glaube, Hoffnung, Liebe, diese drei; aber die Liebe ist die größte unter ihnen«. Wilhelm Hoffmann aus Stuttgart, ein Bürger aus Calw sprachen Gedenkworte. Ich beschwor Dankbarkeit, Verehrung, Liebe: Dankbarkeit dafür, daß wir teilhaben durften an diesem Dasein, Verehrung für das Werk, in welchem dieses Dasein aufgehoben ist, Liebe für einen Menschen, welcher seinen Weg vorbildlich einhielt und an das Ziel gekommen ist, das ihm zubestimmt war; ich sprach dann das Gedicht »Leb wohl, Frau Welt«, Strophen aus dem April 1944.

Vier oder fünf Wochen nach der Beerdigung führte mich Ninon Hesse in Montagnola ins Sterbezimmer ihres Mannes. In einem Wandschrank lagen in Bündel verschnürt Korrespondenzen und Dokumente merkwürdigster Art. Wir lösten die Bündel auf, begannen zu lesen und waren voll und ganz in diese Lektüre eingespannt. Sofort entstand in mir der Entschluß zu einem Buch, das mir einzigartig vorkam. In diesen Bündeln waren nämlich viele Jugendbriefe Hesses an seine Eltern, Großeltern, Schwestern und Freunde aufbewahrt. Aber nicht nur die Briefe von Hesse, auch Briefe an ihn fanden sich vor, und nicht allein diese, wie es schien, lückenlose Korrespondenz war vorhanden, sondern auch die Berichte und Mitteilungen von Verwandten, Erziehern, Kostherren, Lehrern, Pfarrern und Ärzten, die ihn, seine Erziehung und seine Entwicklung betrafen. Es war eine Familie, die viele Briefe schrieb und die sich selbst in Notizen und Tagebüchern dokumentierte. Das Aufbewahren jeder Mitteilung, jedes Briefes, jeder Postkarte, jedes handschriftlichen Zettels ist aber doch merkwürdig. Diesen Dokumenten konnte Verschiedenes entnommen werden: einmal die lückenlose Erschließung der inneren und äußeren Biographie Hermann Hesses mit neuen Daten und Fakten: die ersten Kinderjahre, die Schulzeit, das Maulbronner Seminar, das so harmlos nicht war, das Verstörtsein des Knaben, ein geplanter Totschlag, schließlich sein Ausbruch aus diesem Seminar (der mit diesen Dokumenten bis in alle Einzelheiten belegt ist, vom ersten Telegramm des Epherus, das die Flucht meldete, bis hin zu dem Zettel, auf dem der Gendarm die Kosten für die Rückführung des Knaben vermerkt, einschließlich Belohnung für Landjäger Lieb, Trinkgeld für Amtsdiener Röhm, insgesamt 25,70 Mark). Dann die Dokumente der ersten Liebe, die beginnende Nervenkrise mit Selbstmordversuch, die gegen seinen Willen von den Eltern zweimal verfügte Einweisung in eine Irrenanstalt in Stetten, die versuchte Heilung, die Probleme der Berufssuche, die Schwierigkeiten der Anpassung. Die Dokumente zeigen in ganz neuer Weise den Aufbruch, das Werden eines Dichters, sie rühren an das Geheimnis des Schöpferischen, das oft mit einer Neurose verbunden ist. Sie werfen ein neues Licht auf die ersten Jahre Hesses. Das »Ausbrechen aus der Gemeinschaft« ist ja ein zentrales Thema seiner Werke von »Unterm Rad« bis zum »Glasperlenspiel«. Das biographische Korrelat bieten nun diese Briefe, die die konkreten Fakten von Unterliegen und Flucht, Anpassung und Rebellion enthalten, die den Weg der Individuation klarmachen und den Zwang belegen, diesen Weg zu beschreiten.

Die Briefe, das war mir damals schon klar, gehen jedoch in doppelter Hinsicht über die Biographie Hesses hinaus. Sie zeigen Probleme der Erziehung vor 1900 auf, sie zeigen, wie ein hochbegabter Knabe durch falsche Erziehung und durch nicht zu ihm passende Gemeinschaftsatmosphäre in der schwierigen Zeit der Entwicklung gequält und beinahe gebrochen wird, wie seine Entwicklungsgeschichte in eine Krankengeschichte umschlägt. Gleichzeitig sind diese Briefe und Aufzeichnungen ein kulturgeschichtliches Gut, sie beantworten die Frage, wie man vor 1900 gelebt hat. Gewohnheiten des Lebens, des Essens, die familiäre und die soziale Umgebung, das Lernen und Lehren, die Kosten für Erziehung und Ausbildung: all dies Unmittelbare des Daseins vor 1900 ist hier aufbewahrt.

Ich bat Frau Ninon, sie möchte aus der Überfülle dieses Materials eine Auswahl treffen. Dieser Arbeit galt ihre letzte Lebenszeit. Als 1966 der Band »Kindheit und Jugend vor Neunzehnhundert. Hermann Hesse in Briefen und Lebenszeugnissen 1877 bis 1895« erschien, war ihr Leben abgelaufen.

Nachruf auf Ninon Hesse

Am Montag, dem 26. September 1966, einem herbstfrohen Tessiner Nachmittag, haben wir Frau Ninon Hesse auf dem Friedhof San Abbondio bei Montagnola begraben. Ein kleines Grüppchen folgte dem Sarg zu jenem Grab, in dem an einem Augustnachmittag des Jahres 1962 Hermann Hesse beerdigt wurde. Kein Pfarrer. Ein paar Freundesworte. Ohne Angehörige. Die einzige Schwester konnte New York nicht verlassen. Die Söhne Hermann Hesses, Bruno, Heiner und Martin, streuten Erde auf den mit roten Rosen geschmückten Sarg; Elsy Bodmer, die Hermann Hesse und seiner Frau Wohnung auf Lebenszeit ermöglichte, nahm Abschied von ihrer Freundin, deren letzte Tage und auch deren letzte Stunde sie geteilt hatte. Am Morgen des 22. September war Ninon Hesse, fünf Tage nach ihrem 71. Geburtstag, einer Thrombose erlegen.

Vier Jahrzehnte lebte Ninon Hesse in Montagnola. Die österreichische Kunsthistorikerin und Archäologin Ninon Dolbin, geborene Ausländer, hatte die Dichtung Hesses früh gelesen und ihren Verfasser jugendlich verehrt. Wohl um 1920 haben die beiden einander das erste Mal getroffen, 1926 kam Frau Ninon nach Montagnola und lebte von da an mit Hermann Hesse zusammen (eine Episode aus dem in Montagnola entstandenen Teil des »Steppenwolfs« erinnert an diese Freundschaft); sie wurde Hermann Hesses dritte Frau, bezog mit ihm 1931 die Casa Bodmer und wurde im wahrsten Sinne des Wortes eines Dichters Gefährtin.

Gefährtin, Fahrtgenossin. Es ist für einen eigenwilligen Menschen kein leichtes Los, mit einem ebenso eigenwilligen, aus seiner Sensibilität und Differenziertheit schöpferischen Menschen zusammenzuleben. Es ist ihre Lebensleistung, dieses Miteinander bewirkt zu haben. Sie schuf ihrem Manne einen Raum, in dem er frei und ungestört arbeiten konnte. Sie las ihm jeden Abend vor, noch am Abend vor seiner Sterbenacht, weil seinen Augen lange Lektüre abträglich war. Sie fuhr ihn regelmäßig zum Arzt nach Bellinzona. Sie begleitete ihn jeden Sommer zu den einzigen Urlaubsorten, dem Verenahof in Baden und dem Waldhaus in Sils Maria.

Sie wirkte im stillen für ihn, bereitete das Haus, unterhielt die Gäste, nie drängte sie sich vor. Davon spricht das Gedicht »Für Ninon«: »Daß du in dem Getriebe / Des Lebens eine Mitte weißt / Macht dich und deine Liebe / Für mich zum guten Geist.« – Nur einmal trat sie an die Öffentlichkeit, als sie stellvertretend für ihren Mann in der Frankfurter Paulskirche 1955 den Friedenspreis des Deutschen Buchhandels entgegennahm.

Sie war ein merkwürdiger Mensch, etwas Inkommensurables zeichnete sie aus. Streng und doch warm, männlich distanziert und doch voll weiblicher Hingabe, zierlich in der Gestalt, beherrscht in der Haltung, belesen, gescheit, neugierig, arbeitsbesessen und voll aufmerksamer Güte. Mitten im Reiche Hermann Hesses schuf sie sich ihr eigenes. Ihr Arbeitszimmer im Hause barg neben den ihr gewidmeten Erstausgaben der Werke Hesses eine erlesene Bibliothek altphilologischer, archäologischer und kunsthistorischer Werke. Daneben eine reiche Märchensammlung, aus der sie die »Deutschen Märchen vor und nach Grimm« (Zürich 1956) auswählte. Ihre Passion galt Griechenland, Kreta, der griechischen und minoischen Kultur. Sie, die fließend das Altgriechisch beherrschte und einmal am Meer in der Bretagne Homer in seiner Sprache vorlas, lernte das Neugriechische, um sich in dem Land ihrer Neigung orientieren zu können.

Wer sie in ihrem Arbeitszimmer besuchte, sah die Wirklichkeit ihres Alltags, aber auch ihren Traum, nach der Erfüllung der Pflicht, nach einem Freiwerden sich ganz ihren archäologischen Studien widmen zu können. Doch nach dem Tode ihres Mannes überholte die Wirklichkeit den Traum. Ninon Hesse nahm sich des Nachlasses in vorbildlicher und beispielloser Weise an; private oder persönliche Bedenken spielten bei ihr dem Anspruch einer sich wandelnden Nachwelt gegenüber keine Rolle. Sie lernte nie aus, wußte selbst so viel, daß das Wissen anderer sie nicht kränken konnte. Sie gab den Manuskripten, Briefen, Dokumenten und der Bibliothek Hesses eine Heimstatt im Schiller-Nationalmuseum in Marbach. Sie edierte die »Prosa aus dem Nachlaß«. Ihre letzte große Arbeit galt einer wohl einmaligen Edition, einer Sammlung und Kommentierung von Briefen und Lebenszeugnissen um die Gestalt Hermann Hesses vor Neunzehnhundert. Sie sichtete souverän das Material, schrieb das Manuskript selbst ab, verfaßte Anmerkungen und Porträts der Familienmitglieder, ein Nachwort und ausführliches Register. Sie las noch die Korrektur und die Umbruchrevision. Ihre letzte Post, die sie empfing, war der zur Prüfung gesandte Umschlag dieses Buches.

Vielleicht lag das Inkommensurable ihres Wesens darin, daß sie vollkommen diente und doch eine Person war, die ganz in sich selbst ruhte.

Hermann Hesse
und Peter Suhrkamp

Hermann Hesse und Peter Suhrkamp begegneten sich zum ersten Mal im August des Jahres 1936 in Bad Eilsen. Die Begegnung erfolgte zu einem für Suhrkamp wie für Hesse nicht unwichtigen Zeitpunkt. Suhrkamp war seit 1932 Herausgeber der »Neuen Rundschau«, der Zeitschrift des S. Fischer Verlages in Berlin; im Herbst 1933 war er von S. Fischer zum Vorstandsmitglied der S. Fischer Verlags AG bestellt worden, und seit Anfang 1936 leitete er den Verlag allein. Die Nazibehörden erzwangen das Ausscheiden der Familie Fischer aus dem Besitz und aus der Leitung des Verlages; Suhrkamp leitete in freundschaftlichem Einvernehmen mit der Familie die Verkaufsverhandlungen und erreichte die Transferierung des Kaufbetrages und eines Teils des Buchlagers ins Ausland. Die S. Fischer AG gab in einem gedruckten Rundschreiben am 22. Dezember 1936 bekannt: »Wir haben am 18. Dezember das Verlagsunternehmen S. Fischer auf die durch unser ordentliches Vorstandsmitglied Herrn Peter Suhrkamp vertretene Kommanditgesellschaft in Firma S. Fischer Verlag übertragen. Wir glauben, auf diese Weise am besten die Interessen aller Beteiligten, auch die Ihrigen, wahrgenommen zu haben.«[1] Wie Dr. Bermann Fischer Suhrkamps persönlichen Einsatz bewertete, geht aus einem Brief hervor, den er von Wien aus am 25. April 1936 an Hermann Hesse richtete: »In diesem Zusammenhang muß ich etwas über Suhrkamp sagen. S. hat sich in meiner Angelegenheit und der der Familie sowie des Verlages über alle Maßen bewährt. Es gibt gar keine Worte dafür, mit welchem persönlichen Mut er sich für uns eingesetzt hat. Ich habe ihm zu verdanken, daß die Abwicklung dieser Loslösung von Deutschland in einer einigermaßen erträglichen Weise erfolgt. In der heutigen Zeit ist diese Treue und Kameradschaft bis zum letzten unter diesen in Deutschland herrschenden Zuständen eine solche Rarität, daß sie gar nicht hoch genug eingeschätzt werden kann. Er hat nun die schwere Aufgabe übernommen, den Verlag weiterzuführen, vorläufig bis zum Verkauf, und dann unter dem neuen Besitzer, solange es eben geht. Ich beneide ihn nicht darum.«[2]

Suhrkamp mag sehr überrascht gewesen sein, daß dieses erste Gespräch mit Hesse nicht, zumindest nicht ausschließlich, diesem für beide zentralen Vorgang galt. Und er war auch noch in weiterer Beziehung überrascht. Er fuhr nämlich mit einer gewissen Beklemmung nach Eilsen, ebenso »eingeschüchtert« wie »leicht aufsässig«. In den Briefen, die der Begegnung vorangingen, war Suhrkamp »nicht gut weggekommen«. Er hatte als Redakteur der Zeitschrift wie auch später als Leiter des Verlages Hesse gelegentlich um Mitarbeit bei der Verwirklichung redaktioneller Ideen gebeten, ja, er hatte sogar versucht, vorzuschlagen, was Hesse am besten schreiben könne oder gar schreiben müsse. Das konnte nur aus einer gewissen Unkenntnis des Arbeitsprozesses eines Schriftstellers wie Hesse geschehen sein, der doch in diesen Jahren allein und ausschließlich mit einer Arbeit beschäftigt war, die damals den Titel »Der Glasperlenspielmeister« trug.[3] Solche Anregungen oder gar Aufforderungen wurden dann von Hesse regelmäßig zurückgewiesen, »ohne Rücksicht und ohne Höflichkeit, unumwunden«. »Damals, vor meiner ersten Begegnung mit Hermann Hesse, hatte ich auch noch nicht selbst erlebt, daß der geistig lebendige Mensch ganz und unaufhaltbar von sich ausgefüllt und bedrängt ist, und daß alle Einfälle von draußen und von weither, die durch Post und Telefon heute so leicht gemacht sind, zur Pein werden können.«[4]

Drei Zeugnisse können diese erste Begegnung belegen: einmal ein öffentlicher Bericht, Suhrkamps Rundfunkansprache am 2. 7. 1947, dann der persönlicher gehaltene Bericht in einem handschriftlichen Brief an seine Frau Annemarie Suhrkamp und Hermann Hesses Darstellung jener »ersten, schönen Begegnung«.

»Hesse«, so hieß es in der Rundfunkansprache, »war seit vielen Jahren zum ersten Male wieder in Deutschland, um vom Grafen Wiser in Bad Eilsen, einem berühmten Augenarzt, sein Augenleiden behandeln zu lassen. Ich kam von einer Nordsee-Insel, mein Eintreffen in Bückeburg und die Verbindung von dort nach Eilsen, alles war telegrafisch vereinbart. Ich wurde zum Abendessen erwartet. Mein Zug hatte erhebliche Verspätung, ich kam um viertel nach zehn an. Beim Empfang wurde mir ein Zettel übergeben. Darauf teilte mir Hesse mit, daß er gewartet habe und schlafen gegangen sei. Dazu den Plan für den nächsten Tag. Ihm war bekannt, daß ich nur eineinhalb Tage Zeit hatte. Nach seinem Plan konnten wir uns erst am nächsten Mittag um zwölf Uhr sehen, dann bliebe eine Stunde Zeit bis zum Mittag, und wir würden gemeinsam essen. Im übrigen wäre sein Tag durch die Kur und Ruhen ganz ausgefüllt. Der Zettel verriet entweder Verstimmung oder Abwehr. Nachts war ich entschlossen, am nächsten Nachmittag wieder weiter zu fahren.

Am anderen Morgen saß ich im Schreibzimmer des Hotels und schrieb Briefe. Hinter meinem Rücken stand die Tür zu einem anderen Raum offen. Dort ging nach einiger Zeit jemand ein paarmal vor der Tür vorüber, so daß ich mich umsah. Ich erkannte Hesse, war aber entschlossen, seine Ordnung zu respektieren. Er schien ebenso entschlossen, die Tür zu belagern. Endlich stand ich auf und nannte ihm meinen Namen. Er reichte mir die Hand; dabei ruhte sein Blick auf meinem Gesicht. Anders kann ich es nicht nennen: es war ein scharfes, sprühendes Licht. Seine Stimme klang gebräunt. Das Gesicht war voller scharfer Falten, das Gesicht eines Gärtners oder eines Bergsteigers und zugleich ein modernes städtisches Gesicht. Er zog mich in den Hotelgarten. Dort gingen wir nebeneinander die Pfade zwischen den Beeten, immer wieder dieselben Pfade. Er fragte mich; nichts, was mich betraf, auch nichts über unsere Arbeit: alles mögliche über das Leben in Deutschland . . .

Als ich allein war, sammelte ich meine Eindrücke zu einem Bild. Aber wie in einem Spiegel- und Zauberkabinett trat Hesse vielfältig und in immer neuen Erscheinungen auf: als bäuerlicher Mann, als geistlicher Herr, als Mönch Buddhas, als Gelehrter mit philosophischer Skepsis, als moderner Literat. In dem Wechsel war eine gütig schelmische Eulenspiegelart. In die deutsch seelenhaften Elemente woben sich Züge viel weniger gemüthafter Natur: europäische, kritizistische, analytische. Man hatte mir erzählt, daß Hermann Hesse nur ein einziges Mal in Berlin gewesen ist, damals am Anhalter Bahnhof sofort ins Hotel ging, seinen Verleger zu sich ins Hotelzimmer kommen ließ, das er nur verließ, um sich am gleichen Tag zur Abfahrt wieder an den Zug zu begeben. Der Hesse, den ich traf, hätte gut in ein Literatencafé in einer europäischen Metropole, sagen wir in Paris, gepaßt. Aber ebenso gut in ein Kloster in Tibet. Und ebenso gut in eine Gelehrtenklause. Sein Wesen war nichts völlig in eine Umwelt oder in eine Zeit oder in eine Entwicklung Eingeschlossenes, sondern es erhielt seinen letzten Sinn und seine eigentliche Prägung von der Phantasie.«[5]

An seine Frau Annemarie schrieb Suhrkamp am 1. 9. 1936 unter anderem: »Sonntag abend war ich erst um 10 in Eilsen angekommen. Hesse war schon zu Bett gegangen. Gestern gegen halbzehn trafen wir uns dann und waren ohne Unterbrechung bis 1/25 zusammen. Es ging besser, als ich erwartet hatte, vor allem hatten wir sofort Kontakt, so daß unsere Gespräche ohne Scheu alles berühren konnten. Es war bald so weit, daß seine Empfindlichkeit nicht gereizt werden konnte, und ich brauchte nicht diese angespannte Behutsamkeit. Sonst hätte ich das ausgedehnte Zusammensein auch nicht ausgehalten. Er ist kleiner als ich und viel magerer, wirkt durchaus hager und asketisch. Spricht kräftig und stark schwäbisch. Der Mund ist dünn, die linksseitig stark abfallende Mundlinie gibt ihm einen skeptischen und bitteren Zug. Die Wangenpartie ist eingedrückt und voll Schatten. Die Augen, hinter starken Gläsern, haben in jedem Augenblick weich Strahlendes, sehr Neugieriges, in Augenblicken sammeln sie sich in bohrendes Grübeln, dann haben sie etwas von einer Irrsinnsentschlossenheit. Die Stirn darüber ist zart und doch fest ausgerundet. Seine Farbe wechselt zwischen Frische und Blässe, der Übergang ist sehr heftig; in manchen Momenten ist die Fahlheit des Gesichts erschreckend. Man sieht dann die schlaflosen Nächte und ihre Verzweiflungen und Ermattungen aus unausgesetztem inneren Kampf. Im ganzen hat man aber nie das Bild eines Hypochonders, wie oft aus seinen Schriften. Manche Äußerungen deuten auf eine beginnende Weltfreundlichkeit bei einer äußersten Entschiedenheit im Urteil. Seine Bewegungen verraten deutlich die Ungewohntheit, mit Menschen zu sein, aber er fällt dadurch nicht unangenehm auf, sondern das Für-sich-Sein, wie bei einem Mönch, erzwingt freundliches Interesse und Verwunderung. Er hat die Ohren eines Lauschers am Kopf und hört lange zu.«[6]

Hermann Hesse erinnert sich in seinem »Glückwunsch für Peter Suhrkamp zum 28. März 1951«: »Wir haben uns ja erst zwei oder drei Jahre vor dem Beginn des zweiten

Weltkrieges, bei meinem letzten kurzen Aufenthalt in Deutschland, persönlich kennengelernt und befreundet. Ich sah dich damals in zwar gefährdeter, aber noch relativ glänzender Lage, als ritterlich opferbereiten und kampfesbereiten Nachfolger und Statthalter des lieben alten S. Fischer, und es war zwischen uns, obwohl wir über das Kommende ähnlich dachten, noch nicht die Rede von den bittern Kämpfen und Opfern, in welche deine vielleicht allzu ritterliche Treue dich führen würde. Immerhin warst du auch damals schon ein Partisane des Widerstandes gegen die damals herrschenden Methoden und Ideologien des Terrors, und es muß mir irgendein Vorgeschmack, eine Ahnung der auf dich wartenden Prüfungen und Leiden spürbar geworden sein, denn in meiner Empfindung für dich war schon bei jener ersten, schönen Begegnung in Bad Eilsen etwas wie Bangigkeit und Mitleid.«[7]

Über die Eindrücke, die die Lektüre von Hesses Werken bei Suhrkamp vor jener ersten Begegnung in Bad Eilsen hinterließ, ist kaum etwas überliefert. Deshalb sei Suhrkamps Geburtstagsbrief für Hermann Hesse vom 30. Juni 1937 hier wiedergegeben, der Stationen innerer Begegnungen festhält: »Ich will den Tag Ihres sechzigsten Geburtstages benutzen, um Ihnen zu danken; denn das muß einmal geschehen. Sie haben mit Ihrem Werk einigemale in mein Leben eingegriffen. Gleich mit dem *Camenzind* fing es an. Es ist schon nach 1910 gewesen, als ich an dieses Buch kam, und ich bin damals kaum zwanzigjährig gewesen. Es bestimmte meine Lebensform. Ich begriff, daß man als Dichter leben müsse, daß auf andere Weise mit dem Leben nicht fertig zu werden war. Sie verstehen mich: ich meinte nicht, daß ich ›dichten‹ müsse, sondern daß dichterische Haltung zur Bewältigung gehöre. Das nächste war eine Erzählung im *Diesseits: Eine Fußreise im Herbst,* und darin besonders die Sturmerzählung. Sie schloß meine Natur auf, meine Jünglingsnatur. Sie haben – diese Bemerkung greift über die erwähnten Bücher hinaus – die Einsamkeit für mich gesegnet, so daß das Schuldgefühl, die Last abgenommen war. *Roßhalde* und *Gertrud* las ich für mich zu früh, da diese Bücher meiner Lebenssituation vorgriffen und sie auf meine Disposition für die Ehe nicht ohne Einfluß blieben. Entscheidend wurde dann wieder *Demian.* Ich hatte den Krieg an schwersten Stellen und in exponierten Lagen mitgemacht, war 1918 völlig an ihm zerbrochen gewesen. Kurz gesagt: er hatte mich ins Irrenhaus gebracht gehabt – und nachher lebte ich irgendwo verkrochen und innen ganz verkapselt: *Demian* löste die Verkapselung. *Klingsors letzter Sommer* war die Erlösung aus meiner Nachtmahr in der hingebungsvollen Befreundung mit dem Tod. Diese Freundschaft war vorher, in den Kriegsjahren, wohl in Gesten angenommen, aber es war eine Vorwegnahme gewesen in einer erzwungenen Begegnung mit viel falschem Pathos, voll sentimentvoller Härte. Und endlich muß ich die mir bekannten Stücke aus dem *Glasperlenspiel* nennen, davon besonders die Einleitung und den *Regenmacher.* Darauf antworteten spontan Untertagschichten meiner Natur. Zusammengefaßt ist also die Summe dieser Bekenntnisse das Geständnis, daß mein Leben im Boden Ihres Werkes immer wieder in eigenen Zügen aufkeimte. Das sollte einmal ausgesprochen sein.

Ich darf auch eine persönliche Erfahrung aus unseren persönlichen Begegnungen, etwas, was ich dadurch lernte, nicht verschweigen: das ist die schwere Einsicht, daß das Unverständliche am Menschen nicht verstanden, sondern geliebt sein will. Es ist wahrscheinlich das Wesentlichste.«[8]

Dieses Bild, das Suhrkamp hier von Hesse entwarf, und die Stadien der Wirkung auf ihn haben sich auch in den folgenden Jahren nicht verändert. Suhrkamp entnahm dem Werke Hesses das, was ihn persönlich betraf, und das ist das gute Recht eines Lesers. Das Menschliche, das Individuelle bei Hesse hat ihn mehr berührt als die schriftstellerische Leistung. »Hermann Hesse ist Hermann Hesse, ein eigen Individuum«, schrieb er zur gleichen Zeit jenes Geburtstagsbriefes für den S. Fischer Almanach 1937 (wobei es freilich 1937 schon eine Kühnheit bedeutete, über Hesse öffentlich zu schreiben).[9] Diese Sicht ist auch in den beiden anderen Arbeiten über Hesse eingehalten, die Suhrkamp später geschrieben hat (eine vierte, geplante Arbeit über das *Glasperlenspiel* kam nicht zustande), in der erwähnten Laudatio »Zum 70. Geburtstag« wie in dem knappen Portrait Hesses für die 1953 erfolgte Neuausgabe des Suhrkamp Lesebuches »Deutscher Geist«. »Kastalien im *Glasperlenspiel*«, so heißt es in diesem Portrait, »ist ein vollendet kunstvolles Spielwerk, das in einer im übrigen leeren Welt aufgestellt ist. Das Haus in Montagnola steht in unserer derzeitigen Welt, und es nimmt ständig von draußen die Fülle der Welt in ihren Büchern auf, die in Deutschland, Frankreich, England, Amerika und in anderen Ländern erscheinen. Sie werden gelesen, beurteilt, diskutiert. Das literarische und geistige Europa – und damit die Problematik Europas – ist in Montagnola stets lebendig gegenwärtig gewesen. Die Einsiedelei von Montagnola ist nur Schutz vor dem mechanischen Zugwind und den Wirbeln, welche, vom Getriebe, von den Parteien, von den Massenorganisationen dieser Zeit erzeugt, den Menschen sein gewachsenes und unter Leiden gebildetes Wesen, seinen Geist verlieren lassen; und zu sich selbst zu kommen, sein Selbst zu gewinnen, das ist es, was Hesse jederzeit für sich suchte, und wozu er den anderen hinführen möchte.«[10]

Der Begegnung in Bad Eilsen folgten bis zur Verhaftung Suhrkamps am 13. April 1944 nur noch wenige. Die berufliche Verbindung wurde ebenfalls loser und riß nach 1943 ganz ab. Im ganzen war Suhrkamps verlegerische Arbeit für Hermann Hesse in diesen Jahren ein Kampf gegen das direkte oder indirekte Verbot der Herstellung und der Verbreitung der Werke Hesses in Deutschland; darüber berichtet Hesse in seinem »Glückwunsch für Peter Suhrkamp«. Wie grotesk die Situation dieser Jahre war, zeigt eines der wenigen noch erhaltenen Dokumente aus der Verlagsarbeit, ein Brief Suhrkamps an die Schrifttumsabteilung im Reichsministerium für Volksaufklärung und Propaganda vom 22. Dezember 1941. Hier berichtet Suhrkamp vom »vorbesprochenen« Besuch bei Hesse wegen einer von der Gestapo »gefundenen Korrespondenz«; danach betätige sich Hesse gegen das Dritte Reich und außerdem habe er erklärt, Suhrkamp sei ein Gegner des Nationalsozialismus. Suhrkamp mußte aus lebensnotwendigen Gründen diese Fakten abzuschwächen suchen. Der Brief endet: »Ich habe auf Grund dieser Interpretation im Einzelnen insgesamt den Eindruck, daß sie die vorliegenden Dinge zwar nicht aus der Welt schaffen, ihnen aber ein anderes Gesicht geben kann, als es zunächst den Anschein haben konnte.«[11] Aber alle Bemühungen halfen nicht mehr, die Bücher Hesses wurden zwar offiziell nicht verboten, aber es gab für sie keine Papierbewilligungen mehr, was das gleiche bedeutete. Am 13. April 1944 wurde Suhrkamp verhaftet und wegen Hochverrat und Landesverrat unter Anklage gestellt; die Gestapo hatte bei Suhrkamp einen Agenten als Verlagsmitarbeiter eingeschleust, einen Herrn Dr. Reckzeh, der leicht nachweisen konnte, daß Suhrkamp den wiederholten Aufforderungen, Autoren wie Hesse, Flake, Loerke nicht zu verlegen, nicht nachgekommen war, und außerdem wurden ihm seine Schweizer Reisen zur Last gelegt, bei denen er mit dem ehemaligen Kanzler Wirth und mit emigrierten Intellektuellen landesverräterische Beziehungen angeknüpft habe.[12] Zum Prozeß kam es nicht, da sich Justiz und Gestapo über das Vorgehen nicht einigen konnten, und so wanderte Suhrkamp schließlich vom Untersuchungsgefängnis Alt-Moabit zum Gestapo-Gefängnis in der Lehrter Straße, wo die Angeklagten des 20. Juli gefangen waren, und schließlich im Januar ins Konzentrationslager Sachsenhausen. Da sich Justiz und Gestapo immer noch um den »Fall« stritten, nahm die SS eine schwere Erkrankung Suhrkamps an einer doppelseitigen Lungen- und Rippenfellentzündung zum Anlaß, ihn aus dem Konzentrationslager am 8. Februar 1945 zu entlassen. Der Zeitraum vom Februar 1945 bis zum 1. November 1945, dem Datum des ersten Briefes des Briefwechsels Hesse–Suhrkamp, war für Suhrkamp buchstäblich dem Überleben gewidmet. Überleben, das war für ihn Genesung von seiner Krankheit und Wiederaufbau des Verlages. Das erste mißlang. Das zweite erreichte er: Suhrkamp erhielt am 26. Oktober 1945 für seinen Verlag die erste Verlagslizenz im britischen Sektor Berlins. Sechs Tage später schrieb Suhrkamp an Hesse. Und dieser Brief enthält auch schon die vier Themen, die sich wie ein roter Faden durch den gesamten Briefwechsel ziehen: Die gegenseitigen Mitteilungen über das gesundheitliche Befinden. Der Austausch persönlicher Erfahrungen. Die verlegerische Arbeit (in den Jahren 1949/1950 die Probleme der Trennung vom S. Fischer Verlag). Und schließlich die tagtäglichen Fakten der Beziehung zwischen Autor und Verleger.

1.
Die Mitteilungen über das gesundheitliche Befinden. Über seine Augenschmerzen klagte Hesse auf einer erhaltenen Postkarte schon 1907. Wie ihn seine von Gicht geplagten Finger schmerzten, konnte jeder erfahren, der ihm einmal die Hand gab. Sein wahres Kranksein aber war ein Leiden, das medizinisch kaum faßbar ist. Mehrfach in seinem Leben (1892, 1911, 1918, 1927 und 1946/47) hat er die Krise bis an die Grenze der Selbstzerstörung durchlitten. »Für alle Fälle ich grüße Sie aus der Hölle meines Zusammenbruchs noch einmal herzlich«, schrieb Hesse am 19. September 1946, und am 15. Januar 1947: »Die Hölle, in der ich seit etwas mehr als zwei Jahren ohne Pause lebe, ahnen Sie dennoch nicht, mein guter Suhrkamp.« Freilich, er hat seine Schwäche produktiv gemacht. Die Klagen und Leiden, wie sie in den Briefen zum Vorschein kommen, sind in einigen seiner Arbeiten, im *Steppenwolf*, in den Lebensläufen des *Glasperlenspiels*, in vielen Stücken der *Späten Prosa* zur objektiven Klage, zur Kritik, zum Ruf nach Veränderung und Ausbrechen aus der Konvention geronnen. Daß Hesse immer wieder zum Dichter einer jungen Generation geworden ist, erklärt sich auch hieraus.

Ganz anders die Situation Suhrkamps. Er, der Draufgänger, der hochdekorierte Stoßtruppführer des ersten Weltkrieges und der »Partisane des Widerstandes« – beides, nach einem Eindruck von Max Frisch, mit dem »Drang nach Selbstgefährdung«[13] –, der Mann, der sich nach Berichten jahrelang morgens im Berliner Olympiastadion in Leichtathletik und besonders im Speerwerfen übte, dieser von seiner ganzen Konstitution her starke Mann war nach 1945 dauernd ein Schwerkranker. Sein schauspielerisches Vermögen konnte dieses Kranksein gelegentlich geschickt ins Spiel setzen, manchmal zur Verwunderung oder Pein seiner Umgebung. Das war aber alles, was ihm die Krankheit ließ, und vielleicht noch dies, daß er seine Umgebung und wohl auch sich im unklaren hielt über den tatsächlichen Ernst seines Befindens. In einen von ihm selbst verfaßten Lebenslauf berichtete er die Geschichte der Krankheit: »Am 25. Januar wurde ich vom Gestapo-Gefängnis Lehrterstraße 3 nach dem Konzentrationslager Sachsenhausen verbracht. Dort erkrankte ich an einer doppelseitigen Lungen- und Rippenfellentzündung und wurde am 8. Februar 1945, als die Krankheit an ihrem Höhepunkt war, abends spät überraschend entlassen ... Ich kam zur Behandlung ins Städtische Krankenhaus Potsdam.[14] Als dieses Krankenhaus am 15. April 1945 bei dem Bombenangriff auf Potsdam zerstört wurde, hatte ich das Bett noch nicht wieder verlassen können. Ich weigerte mich aber, mit nach Beelitz in der Mark Brandenburg evakuiert zu werden, und blieb in Potsdam in Privatbehandlung, bis die Russen Potsdam einnahmen. Die anschließenden Strapazen verhinderten eine vollständige Ausheilung und machten eine Rekonvaleszenz unmöglich. Ich behielt eine Herzmuskelschwäche und Herzasthma; außerdem bin ich seitdem infolge von Bronchien-Erweiterung anfällig für Lungenentzündungen. Nach 1945 hatte ich noch vier Lungenentzündungen zu bestehen, die letzte Februar 1955. An sonstigen Schäden aus der Haft ist eine Rückgratverletzung zu vermerken, die mir bis heute Schwierigkeiten bis zu gelegentlicher, allerdings vorübergehender, Lähmung beider Beine macht.«[15] Suhrkamp starb 1959 nicht an diesen Leiden, aber an deren Folgen. Auch für ihn galt der Satz, den Hesse am 28. März 1947 an ihn schrieb: »Nur eine Erfahrung wird mir in letzter Zeit immer deutlicher: wie einsam Schmerzen in der Welt machen.«

2.
Briefe bewahren das Unmittelbare im Dasein eines Menschen auf. Für Suhrkamp war dieses Unmittelbare zweifellos seine verlegerische Arbeit. Über sie konnte er sich frei aussprechen. Mitteilungen darüber hinaus bleiben, auch beim Adressaten Hermann Hesse, merkwürdig karg und scheu. Der schmale Rest persönlichen Daseins, der ihm neben Krankheit und Arbeit noch blieb, hinterließ in diesen Briefen keine Spur. Nur einmal wird von einer »lieben Freundin« gesprochen. Kein Wort von der sich auflösenden Ehe. Der Besuch bei der 80jährigen Mutter im März 1946, der erste immerhin nach 28 Jahren, wird in wenigen Zeilen notiert.

Doch geben uns diese Briefe Aufschluß über die Zeit nach 1945: »Robinsons und Freitags Beginnen auf der Wüsteninsel in der Wasserwüste ist leichter.« Über das Leben in Berlin, wo Menschen noch an Hunger und Entkräftung starben, wo Suhrkamp im September 1947 noch eine Reise nach Montagnola auf den Winter verschieben wollte, »um dann wenigstens einige Wochen des Winters in einem geheizten Hause zu leben«. Die Briefe beleuchten seine Reisen nach Schweden, England, Frankreich, Dänemark, die Sanatoriumsaufenthalte in Garmisch, Oberstdorf, Badenweiler, Höchenschwand und Glotterbad, sie berichten von Begegnungen mit Autoren und Freunden, von Feiern, Gedenkstunden und Preisverleihungen, von Suhrkamps Reaktionen auf die Nachrichten vom Tode Gerhart Hauptmanns, Ernst Penzoldts, Hans Carossas, Bertolt Brechts. Hesse erschien dieses Leben als eines »der Unrast, der Unbequemlichkeit, überfüllt mit Menschen, Reisen, Besuchen, Telefonaten, fortgewirbelt wie im Schwung einer Zentrifuge. Das tun viele, das tun die meisten. Aber es geht dennoch Ruhe von dir aus ... Du hast etwas tief Christliches und zugleich etwas Östlich-Stilles in dir, einen Hauch von Tao, eine verborgene Verbindung mit dem Innern, dem Herzen der Welt. An diesem Geheimnis werde ich noch oft herumsinnen.« Hesse hat damit fraglos auch das Gemeinsame in der Beziehung dieser so verschiedenen Menschen ausgedrückt. Das Gemeinsame in dieser Freundschaft, deren zartes Wachsen in diesen Briefen zu beobachten ist. Der respektvolle Ton der ersten Briefe Suhrkamps, wohl noch in Erinnerung, daß er einst »leicht aufsässig« zu der ersten Begegnung fuhr, bis hin zur Anrede des »besten Freundes der Welt«. Und auch bei Hesse. Die gelegentliche Kühle und Distanz der ersten Briefe wich offener Freundschaft und großem Vertrauen: »Du aber, Petrus der Fels, auf den wir bauen.« In einem charakteristischen Moment zog das Du ein in die Beziehung der beiden, beim ersten Besuch Suhrkamps in Montagnola nach der Trennung von S. Fischer und in der ersten Phase des Aufbaus eines neuen Verlages – beides, Trennung und Wiederaufbau, wäre ohne Hesse für Suhrkamp undenkbar, auch unmöglich gewesen. Das Du wurde zum Beleg der Treue, die für beide eine bestimmende Kategorie war.

Hesse und Suhrkamp wußten, daß der Lebensabend für sie »immer schäbiger« würde. Für beide galt, was Hesse im April 1956 an Suhrkamp schrieb: »Ich nehme deine Lebensnot mit in mein Herz auf, ohne Worte darüber zu machen.« Und charakteristisch war auch Hesses Äußerung zum Jahresbeginn 1958, ein Jahr vor dem Tode Suhrkamps: »Lieber Peter, wir spüren beide die etwas kühle Nähe von Freund Hein.« Das spürte Suhrkamp in der Tat, und oftmals liebte er diese Gefährdung. »Gefahr bindet noch stärker als Freundschaft«[16], hatte er einmal geschrieben. Und Gefahr bedeutete sein Einsatz für Hesse als Verleger nach 1936. Und Gefahr sein verlegerischer Einsatz nach 1945 unter den Bedingungen seiner Krankheit. Das Chthonische im Charakter Suhrkamps kommt hier zum Vorschein. »Wenn das Äußerste geschieht«, notierte er einige Tage nach Beginn der Blockade Berlins und einer damals nicht abzuschätzenden Gefährdung seiner Bewohner im Brief vom 30. Juni 1948, »können wir nicht damit rechnen, diesmal auch ›davonzukommen‹. Ich jedenfalls rechne nicht damit. Das stelle ich ohne eine Spur von Sentiment fest, und ich werde auch keinen Versuch zu einer Flucht machen und bis zum letzten Moment in gewohnter Weise meine Arbeit tun.«

3.

»Meine Arbeit«. Die verlegerische Arbeit ist, um einen Ausdruck von Suhrkamp in anderem Zusammenhang zu gebrauchen, eine Arbeit »stets auf dem hohen Seil, und das ohne Sicherungsnetz«.[17] Er selbst sei, er hat das immer wieder betont, nur zufällig auf die verlegerische Bahn gekommen; ja, noch als er schon mitten in der Arbeit steckte, habe er keine Ahnung gehabt, auf welchem Wege er war. Der Beruf des Lehrers befriedigte ihn nicht, auch nicht der des Dramaturgen und Regisseurs, so entschied er sich, Schriftsteller zu werden, aber er konnte, wie er gestand, nicht am Schreibtisch festsitzen; aus einer Bauernfamilie stammend, mußte er einen Beruf mit praktischen Möglichkeiten suchen. Als er dann über den Weg des Redakteurs zum S. Fischer Verlag kam, wehrte er sich zunächst gegen die definitive Übernahme dieser Arbeit, ließ sich aber, wie er sagte, durch die Angestellten, Autoren und durch die Familie Fischer in diese Aufgabe »hineinnötigen«.[18] Er hat sie dann ganz zu seiner Sache gemacht. Und Abstürze blieben auch ihm nicht erspart. Seine ersten Briefe an Hesse kreisen um die Konzipierung einer ganz neuen Verlagsarbeit. Suhrkamps pädagogischer Natur, gerade in der Situation der Nachkriegsjahre, entsprach es, Orientierung und Hilfestellung zur Interpretation literarischer Werke zu geben, er mußte es sich gefallen lassen, daß sich Hesse über seine »Bildungsdinge«, über das dann nicht realisierte Unternehmen der »Literaturbriefe«, über die Pläne seines »lieben praeceptor Germaniae« ein wenig lustig machte.

Es folgte dann der Wiederaufbau des alten Verlages. Die Verzeichnisse der Jahre 1946 bis 1949 führen für den Suhrkamp Verlag (vorm. S. Fischer) in Berlin und (später) in Frankfurt insgesamt 93 Titel auf. Davon waren 28 Titel Lizenzausgaben, die Suhrkamp von Dr. Bermann Fischer erhielt, also vorwiegend die Bücher von Thomas Mann, Carl Zuckmayer, Ernest Hemingway, Franz Werfel, Hugo von Hofmannsthal, Thornton Wilder und Stefan Zweig. Suhrkamp brachte aus der früheren Zeit vor allem Hermann Hesse, Ernst Penzoldt, Reinhold Schneider, Rudolf Alexander Schröder, Gerhart Hauptmann, Ernst Barlach, Manfred Hausmann, Albrecht Goes, Oskar Loerke, dann die neuen Autoren, T. S. Eliot, Bertolt Brecht (als einziges Buch von ihm erschienen 1949 in Deutschland die »Versuche 20–21«, mit der »Mutter Courage« als erstem gedruckten Stück von Brecht nach 1933), Julius Overhoff, Heinrich Schirmbeck, Gertrud Kolmar, Marianne Langewiesche, Wolf von Niebelschütz. Geplant und schon teilweise in der Herstellung war Max Frischs »Tagebuch 1946–1948«. Nicht zuletzt veranlaßt durch den Spott Hesses gegenüber Sekundärem und seine Anregung, »Seelenspeise zu bringen ... was das Volk dringend nötig hat«, erschien dann die Reihe »Beiträge zur Humanität«, mit Hesses Erzählung *Der Europäer* und Thomas Manns »Vom kommenden Sieg der Demokratie« als ersten Titeln. Es müssen hier noch die drei Anthologien erwähnt werden, die Suhrkamp inspirierte: der Sammelband »Neu-Amerika. Erzähler der Gegenwart«. Herausgegeben und eingeleitet von Kurt Ullrich, ein Buch, das dem deutschen Leser ein weites Tor in große, unbekannte Literatur aufriß und von dem Gregor-Dellin noch kürzlich bekannte, es zähle für ihn noch heute zu den Vorbildern anthologischer Arbeit. Dann die »Tagesblätter« von Urbanus, hinter dem sich

Friedrich Luft verbarg, Blätter aus deutscher Gegenwart sammelnd. Vor allem aber »Das Taschenbuch für junge Menschen«, 1946 von Suhrkamp selbst herausgegeben, als Orientierung gedacht, als Wegweisung auch zur »inneren Person«, wie es Suhrkamp im Nachwort definiert. In seinem Mittelpunkt stand die Gestalt des »Heimkehrers«, der nach seiner Odysee einen Ankerplatz sucht, stand die Frage, was heute Vaterland und Heimat sei. Suhrkamp eröffnete den Band mit einem Essay »Über das Lesen«: »Ich bin wirklich der Ansicht, daß Lesen Erfahrungen und Wissen gibt, wie selbst ein erfolgreiches Leben sie niemals schenkt. Allerdings will ich nicht behaupten, daß Lesen Menschen glücklicher machte.«[19] Es gehörte zur Eigenart des Verlegers Suhrkamp, daß er sich Wiederholungen von Plänen, wie wirkungs- oder auch erfolgreich sie gewesen sein mochten, verweigerte. Das Planen von Büchern war überhaupt ausschließlich seine Sache. Selbst zu einem zweiten »Taschenbuch für junge Menschen« konnte man ihn nicht verlocken. Einmal, 1956, konnte man ihn zur Ausgabe des »Spectaculum. Sieben moderne Theaterstücke« bewegen, jedoch zu keiner Wiederholung mehr. Er, Suhrkamp, war für das Einmalige, für das Besondere, doch konnte er für scheinbar Unvereinbares einen gemeinsamen Nenner finden, für Brecht wie für R. A. Schröder. Er war und blieb ein Mann des Individuellen, auch des Pariarchalischen und Autoritativen, bei dem sich jedoch Macht und Verantwortung exakt die Waage hielten.

Wer den Menschen Suhrkamp und seine Art der Verlagsführung kannte und wer Kenntnis besaß über die Personen und die Wirkungsweisen von Dr. Bermann Fischer und Tutti Berman Fischer, dem mußte der Versuch Suhrkamps, mit Dr. Bermann Fischer den vereinigten S. Fischer-Suhrkamp Verlag gemeinsam zu leiten, von vornherein fragwürdig erscheinen. Es kann nun wirklich nicht Absicht sein, den alten, historisch gewordenen Streit neu zu entfachen. Doch spielt diese Auseinandersetzung im Briefwechsel mit Hesse in den Jahren 1949 und 1950 eine wichtige Rolle. In seiner Autobiographie »Bewahrt–Bedroht«[20] hat Bermann Fischer im Kapitel »Das Ende einer Freundschaft« seine Sicht auf die Auseinandersetzung beschrieben und Dokumente veröffentlicht, die seinen Standpunkt erläutern. Die Auseinandersetzung hatte öffentlichen Charakter und rief viele Stellungnahmen hervor. Thomas Mann schrieb am 17. März 1950 aus San Remo an Suhrkamp: »Über Zürich dringt ein Gerücht zu mir, angeblich aus London stammend, daß zwischen Ihnen und Bermann ernste Zwistigkeiten ausgebrochen seien, und daß das Ihr Ausscheiden aus dem Verlag zur Folge gehabt habe. Ich will sehr hoffen und glaube vorläufig fest, daß das wilde und unsinnige Gerüchte sind, wäre Ihnen aber doch recht dankbar, wenn Sie mir zu meiner Beruhigung (denn beunruhigt bin ich) sagen wollten, wie es steht und wie es zu diesen Gerüchten kommen konnte. Ich habe zu Ihnen und zu Ihrer Führung des Verlages immer besonderes Vertrauen gehabt und es würde sehr Bedenkliches und Ernstes für mich bedeuten, wenn diese Geschichten auf Wahrheit beruhten.«[21] Suhrkamp antwortete Thomas Mann am 23. März: »Gegenwärtig steht es so, daß alle erdenklichen Mittel von Bermann gegen mich eingesetzt werden. Das Ende läßt sich nicht absehen; ich bin oft verzweifelt über die Perspektiven, die man sehen kann und muß. Es geht, kurz gesagt, darum, daß an meinen wiederholt geäußerten und auch unverändert bestehenden Wunsch und Willen, das Erbe von S. Fischer der Familie zurückzugeben, seitens der Familie Bedingungen und Zumutungen geknüpft worden sind, die ich im persönlichen Interesse und nach meinen Einsichten in die Differenziertheit unseres Verlages sowie in die Mentalität von Herrn Dr. Bermann und seiner Kompagnons nicht annehmen konnte. Es will mir nicht richtig erscheinen, im gegenwärtigen Stadium Einzelheiten mitzuteilen. Ich will immer noch hoffen, daß eine interne Verständigung doch noch gelingt und es zu einem Prozeß vor der Öffentlichkeit, den Dr. Bermann beantragt hat, nicht kommt.« Diese Stellen aus der Verlagskorrespondenz wurden hier zitiert, weil Bermann Fischer am Schluß seiner Darstellung der Auseinandersetzung schrieb: »Einen Schlüssel zu Suhrkamps Verhalten habe ich nicht.«[22] Diesen Schlüssel liefert der Briefwechsel Hesse–Suhrkamp. Aus ihm geht deutlich die Bereitschaft Suhrkamps hervor, den Verlag zurückzugeben. Im Prozeß der Auseinandersetzung, einem Prozeß der Enttäuschung, der mit der »Zueignung« Bermann Fischers zur »Neuen Rundschau« vom Juni 1945 begann und der darin kulminierte, daß Suhrkamp letztlich nicht einmal das Angebot eines Verlagsleiters sondern das eines jederzeit kündbaren Verlagsberaters gemacht wurde, änderte Suhrkamp seine Haltung. Es waren diese »Zumutungen«, vor allem aber auch die Autoren, die Suhrkamp zur Änderung seiner ursprünglichen Haltung bewogen und ihn bedrängt haben, den Verlag nicht zurückzugeben sondern weiterzuführen. »Denken Sie an Hermann Hesse, der sich schwere Sorgen macht. Geben Sie Verlage nicht zurück«, telegraphierte Ninon Hesse am 6. Februar 1950.

Es kam der Vergleich, der zur Trennung führte. Von den 48 Autoren, die votieren konnten, entschieden sich 33 für Suhrkamp. (Shaw, der auf den Listen vergessen wurde, gab unaufgefordert seine Aufführungsrechte an Suhrkamp.) Und abermals begann Ende April 1950 der Wiederaufbau. Freilich unter welchen Umständen! Der Verlag, am 1. Juli 1950 handelsgerichtlich registriert, hatte bei einem Grossisten ein Zimmer gemietet und hatte buchstäblich kein Geld. Das erste Geld und das gesamte Kapital bestand in einer Überweisung des S. Fischer Verlages von DM 200,–, die für Hesse aus einer Rundfunksendung bestimmt waren.

4.

In jeder Weise stammte das erste Kapital von Hermann Hesse. Seine Entscheidung ermöglichte den Wiederaufbau. Und die in diesen Jahren beginnende Rezeption der Werke Hesses bildete das materielle Rückgrat des Verlages für ein gutes Jahrzehnt. Die sechsbändige Ausgabe der *Gesammelten Dichtungen* Hesses war für den Verlag nochmals eine gewaltige Investitionsanstrengung, und Suhrkamp bekennt 1954 zu Recht, daß er wegen des Risikos »gezittert habe«. Doch für den Verlag zahlte sich dieses Risiko im wahrsten Sinne des Wortes aus. Die rasch verkaufte Auflage, die erforderliche Neuauflage, die Erweiterung zur siebenbändigen Ausgab der *Gesammelten Schriften* und die erstaunlichen Verkaufsziffern der Einzelausgaben der Werke Hesses waren die materielle Absicherung für das Programm des Verlages, der nun so gewagte Unternehmungen riskieren konnte wie die Neuübersetzung der Proustschen Recherche, einen vier- bzw. fünfbändigen Rudolf Alexander Schröder, einen zweibändigen Loerke, eine zweibändige Ausgabe der Schriften

Walter Benjamins, die Übersetzung und Herausgabe von Samuel Beckett, und der nun kontinuierlich die Werke von Adorno, Eich, Frisch, Kasack, Nossack und Walser zu bringen und das Werk von Brecht, das zu einem späteren Zeitpunkt zum materiellen Rückhalt des Verlages wurde, zu entfalten imstande war. Das muß gesehen werden als Hintergrund der Korrespondenz Hesse–Suhrkamp. Hesse war ein ebenso großzügiger wie diffiziler Verlagsautor. Er nahm es genau, in den kleinsten Dingen, und scheute nicht die Peinlichkeit, seinen Verleger und Freund beim Abdruck eines kurzen, neueren Textes zu verweisen, er möchte nicht über Rechte verfügen, die allein ihm gehörten. In der Frage solcher Abdrucke konnte er sich geradezu idiosynkratisch geben; er habe, so schrieb er, seit 1933 nicht mehr für die deutsche Presse geschrieben, hielte auch später nicht viel von ihr, und empfände solche Abdrucke als störend, ja als Raub und Piraterie. Suhrkamp hat sich an solche Anweisung, nach anfänglichen Mißgriffen, sehr genau gehalten, wie auch an die andere, prinzipiell keine Zusammenstellungen oder Anthologien aus den Werken Hesses zu gestatten. Dafür gab es vom Autor Hesse keine Klage mehr, seine Bücher seien nirgendwo zu haben. »Diese beiden Werbeblätter«, schrieb er im Juli 1952 zu den für die *Gesammelten Dichtungen* hergestellten farbigen Prospekten, »als solche für mich nicht begrüßenswert, da ich mich ja nicht nach Vergrößerung der Lawine sehne, die mich mitreißt, sind so liebevoll, so bedacht und hübsch redigiert und ausgestattet, daß ich die Liebe und Sorgfalt ordentlich im Herzen spürte.« Großzügig überließ er dem Verleger Fragen der Ausstattung, der Neuauflagen, der Honorierung. Peinlich genau aber war er bedacht, nicht in den Kulturbetrieb eingespannt zu werden. Kein Preis, keine Ehrung, keine Feier, nicht der Nobelpreis noch der Friedenspreis, nicht die Feiern zum 70. und 75. Geburtstag konnten ihn bestimmen, Montagnola zu verlassen und die Ehrung persönlich entgegenzunehmen. Es gab keine Lesungen, Sendungen oder Filme mit ihm; daß es aus den späten Jahren Photos von ihm gibt, rührt nur daher, daß einer seiner Söhne Photograph war. Selbst das Signieren seiner Bücher lehnte er, jedenfalls wenn er darum gebeten wurde, ab. Solche entschiedene Haltung nahm Hesse vor allem bei politischen Vorgängen ein. Von den zwei kennzeichnenden Vorgängen, die sich in diesem Briefbuch niedergeschlagen haben, sei nur einer erwähnt. Johannes R. Becher hat Hesse am 21. März 1948 telegraphisch um eine Stellungnahme gebeten zur Frage, »ob ein Friede mit Deutschland eine sofortige Entspannung der Weltlage herbeiführen könnte«, und Hesse sandte ihm mit »kollegialem« Gruß die telegraphische Rückantwort: »Halte literarische Unterhaltung über Politik für wertlos.« Hesse hat diese Haltung eigensinnig und konsequent eingenommen, sooft er seine Stimme erhob. »Ich habe versucht, als Dichter und Literat meinen Lesern immer wieder die Mahnung an die heiligen Grundgebote der Menschlichkeit zuzurufen, niemals aber habe ich selbst versucht, die Politik zu beeinflussen, wie es in Hunderten von Aufrufen, Protesten und Mahnungen der Intellektuellen immer und immer wieder feierlich aber nutzlos und zum Schaden des Ansehens der Humanität geschah und geschieht. Und dabei will ich bleiben.«[23] Und er blieb dabei.

Dieser Briefwechsel bewahrt einen Dialog, ein Gespräch zwischen einem Autor und seinem Verleger; er gibt Einblick in Arbeitsprozesse; er spiegelt Kritik und Vertrauen wider; er macht Haltungen deutlich; er zeigt das Bild einer Freundschaft zweier Männer mit sehr verschiedenen Lebenstemperaturen; er ist ein Dokument, indem Autor und Verleger sich im Dienste der gemeinsamen Sache treffen.

Dieser Text wurde geschrieben als Nachwort zur Ausgabe Hermann Hesse–Peter Suhrkamp, Briefwechsel 1945–1959. *Herausgegeben von Siegfried Unseld zum* 31. *März* 1969. *Suhrkamp Verlag Frankfurt* 1969. *Der Text wurde für die neue Ausgabe nur unwesentlich verändert.*

1 Doppelseitiges gedrucktes Rundschreiben für den Buchhandel. Die rechte Seite, von Suhrkamp unterschrieben, gibt die Gründung der S. Fischer Verlag KG bekannt. Archiv Suhrkamp Verlag.

2 Brief Dr. Bermann Fischers an Hermann Hesse vom 25. 4. 1936. Original im Hesse-Archiv des Schiller-Nationalmuseums in Marbach.

3 Dem Herausgeber liegt ein Blatt vor, auf dem handgeschrieben der erste Titel des *Glasperlenspiels* in folgender Formu-

lierung steht: »Der Glasperlenspielmeister. Versuch einer Lebensbeschreibung des Magister Ludi Josef Knecht. Samt Knechts hinterlassenen Schriften. Herausgegeben von Hermann Hesse.«

4 Diese Angaben wurden von Suhrkamp gelegentlich mündlich gemacht. Die wörtlich zitierten Stellen sind entnommen der Rundfunkansprache zum 2. 7. 1947. Der Text wurde aufgenommen in den Privatdruck Peter Suhrkamp, »Ausgewählte Schriften zur Zeit- und Geistesgeschichte«, Frankfurt 1951, unter dem Titel »Zum 70. Geburtstag« (von Hermann Hesse), S. 161 ff.

5 »Zum 70. Geburtstag«, a.a.O., S. 164 f. und 166 f.

6 Der Brief an Annemarie Suhrkamp vom 1. 9. 1936 befindet sich im Besitz von Frau Margarete Franck-Severin, Tutzing am Starnberger See.

7 Briefwechsel Hesse–Suhrkamp, S. 166.

8 Suhrkamps handschriftlicher Brief an Hermann Hesse vom 30. Juni 1937 befindet sich im Hesse-Archiv des Schiller-Nationalmuseums in Marbach.

9 Suhrkamps Laudatio zum 60. Geburtstag von Hesse ist veröffentlicht im S. Fischer Almanach 1937; später aufgenommen in den Privatdruck »Ausgewählte Schriften«, a.a.O., S. 154 ff.

10 »Deutscher Geist«. Ein Lesebuch aus zwei Jahrhunderten. Neue erweiterte Ausgabe 1953. Frankfurt 1953. Zweiter Band, S. 752 f.

11 Suhrkamps Brief vom 22. 12. 1941 befindet sich im Archiv des Suhrkamp Verlages.

12 Hermann Kasack, der nach Suhrkamps Verhaftung kommissarisch die Suhrkamp Verlag K.G. leitete, hat über diese Tage und ihren Hintergrund geschrieben in einem Gedenkblatt für Suhrkamps Freund Wilhelm Ahlmann, der unter dem Namen Dr. Hahn in Kasacks »Stadt hinter dem Strom« aufgenommen ist: »Der Lübecker Kaufherr Dr. Hahn«, enthalten in Hermann Kasack, »Mosaiksteine«, Frankfurt 1956, S. 297 ff.

13 Max Frisch, »Peter Suhrkamp«. Enthalten im Privatdruck »In memoriam Peter Suhrkamp«, herausgegeben von Siegfried Unseld. Frankfurt 1959, S. 20.

14 Neben Kasacks oben erwähntem Gedenkblatt und neben Dr. Goverts Bericht (vgl. Anmerkung 1 zum ersten Brief) gibt es noch den Bericht von Max Schnetzer, »Erlebnisse eines deutschen Verlegers«, der auf ein 1946 mit Suhrkamp geführtes Interview zurückgeht. Suhrkamp hat (im Brief an Hesse vom 10. 6. 1946, vgl. S. 35) zwar angemerkt, »nichts von dem stimmt, was er schreibt«, aber Zeugen bestätigen den Bericht,

wenigstens in der hier zitierten Passage: »Am anderen Tag wurde Suhrkamp ins Krankenhaus gebracht. Es war ein böser Fall. Die Sulfonamide halfen nicht mehr. Eine erste Bluttransfusion blieb ebenso erfolglos. Dann half ein Zufall. Die junge Ärztin, von vielen Nachtwachen erschöpft, verwechselte bei der zweiten Bluttransfusion die Blutgruppen. Normalerweise ist das tödlich, aber in diesem Falle wirkte sich der Fehler ganz anders aus: den Kranken packte ein rasender Schüttelfrost, der den Körper hochwarf und das Bett verrutschte. Im Innersten des Körpers lag ein Eisblock, der unaufhörlich eine Art von klirrender Kälte ausstrahlte und so eisig war, daß auch das zitternde Erschauern erstarrte, bevor es sich dem Körper mitteilen konnte. Dann plötzlich verwandelte sich der Eisklotz im Leibe in einen weißglühenden Stahlblock, von dem Hitzeströme ausgingen, so daß der Körper ganze Bäche salzigen Schweißes von sich gab. Fünf Tage dauerte die Krise, dann war Suhrkamp gerettet« (Max Schnetzer, »Erlebnisse eines deutschen Verlegers«, in »Sie und Er« vom 3. 5. 1946).

15 Den »Lebenslauf von Heinrich Suhrkamp« schrieb Suhrkamp 1952. Manuskript im Archiv Suhrkamp Verlag.

16 Briefliche Äußerung von Hermann Kasack, mitgeteilt von Kasack in seinem Gedenkwort für Peter Suhrkamp. Enthalten in »In memoriam Peter Suhrkamp«, a.a.O., S. 44.

17 Suhrkamp hat dies über die Arbeit von Gustaf Gründgens geschrieben. In seiner Charakterisierung Gründgens' gab Suhrkamp auch ein Selbstportrait: »Die Hochspannung der äußersten Grenzsituation – der Gefahr – ist bei Gründgens nicht bloß Stimulans für seine künstlerische Produktivität, dann würde sie nicht, wie das der Fall ist, auch in seiner Theaterführung in jedem Moment bestehen; nein, sie liegt in seinem Wesen, und darin tiefer als in einer besonderen Affinität der Nerven. Und immer und überall hatte diese innere Veranlagung ihre Entsprechung in der äußeren Welt, in die Gründgens gestellt war. Nicht, weil er die gefährlichste Position in einer gefahrvollen Zeit suchte, sondern eine gefahrvolle Zeit wählte sich mit ihren äußersten Momenten ihn. Es besteht eine auffällige Symbiose zwischen ihm und einer gefahrvollen Welt. Das ist eine gefährliche Disposition, die Anlage zur echten Tragödie. Darin besteht eine ständige Gefahr zur Katastrophe. Sie wird nur gebannt durch den Kompaß eines untrüglichen Instinkts, solange dieser vorherrscht. Und die Besinnung auf ihn ist eine ständige Notwendigkeit. Aus dieser Wesensspannung rührt die außerordentliche Gespanntheit in allen

Bewegungen und in der sprachlichen Diktion des Schauspielers Gründgens her. Gründgens arbeitet also – in einem anderen Bild ausgedrückt – stets auf dem hohen Seil, und das ohne Sicherungsnetz.« Gustaf Gründgens, »Wirklichkeit des Theaters«. Mit einer Einleitung von Peter Suhrkamp. Frankfurt 1953, S. 7 f.

18 Suhrkamp hat das gelegentlich erzählt. Auf einer Schallplatte ist ein Interview aus dem Jahre 1956 festgehalten, das Joachim Kaiser mit ihm über die Frage führte, »Wie wird man Verleger, wie sind Sie Verleger geworden«. Das wörtliche Zitat stammt aus diesem Interview. Peter Suhrkamp, »Die Aufgabe der Literatur. Die Aufgabe des Verlegers«. Suhrkamp Sprechplatte 1966.

19 »Taschenbuch für junge Menschen«. Herausgegeben von Peter Suhrkamp. Frankfurt 1946, S. 20. Der Band enthält u. a. folgende Beiträge: Hofmannsthal, Die Briefe des Zurückgekehrten; R. A. Schröder, Bekenntnis; Suhrkamp, Brief an einen Heimkehrer; Wolfgang Schadewaldt, Die Heimkehr des Odysseus; Josef Pieper, Über das Schweigen.

20 Gottfried Bermann Fischer, »Bedroht – Bewahrt«. Weg eines Verlegers. Frankfurt 1967.

21 Der Brief von Thomas Mann vom 17. März 1950 und die Kopie von Suhrkamps Antwort vom 23. März 1950 befinden sich im Archiv des Suhrkamp Verlages.

22 A.a.O., S. 324.

23 Aus dem *Versuch einer Rechtfertigung, Gesammelte Schriften* Band 7, Frankfurt 1957, S. 467.

24 Hermann Hesse, *Briefe.* Neue erweiterte Ausgabe. Frankfurt 1959.

Arbeiten über
Hermann Hesse aus den Jahren
1951–1973

Zu den Briefen Hermann Hesses

Ein geistiges Ereignis ersten Ranges vollzieht sich in diesen Tagen. Im Suhrkamp Verlag erschienen soeben die größtenteils unveröffentlichten Briefe Hermann Hesses aus den Jahren 1927 bis 1951. Dem Briefschreiber Hesse hat sich der »Brief« als überkommene literarische Form, wie sie etwa Rilke übte, nicht aufgezwungen. Dafür aber sind seine Briefe unmittelbarer Ausdruck fluktuierender Auseinandersetzung mit den geistigen Strömungen unserer Zeit (mit Hamsun, George, Rilke, Benn, Trakl, Loerke, Benz, Rolland, Gide und Th. Mann, mit den Gelehrten Beutler, Faesi, C. G. Jung und Staiger); dafür vermitteln diese Briefe einen Einblick in das ungeheure Arbeitspensum eines Dichters, der sich der »Forderung des Tages« nicht verschließt, sondern sich ihr je und je »bis zum Verbluten« hingeben muß; dafür zeichnen sich seine Briefe durch Aufrichtigkeit und unbestechliche Wahrheitsliebe aus: »Ich bin im ganzen mehr für Schweigen als für Reden, aber wenn man schon redet, dann möglichst aufrichtig.« In ihrer besonderen Art sind damit Hesses Briefe dem Briefwerk Stifters und besonders Goethes, jenem echtesten aller Briefschreiber, verwandt.

Vier Grundanliegen durchziehen Hesses Briefwerk: Als unmittelbare Lebenszeichen schildern diese Briefe den Menschen Hesse: in seiner Beziehung zu Frau und Kindern und in seinen Lieblingsbeschäftigungen (unter denen die Malerei besonders erwähnt wird, die »eine Art Ausruhen« für ihn ist).

Diese Briefe sind aber auch Äußerungen einer unbestechlichen politischen Haltung, Zeugnisse eines kämpferischen Geistes. Hesse, der 1914 mit Romain Rolland gegen den »blutigen Unsinn des Krieges« aufrief, sah 1932 die »Aufgabe der Denkenden vollkommen klar«: Boykott der geistlosen Weimarer Republik. So feindlich er dem Nationalsozialismus gesinnt war, so unerbittlich lehnt er auch heute alle Parteien und Diktaturen ab. Aber gerade in seinen »politischen« Ausführungen (an seinen »Leser« Heuss etwa oder an seinen Mitstreiter Th. Mann) läßt er den Glauben aufleuchten »an einen Weg aus dem Deutschen ins Europäische«.

Das dritte, tiefere Anliegen dieses Briefwerkes bezieht sich auf seine »Lebensauffassung«. Hier geschieht nun das, was Hesse in seiner Dichtung ausdrücklich vermeiden wollte: Er gibt »Lehren« und »Ratschläge«, freilich weniger als Imperative, denn als Möglichkeiten. Hier spricht der »Mensch des Werdens und der Wandlungen« Menschen gegenüber, deren Befindlichkeit variiert vom ratsuchenden jungen Dichter und Studenten bis zum Gelehrten und Kollegen, von der liebesbekümmerten Frau bis zur Mutter eines Selbstmörders, einmal klar seinen »Lebensglauben« aus: »Ich glaube, daß trotz des offensichtlichen Unsinns das Leben dennoch einen Sinn hat, ich ergebe mich darein, diesen letzten Sinn mit dem Verstande nicht erfassen zu können, bin aber bereit, ihm zu dienen, auch wenn ich mich dabei opfern muß. Nicht für die Sinnhaftigkeit oder Sinnlosigkeit des Lebens ist der Mensch verantwortlich, sondern dafür, was er mit seinem eigenen, einmaligen Leben anfängt, dafür, ob es ihm gelingt, sich aus seinem Ich ›der göttlichen Einheit zu nähern‹.« »Mein ganzes Leben steht so im Zeichen eines Versuches zu Bindung und Hingabe, zu Religion.« In diesen Briefen liegt unerschöpfliche Weisheit verborgen; unausmeßbar ist die Tiefe der ihnen innewohnenden Magie: Weder durch Hingabe an die Kindereien des Lebens noch durch asketische Abwendung von ihnen können wir von unserer Angst erlöst werden, »sondern nur durch die immer wieder erlebbare Einsicht in die Einheit Gottes, die hinter dem Schleier der Lebensvorgänge steht . . ., denn wir werden gelebt, wir sind Fäden im Schleier, nichts weiter. So etwa sieht der Glaube und Trost meiner besinnlichen Stunden aus.«

Als höchstes Anliegen äußern diese Briefe die Anschauungen Hesses vom Berufe des Dichters. Seine Briefe werden von nun an unzertrennlich zum Werke gehören; sie führen zu ihm hin, indem sie das oftmals lebensgefährdende Ringen um die adäquate Form aufzeigen und die geheimsten Absichten seiner Dichtungen, die sich vom Musikalischen und Romantischen zum Klaren, Bildnerischen, zum hohen klassischen Stil eines Goethe und Stifter entfalteten, erhellen. Hesse bestätigt hier die Kennzeichnungen seines Dichterberufes, die Freunde und Forscher aus der Gestaltung seiner Werke bereits erschlossen haben: In der Steppenwolfzeit fühlt sich der Dichter als »Seismograph«, von dem der Gewissenszustand seiner Umwelt abgelesen werden kann; der Morgenlandfahrer weiß sich als »Diener«: »Ob Sie ein Dichter sein werden ... hängt davon ab, zu wieviel Tat, Opfer und Hingabe Sie fähig sind.« »Wir halten vom Führen nichts, vom Dienen alles.« Der Dichter des »Glasperlenspiels« ist der Eichmeister der geistigen Werte, der »Bewahrer von Maß und Ordnung«. Er weiß das Künstlerische als seine höchste Aufgabe. »Mein einziges Programm ist ... inmitten der Entartung der Sprache und Literatur streng zu bleiben und ein gutes Deutsch zu schreiben.« Die einfachen Dinge so bedeutend zu sagen, daß in ihnen sich Göttliches kundtut: dies ist Hesses höchste Auffassung vom Dichtertum. Seine Werke entwuchsen einem »religiösen Antrieb«; in ihnen versuchte er, Symbole von Menschen zu schaffen, die »die Außenwelt als Erscheinungswelt des Einen, Göttlichen erleben und sich ihm einordnen ... Dies halte ich für das erste und herrschende Kennzeichen meiner Art«.

Diese Briefe zeigen die edle Gesinnung des Menschen Hesse, seine Weisheit und seinen Humor; sie schließen aber auch die ungeheuren Spannungen in seinem Wesen auf, die unablässig sein Leben und Schaffen bedrohen. Auf den innersten Gehalt dieser Briefe aber, denen eine tiefe Wirkung vorausgesagt werden kann, dürfen die Worte bezogen werden, die Stifter über sein eigenes Briefwerk gesprochen hat: »Es hat eine Zukunft, weil es für das ganze gegenwärtige Geschlecht zu tief ist ...; es hat gewisser eine Zukunft als alles, was ich früher geschrieben habe.« Einmal aber werden Menschen sein, »die von dem außerordentlichen Werke eines einsamen Künstlergeistes ergriffen werden, in heiligem Feuer brennen, und an diesem Feuer die Lämpchen der anderen anzünden lassen«.

Zu Hermann Hesses 75. Geburtstag

Wenn wir uns am 2. Juli im Zeichen Hermann Hesses sammeln, können wir es tun, um eines 75jährigen zu gedenken und um Dankbarkeit zu bezeugen, daß er in ungebrochener psychischer Kraft unter uns weilen darf; wir können es tun, um unseren Landsmann zu ehren, der auch in seiner Wahlheimat Schweiz oft und gerne in Gedanken in Schwaben weilt, sei es, um für den Hintergrund einer Erzählung sich heimatlicher Landschaft zu erinnern, um sich jener Urbilder zu vergewissern, die ein Leben lang sein Weltbild formen halfen, um diesen oder jenen »historischen« Schwaben nachzuzeichnen (man denke an die Bedeutung der schwäbischen Biblizisten Bengel und Oetinger im »Glasperlenspiel«) oder um in einer Betrachtung die Erscheinung schwäbischer Dichter lebendig zu erhalten. Wir sammeln uns um ihn aber vor allem deshalb, weil uns sein dichterisches Wort heute wie ehedem bewegt, weil es uns empfänglicher macht für Leid und Wunder des Menschentums, weil es uns den eigentlichen Sinn des Lebens aufschließt, aber vor allem, weil wir durch den Zauber seiner Sprache, durch seine klaren und klassischen dichterischen Gestaltungen, durch seine Kunst also, teilhaben am Erlebnis des Vollkommenen und Göttlichen.

Indem wir seine Erscheinung und seine Kunst in dieser Weise fassen, sind wir eingedenk, daß er selbst, der sich als Mensch des Werdens und der Wandlung empfindet, nicht von einer solchen Art abgeschlossenen, bewältigten Erfahrung und Leistung sprechen würde, wie sie sich für uns besonders aus seinen späten Werken äußern. Die Frage, ob das von ihm Erreichte Ziel oder Stufe sei, lassen wir unbeantwortet, oder beantworten sie mit den Worten, die Theodor Fontane über die Hauptgestalt seines letzten großen Romans, über den Freiherrn von Stechlin, sagen ließ: »Wie er ganz zuletzt war, so war er eigentlich.« Vergewissern wir uns, was für uns Heutige in seinem Werk und in seiner weise gewordenen Erscheinung Bild und Stimme geworden ist.

Im Dezember 1950 schrieb Hesse an eine alte Leserin seiner Dichtungen: »Ich bin ein Dichter, ein Sucher und Bekenner, ich habe der Wahrheit und Aufrichtigkeit zu dienen (und zur Wahrheit gehört auch das Schöne, es ist eine ihrer Erscheinungsformen).« Diese Worte deuten die Eigenart seiner dichterischen Berufung. Hermann Hesse ist von seinen Anfängen an ein Sucher gewesen. In seinen früheren Büchern, die alle schon Keime zum Späteren enthalten, begreift er sich immer wieder und ausdrücklich als einen Sucher, einen »Sucher nach dem Ideal des Menschentums«, einen Sucher »nach der Schöpfung Spur«. Aber wie sehr er sich mühte, auf Reisen, im eigenen Leben neue Menschen kennenzulernen, wie sehr er auch glaubte, in seinen Erzählungen fremde Schicksale und fremde Konflikte darzustellen, er wurde immer mehr, und, nach einer durch den Ausbruch des ersten Weltkriegs bedingten persönlichen Krise, schließlich gänzlich in den Raum ureigener Erfahrung gezwungen. So begann er in verstärktem Maß ein »Zwiegespräch mit seiner eigenen Seele«. Wie er im Leben das zu leben versuchte, was aus ihm herauswollte, so stellte er auch in seiner Dichtung echte, eigene Seelenbilder nach außen; er legte seinen Innenraum um die Dinge und Menschen (so wie es auch Rilke auf einer Stufe seines Schaffens getan hat) und erzwang für seine Welt »eine andre Ordnung aller Dinge«. Indem er auf diesem »Weg nach Innen« so zum Bekenner seiner eigenen Nöte und Qualen wurde, brachte er neuen Antrieb in das Werden und Kämpfen der von der Verflachung bedrohten menschlichen Seele; als Bekenner seiner eigenen »Passion der Menschenwerdung« gab er jenen, die gleich ihm auf dem Leidensweg der Individuation waren, Mut und Glauben an die Überwindung dieses Zustandes. Die Dichtungen dieses Bekenners wurden zu Seelenbiographien, zu Werken mit beinahe rein monologischer Struktur, die das gefährdete Geistesleben ihres Autors fast wie ein Selbstbildnis wiedergaben. Nach der Gestaltung des »Steppenwolfes« scheint Hesse auch für sein persönliches Leben diese Konflikte überwunden zu haben, und so schließt sich dem Leser in dem Roman »Narziß und Goldmund« und vollends im »Glasperlenspiel« eine neue Gewißheit des Geistigen auf, insofern nämlich, als jeder Satz dieser ausgereiften Prosa von der Tradition und Zucht einer geistigen Provinz zeugt, insofern auch, als das Buch Menschen darstellt, die sich einem geistigen Orden verschrieben haben und es von Josef Knecht handelt, der um einer letztgültigen Freiheit des Geistes willen diesen Orden verläßt, um als Erzieher einen einzigen Schüler vom Geist und von der Seele her umzuformen.

An einer verborgenen Stelle des »Glasperlenspiels« spricht Hesse einmal davon, wie er sich das künftige »Glück einer Autorschaft« vorstelle; im Ton eine »schickliche Mitte« zwischen Ehrfurcht und Vertraulichkeit würde die freundschaftliche Mitteilung in behaglichem aber sorgfältigem Anfassen der Dinge Aussprache sein über das, was er erfahren und ererbt zu haben glaubte. Aus dieser »schicklichen Mitte« heraus leben die später erschienenen Sammelbände »Traumfährte« und »Späte Prosa«, leben vor allem seine zahlreichen Sonder- und Privatdrucke. In einem berichtet er von einer »Arbeitsnacht«, im anderen gibt er einen »Bericht aus Normalien« oder erzählt von seiner »Erinnerung an André Gide« oder gibt seine »Gedanken über Gottfried Keller« wieder.

Und erst wenn wir Hermann Hesse in seiner eigentümlichen künstlerischen Leistung fassen, begreifen wir ihn ganz. Hingegeben in den Zauber seiner Sprache, in das Wunder, wie sich in seinen scheinbar einfachen Worten, in seinen allgemeinen, überpersönlichen Bildern die geschaute, chaotische Welt in eine geistig-sinnvolle, geordnet-maßvolle Welt verwandelt, erfahren wir seine Kunst, sein Vermögen, seine Themen so »darzustellen«, daß in jedem einzelnen das Ganze, in jedem Äußeren der Sinn, in jeder Schönheit die Wahrheit sichtbar wird.

War Hermann Hesse in früheren Stufen seines Lebens von der äußeren Welt und Wirklichkeit abgewandt, war er dann auf seinem Wege nach innen zu den Quellen und Ursprüngen seines Seins gegangen, so dringt der Dichter jetzt, geläutert und abgeklärt, in die gegenwärtige Wirklichkeit vor, um das menschliche Dasein von innen her zu durchleuchten und es wieder sinnvoll und menschenwürdig zu machen. »Ich bin ein Dichter.« Und Dichter sein heißt für Hermann Hesse, über den Weg der Entpersönlichung nur noch Medium zu sein für wirkliche ewige, göttliche Gesetze und mit ihnen »Gottes Schöpfung nochmals« nachzuerschaffen, als poietés, als Schöpfer einer »zweiten, höheren, unvergänglichen Welt«.

Hermann Hesse als Erzieher

Hesse – ein Erzieher? Wer ihn kennt, der weiß, daß er selbst sich diese Eigenschaft nicht zuerkennen würde, daß ihm jede Beeinflussung von außen fremd, jedes Erziehen*wollen* fern ist und daß er selbst sich immer wieder deutlich abgegrenzt hat von den beamteten Erziehern, von der »Welt der Gelehrten, der Schönredner, der Vortragskünstler, der Katheder und Essays«. »Überhaupt habe ich ja, wenn ich mich recht erinnere«, so schreibt er 1950 zur Richtigstellung an den Verfasser einer Broschüre über ihn, »vom Erziehen niemals sehr viel gehalten, das heißt, ich habe stets starke Zweifel daran gehabt, ob der Mensch durch Erziehung überhaupt irgendwie geändert, gebessert werden könne. Statt dessen hatte ich ein gewisses Vertrauen zu der sanften Überzeugungskraft des Schönen, der Kunst, der Dichtung, ich selbst war in meiner Jugend durch sie mehr gebildet und auf die geistige Welt neugierig gemacht worden als durch alle offiziellen oder privaten ›Erziehungen‹.«

Man wird gut daran tun, bei der Betrachtung des »Erziehers« Hesse sich dieser Worte zu vergewissern. Hesse ist in der Tat kein Erzieher im Sinn jenes Mannes, der auszieht, mit Idealen und Rezepten die Welt zu verbessern; Ideale und Rezepte haben in unserer Welt ihre Eindeutigkeit verloren, sie sind unerfüllbar geworden. Hesse ist erst recht kein Funktionär der Erziehung; er, der unorganisierteste Schriftsteller, den wir heute haben, der Zeitgenosse ohne Mitgliedschaften in Akademien, Verbänden und Berufsvereinigungen, ohne öffentliche Stellung, hat sich ein Leben lang gegen die Funktion eines Amtes gewehrt. Am heftigsten aber hat er es abgelehnt, Erzieher im Sinne eines Führers zu sein; seine Denkart ist der der Führer jeder Sorte entgegengesetzt. »Wir halten vom Führen nicht viel, vom Dienen alles.«

Vom Gegenteil einer These sprechen heißt aber meist schon, sie selbst anzuerkennen. Im Grunde, bewußt oder unbewußt, gewollt oder nicht gewollt, ist jeder Schriftsteller, jeder Dichter ein Erzieher, der etwas bewirken möchte. Goethe war es vor allem. Da gibt es ein Wort der Ottilie in den »Wahlverwandtschaften«: »Ich leugne es nicht: ich denke es mir als eine glückliche Bestimmung, andre auf dem gewöhnlichen Wege zu erziehen, wenn wir auf dem sonderbarsten erzogen worden sind.« Schriftsteller sind solche Erzieher, die auf dem sonderbarsten Wege, nämlich durch sich selbst in der Auseinandersetzung mit der Umwelt, erzogen worden sind.

Das Eigentümlichste an der Wirkung der Schriften Hesses, eine Beobachtung, die man an drei Generationen machen kann, ist ihre Anziehungskraft auf eine kontinuierlich gleiche Gruppe von Menschen. Fragt man Buchhändler und Bibliothekare, wer die Menschen sind, die zu den Büchern Hesses greifen, erhält man eine stereotype Antwort: es sind junge Menschen. Nicht so sehr die kleinere Schicht der studentischen Jugend, sondern der größere Kreis suchender junger Leute, denen die Institutionen der Erziehung, Elternhaus, Schule, Kirche und Gemeinschaft, die brennenden Fragen nicht zu beantworten vermögen. Dieses erstaunliche Phänomen des Nachwachsens neuer und gerade junger Leserschichten für ein dichterisches Werk ist natürlich im wesentlichen auf das deutsche Sprachgebiet begrenzt. Doch gibt es auch im Ausland Anzeichen für eine ähnliche Wirkung. Als ich im vergangenen Jahr einige Monate an der amerikanischen Harvard University war, wurde ich gebeten, vor Germanistikstudenten über Hesse zu sprechen, über den zeitgenössischen deutschen Dichter, der von den Studenten des deutschen Faches am meisten gelesen sei. – In diesem Jahr berichtete mir in London der deutsche Dozent an der englischen Universität Reading, wie einer seiner Schüler, der sich redlich durch Kafka, Musil und Mann geschlagen hatte, nun im Werk Hesses endlich sein »Lebensbuch« fand. – Im Mai dieses Jahres erschien in England ein Buch, das heute, nach drei Monaten, bereits in siebenter Auflage vorliegt. Colin Wilson's »The Outsider« ist eine Analyse vom Westen und Charakter des Außenseiters, den Wilson als den geheimen Repräsentanten unseres Zeitalters ansieht. Neben Sartre, Camus, Hemingway, Eliot, Joyce, Proust, Dostojewskij und Shaw ist es Hermann Hesse, dessen Werk exakt auf dieses Phänomen hin abgehorcht wird; die Darstellung ist die ausführlichste und gründlichste Arbeit, die je über Hesse in der angelsächsischen Literatur geschrieben wurde. Der Verfasser dieses aufsehenerregenden Buches ist – vierundzwanzig Jahre alt, und was diesen

Vierundzwanzigjährigen zum Werke Hesses zog, war der Impuls, der von ihm ausging, »wesentlicher, reicher zu leben«.

Diesen Impuls, diesen Anstoß und Anruf, diese Mahnung und Beunruhigung haben von jeher junge Menschen im Werke Hesses empfunden. Die Kraft dieses Impulses entstammt der Eigenart dieses Werkes. Im Grunde haben alle seine Dichtungen ein einziges Thema, handeln sie alle von einem einzigen Vorgang: von der Selbstverwirklichung des Menschen. Dieses große, aber durchgehende Thema wird von Hesse vielfach variiert, in verschiedene Zeiten und Zonen verlegt, auf verschiedene intellektuelle, soziologische und religiöse Ebenen gehoben, in subjektiv-psychologischen Erlebnissen, in objektiv-überpersönlichen Bildern gestaltet, aber doch immer auf denselben Grundvorgang zurückgeführt. Die Selbstverwirklichung des Menschen dichterisch zu realisieren: das ist sein Ziel, der Impetus seines Werkes.

Vieles ist von seinem Leben in seine Darstellung geflossen. Seine Erziehung, die Rebellion gegen Herkunft und Tradition, der Ausbruch aus Schule und beruflicher Bindung (sein Schulroman »Unterm Rad« zeigt sein Unterm-Rad-Sein unter der schulischen Konvention), der Verzicht auf öffentliche Stellung und Sicherung, das Aufsichnehmen der Einsamkeit, schließlich die Hingabe und Bindung an sein Werk. Diesen Weg von Bindung zu Freiheit und wieder hinein in Bindung und Hingabe zu Größerem gehen alle seine Gestalten, Camenzind, Giebenrath, Knulp, Demian, Siddhartha, Harry Haller, Goldmund, Leo und schließlich Knecht. Sie gehen diesen Weg nicht mutwillig, sondern gerufen, nicht als Wissende und Gelehrte, sondern als Ahnende und Leidende, nicht als Führer, sondern als Diener. Aber auch als Lehrer, wie Knecht, der die Bindung Kastaliens verläßt, um in der freien Welt zu lehren und zu wirken. Hesse begann nach 1930 an seiner Knechtbiographie zu arbeiten. 1932, im Jahr des hundertsten Todestages Goethes, hatte er sich eingehend mit Goethes Werk befaßt; der Band »Dank an Goethe« zeugt davon. Das Goethische Ideal des Dichters als eines Erziehers wird ihm erneut deutlich geworden sein. So ist es sicherlich nicht zufällig, daß er in einem Briefe aus derselben Zeit zum erstenmal von dem Einzigen schreibt, das er »lehren« möchte. Im »Glasperlenspiel« taucht dann einmal, wie gelegentlich, die Wendung auf, Knecht sei ja immer ein großer Künstler gewesen, der auch das Kleinste mit Hingabe geleistet habe, aber in ihm stecke ein »Drang zum Erziehen, zum Beeinflussen, Heilen, Helfen, Entfalten«. Die Situation ist eigenartig genug. Da steht dieser Glasperlenspielmeister durch Berufungen, Erwachen, durch Wandlungen und Leiden hindurch auf der Höhe seines Wirkens, im Glanze eines anerkannten Ruhms, der Fähigkeit des mikrokosmischen Spieles vollkommen inne. Er ist eben dabei, die kastalische Geistigkeit in ein begriffliches System zu passen und der kastalischen Bildung einen objektiven Lebenssinn zuzuerkennen, als die Wirklichkeit wie ein Blitz in die Selbstgenügsamkeit dieses artistischen Lebens schlägt, in die Sublimiertheit der kastalischen Pädagogen, die ihre Augen vor der Wahrheit des Wirklichen, vor der geschichtlichen, geistigen, moralischen Wirklichkeit schließen. Wer die Einleitung des Biographen genau studiert hat, weiß, daß die Aufgabe, die Knecht sich nun stellt, nämlich den Sinn für Wahrheit seinem Land als geistiges Fundament und als moralisches Element zu bewahren, auch die Aufgabe, die »Lehre« des Dichters Hesse ist. Knecht betritt die Welt nicht als Prediger oder Prophet, sondern als Lehrer, um Vorbild zu sein. Aus seiner kastalischen Welt bringt er zweierlei mit: das Wissen um die großen Bildungs- und Erziehungskräfte der Musik; in ihr erkennt er den Ausgleich zwischen Willen und Gnade. Und er weiß um die Heiterkeit; sie liegt für ihn in jeder großen Kunst, ist für ihn das eigentliche Geheimnis des Schönen. So ausgerüstet beginnt der Lehrer Knecht seine Arbeit. Sein Ziel ist die Realisierung des alten kastalischen Ideals, inmitten einer mechanisierten Welt die Menschen »vom Geist und der Seele her zu sammeln, zu erziehen und umzuformen«. Knecht will in einer materialistischen Welt Vorbild sein für ein neues heiteres, geistiges, menschliches Verhalten. Es gelingt ihm in der Tat, in seinem Schüler und den Eltern seines Schülers eine Ahnung von »beseeltem« Leben zu erwecken, und als er stirbt, weiß sein Schüler von der lebensverändernden Kraft seines Vorbildes.

Indes, das Ende des »Glasperlenspiels« will den Leser nicht ganz befriedigen. Es ist eigentümlich mit den Schlüssen in Hesses Werken. Siddhartha, der das Geheimnis des Lebens in der Liebe fand, wurde am Ende seines Suchens ein Fährmann, der auf die Stimme des Flusses lauscht und im Fließen des Wassers das Fließen des Lebens, das Stirb und Werde erkennt. Da ist Harry Haller, der »Steppenwolf«, halb Mensch, halb Wolf, halb Bürger, halb Tier, hin- und hergeworfen ein Leben lang auf der schmalen Brücke zwischen Urvater Geist und Urmutter Natur; am Ende ahnt er nur den Weg des wahren Menschen als den Weg zu den Unsterblichen, als den Weg zu großer Hingabe und Leidensbereitschaft. Da ist Goldmund, der aus der Bindung des Klosters ausbricht, der das Leben in all seinen Spielarten auskostet und lebt, um am Ende seiner Wanderung wieder in die Bindung des Klosters und in die größere Bindung des Todes einzugehen. Und da ist Knecht, der am Beginn seines Wirkens in der Welt stirbt und seinem Schüler als Vermächtnis eben noch eine Ahnung mitteilen kann. Ich bezeichnete diese Schlüsse als eigentümlich und scheinbar nicht befriedigend. Sie sind nicht befriedigend für den, der die Bücher Hesses nur ihrem Inhalt nach durchforscht und ihren Grundwert, ihre sprachliche Potenz, außer acht läßt; die Inhalte jeder großen Dichtung sind ja relativ belanglos, so, wie die Absichten und Programme des Autors belanglos sind; wesentlich allein ist das, was anläßlich der Inhalte, die meist vorgegeben sind, an Wort- und Sprachgebilden, an Zeichen und Gestalten entsteht. Doch auch dem, der sich in ästhetischer Betrachtungsweise das Werk Hesses aufschließt, drängt sich am Schlusse eines Buches Beunruhigung auf. Mag diese Beunruhigung vom Autor beabsichtigt sein oder nicht, sie ist da, sie wirkt im Leser; er erfährt nämlich, was ihm da an Lebensläufen geboten wird, sind keine übernehmbaren Lebensweisen, sind keine Rezepte, nach denen es sich leben, keine Begriffe, aus denen sich ein System fügen ließe, keine Denkmodelle für die Auflösung der Lebensrätsel; die Bekenntnisse des Steppenwolfes Haller, des lebenskundigen Goldmund und des weisen Magister Ludi Knecht geben keinen objektiven Sinn, keine Ruhe, sie schaffen Unruhe, sie haben für den Leser die Wirkung eines Stachels, weil sie eben keine Lösung anbieten, weil sie dem Leser aber zeigen, es gibt außer mir noch andere Suchende in der Welt und auch sie, diese »idealen« Gestalten wissen nicht *den* Weg, weil ihn ihr Autor auch nicht weiß, oder weil er weiß, daß es *den* Weg überhaupt nicht gibt. Der Trost in dieser ernsten und erbarmungslosen Einsicht besteht für den Dichter darin, daß die Darstellung einer versuchten Lebensverwirklichung schon selbst ein Schritt zur Verwirklichung ist. Der Trost für den Leser ist die Erfahrung, in seinem eigenen Bemühen, im eigenen Suchen und Kämpfen mit sich und der Umwelt nicht allein zu sein. Hierin beruht die Anziehung, die Hesses Werk auf den jungen Menschen ausübt; er erfährt, daß dort einer ist, der ähnlich leidet wie er, ähnlich um Glauben und Sinn ringt, und dieser Sprecher gemeinsamer Nöte ist kein junger Mensch mehr, sondern ein scheinbar Fertiger; der junge Mensch fühlt, dieser Alte und Weise weiß um den Sinn. Er weiß ihn auch. Aber dieser Sinn ist nicht mitteilbar, und so liegt der Stachel, den sein Werk hinterläßt, eben in der Aufforderung: suche ihn dir selbst. – Die Erziehung des Menschen durch den Dichter wird zur Erziehung des Menschen durch sich selbst.

Ich möchte mit aller Behutsamkeit als die Lehre des Erziehers Hesse kennzeichnen: Hesse lehrt nicht ein Was, sondern ein Wie. – Der Altmusikmeister hatte einmal in einem Brief an Knecht den Rat ausgesprochen, würde man Schüler in den Homer oder in andere große Werke einführen, solle man bemüht sein, »ihnen die Dichtung durch genaue Kenntnis ihrer sprachlichen und metrischen Mittel zugänglich zu machen«. Hesse selbst hat ein Leben lang dieser ästhetischen Betrachtungsweise das Wort geredet. Man soll sich freilich hüten, sie als bloß ästhetisch abzutun. Denn diese ästhetische Betrachtung ist im Grunde eine ethische, in der sich eben der Erzieher Hesse äußert. Indem ihm selbst »sprachliche und metrische Mittel« Maße und Werte sind, setzt er Maße und Werte in unserer maßlosen und maßstablosen Zeit. Die Gelenke, die Formen und Akte, in denen sich Leben vollzieht, die menschlichen Verhaltensweisen, die Tugenden, sind für ihn wichtiger als die Inhalte der Welt, als das oft so törichte Mit- und Gegeneinander in Gemeinschaften, Parteien, Konfessionen, Programmen und »Gesinnungen«. Im Laufe der Jahrtausende hat die Welt sich verändert. Die neuen physikalischen Beobachtungen machen den Rechenschieber lügen. Eine neue Waffe wird durch eine furchtbarere überholt. Der technische Fortschritt stößt an die Grenze des Weltalls. Die Entwicklung ist unumkehrbar, unaufhaltbar. Aber sie soll auch gar nicht geändert werden. Das Wie, das der Dichter lehrt, ist aber eine Einstellung, eine Haltung zu dieser Welt und ihrer Entwicklung.

In dem Band »Briefe« sind Zeugnisse gesammelt, in denen sich Hesse zu aktuellen Anlässen spontan äußert. Das Wie, das er lehren will, kommt hier unmittelbar zum Ausdruck. Da fragen, wiederum meist jüngere Menschen, was denn nun am Leben lebenswert sei, ob Selbstmord gerechtfertigt werden könnte, wie man Dichter würde, wie man sich in einer bestimmten politischen Situation zu verhalten habe. Dann antwortet Hesse (wie treffend und schön dieser Ausdruck *Antwort*), er ant-wortet, er gibt das Anti-Wort, das Gegen-Wort, und der geheimnisvolle Vorgang, der sich zwischen dem Leser und dem Werk abspielt, jene merkwürdige Kommunikation, wird hier zum unmittelbaren Austausch von Mitteilung und Gegenmitteilung, zum sokratischen Dialog, in dem nicht Wissen und Weisheit, sondern Haltung und Erfahrung gilt. Manchem Briefschreiber wird eine unsanfte Lehre zuteil, die er sicherlich nicht erwartete. Eitelkeiten, verlogener Pessimismus, Lügen, Ehrgeiz und Sentimentalitäten werden entlarvt. »Ihr habt«, so schreibt er einem jungen Mann, »für ein Ruder- und Schwimmtraining das Hundertfache an Sorgfalt, Hingabe und Fleiß übrig wie für Geistiges. Ihr seid voll Streben, ihr habt viel Sehnsucht. Was ihr nicht habt, ist Ehrfurcht.« Ehrfurcht ist für den Erzieher Hesse die oberste Tugend. Ehrfurcht und Frömmigkeit dem Leben gegenüber. In einer glaubenslosen Zeit doch noch zu glauben, bei allem sinnlosen Getriebe doch noch für einen Sinn einzustehen, inmitten der Geld- und Rüstungsmaschinerie doch noch die Sehnsucht nach einem beseelten Leben zu erhalten, das ist Hesses Art der Ehrfurcht und Frömmigkeit, die er vermitteln möchte. Der Einzelne sollte in der Achtung vor den Mitmenschen, vor dem Ganzen der Welt, der Natur erzogen werden, er sollte in das Weltgeschehen einbezogen und mitverantwortlich sein, er sollte mithelfen, den Blickpunkt des Nationalen aufzugeben, ihn ins Europäische zu weiten und daran mitzuwirken, eine Vorstufe für ein neues Weltgewissen zu schaffen, für eine neue Völker- und Staatenmoral. Diese Entwicklung kann aber nur eintreten, wenn der Einzelne erst einmal Ehrfurcht und Achtung vor dem Einmaligen seines eigenen Lebens bezeugt. Wenn er die Überforderung, in der wir heute alle leben, aufgibt, wenn er sich selbst annimmt, sich selbst, den einmaligen, beschränkten Menschen X, mitsamt seinen Herkünften, Anlagen, seinen Ängsten und Hoffnungen. Nicht ob aus dem jungen Maler ein Picasso, aus dem jungen Dichter ein Goethe, aus dem Politiker ein Bismarck, aus dem kleinen Menschen X der große, berühmte, gefeierte wird, nicht auf ein nach außen hin Erreichtes kommt es an, sondern auf ein Jasagen zum eigenen Wesen, auf eine tapfere, eigensinnige, geduldige Annahme des eigenen Schicksals.

Hesses Glaube

Es sei nichts damit getan, schrieb Hermann Hesse im Jahre 1931, daß man Krieg, Kapitalismus, Nationalismus als minderwertig bezeichne: »Man muß an Stelle der Zeitgötzen einen Glauben setzen können.« *Einen* Glauben, schrieb Hesse, nicht *den* Glauben. Und nicht oder nicht ausschließlich einen Glauben an eine Religion, an ein bestimmtes religiöses Dogma, und schon gar nicht an eine bestimmte Kirche. »Der Glaube, den ich meine«, erklärte er in einem Brief, zielt auf anderes: »Ich glaube an den Menschen.« »Ich glaube an die Gesetze des Menschentums, die tausendjährig sind.« »Ich glaube, daß trotz des offensichtlichen Unsinns das Leben einen Sinn hat ... Die Stimme dieses Sinns höre ich in mir selbst ... Was in diesen Augenblicken das Leben von mir verlangt, will ich versuchen zu verwirklichen, auch wenn es gegen die üblichen Moden und Gesetze geht.«

Damit ist der Hintergrund dieser Sammlung bezeichnet. Das Buch »Mein Glaube« enthält keine Theologie, keine begriffliche Definition, was Glaube, was Seele, was Religion, was Gott sei. Hesse machte für sich ernst mit dem biblischen Grundsatz: »Du sollst dir kein Bildnis machen von Gott«, und er nahm den Satz Thomas von Aquins wörtlich: »Gott wissen, heißt, ihn gerade nicht wissen.« Hesse zog für sich die Konsequenz. Zwar fühlte er sich als Bekenner, als Religiöser und Frommer, zwar war er immer bereit, Bekenntnisse abzulegen, aber dies geschah in seinen Gedichten und Prosadichtungen, nicht so sehr in theoretischen Texten. »Siddhartha« sah er als das Buch seines Glaubens an, und sein indisches Gewand sei nicht zufällig. Andere Varianten seines Bekenntnisses lesen wir im »Steppenwolf«, in »Narziß und Goldmund«, in der »Morgenlandfahrt«, im »Glasperlenspiel« und in den »Geheimnissen« der späten Prosa. Die deutlichsten, mittelbaren Äußerungen zum Thema Glauben enthalten seine Briefe. Der Brief eines Lesers, der in einer Not Rat suchte, der ihn beschimpfte, der brennende Fragen stellte, konnte ihn zu einer Antwort provozieren. Er hat jedoch diese zahlreichen Äußerungen nicht in seine Bücher aufgenommen, die betrachtende Texte enthielten. Nur zwei in den Jahren 1931 und 1932 entstandene Texte gab er 1957 zur Veröffentlichung in Buchform frei, als im Rahmen der »Gesammelten Schriften« die Abteilung »Betrachtungen« erweitert werden konnte: »Ein Stückchen Theologie«, ein Gedankenspiel, das zwei seiner Lieblingsvorstellungen in Beziehung zueinander brachte, die Vorstellung von drei Stufen der Menschwerdung und die Vorstellung von den beiden Grundtypen des Menschen, und »Mein Glaube«, eine Schilderung der Entwicklung der eigenen religiösen Vorstellungen. Aber auch diese beiden grundlegenden Betrachtungen waren Reaktionen auf Anfragen. »Mein Glaube« entstand als Antwort auf eine Umfrage der Redaktion des »Eckart« im März 1931; Hesse fühlte sich provoziert, als die Redaktion an ihn schrieb, er habe sich wohl bewußt nie über die »weltanschaulichen Hintergründe« seiner Bücher geäußert. »Ein Stückchen Theologie« wurde als Privatdruck an Freunde versandt. Eine Reihe wichtiger Äußerungen zum Thema Glauben verdanken wir der Diskussion des Gedichtes »Besinnung«. Peter Suhrkamp veröffentlichte es im Februarheft 1934 der »Neuen Rundschau«; ein interessantes Heft, das aus der Feder Suhrkamps ein »In memoriam Jakob Wassermann« enthielt; Wassermann war im Vormonat gestorben; das Heft brachte seinen letzten öffentlichen Vortrag »Humanität und das Problem des Glaubens«. Hesse veröffentlichte sein Gedicht »Besinnung« sehr bewußt zu diesem Zeitpunkt in Deutschland; in den beginnenden Verfolgungen der Nazi-Ära, »inmitten des heutigen Kampfes«, sollte es ein Zeugnis sein. Wie mögen die Leser von 1934 das Gedicht gelesen haben? Hesse versuchte hier seinen Glauben logozentrisch zu begründen und zu bekennen. Und immerhin fand sich darin die für das Datum 1934 beziehungsreiche Zeile, wonach der Geist, der väterliche, eine entscheidende Aufgabe habe: er »Löscht die Unschuld und weckt uns zu Kampf und Gewissen«. Hesse hat immer wieder an diesem Gedicht gearbeitet und schon für die Ausgabe »Vom Baum des Lebens«, die 1934 in der Insel-Bücherei erschien, und später für die erste Ausgabe der »Gesammelten Gedichte« 1942 leichte Textänderungen vorgenommen. Wir bringen hier die Fassung der »Neuen Rundschau«. Aus den Antworten Hesses spiegelt sich die Wirkung dieses Gedichts auf den Leser von 1934. Wie heftig die Reaktion gewesen sein muß, zeigt die Entschiedenheit der Stellungnahme Hesses; den hier veröffentlichten Brief an einen Vikar hat Hesse nicht abgeschickt, wohl weil ihm seine Antwort auf die »inquisitorischen und autoritativen Fragen« des Vikars, der ihn »anherrschte«, weil es nur eine Kirche und kein persönliches Christentum gäbe, zu unvermittelt erschien.

Aus diesen vielen Äußerungen, die zu den verschiedensten Zeiten und Anlässen entstanden, ergab sich dieses Mosaik zum Thema »Mein Glaube«. Von daher begründet sich der in der Form wie in der Sache fragmentarische Charakter dieser Sammlung. Sie erstrebt keine Vollständigkeit. Sie will dokumentieren. Sie macht, gerade wenn sie ihre Texte chronologisch und nicht vorwiegend sachlich anordnet, nicht den Versuch, Hesses Gedanken in ein System von Glaubensvorstellungen zu bringen. Sie verbirgt auch keine Widersprüche. »Ich bin kein Vertreter einer festen, fertig formulierten Lehre. Ich bin ein Mensch des Werdens und der Wandlungen.« Dieses Recht hat Hesse für sich ein Leben lang in Anspruch genommen. Er lebte außerhalb der Kirchen und Gemeinschaften; es gab Zeiten, da er mehr mit dem Budhismus als mit dem Christentum sympathisierte; doch immer wieder, unter sanftem oder lautem Protestieren, nahm er seine christliche Herkunft an; nicht die protestantische Kirche, die ihn oft verzweifeln machte, eher dann mit einer »Protestantensehnsucht« die römische Kirche, aber auch sie nur in Distanz, »sobald ich ihr nähertrete, riecht sie wie jede menschliche Gestaltung nach Blut und Gewalt, nach Politik und Gemeinheit«. Wichtig waren für ihn nur die Einsichten, die der eigenen Erfahrung und dem eigenen Erleben standhielten. Fremde Theorien akzeptierte er nur dann, wenn sie diese Prüfung bestanden. Theologen und anderen »Spezialisten des Welträtsels« hat er immer dann mißtraut, wenn sie ihre religiöse oder politische Lehre zum »Kinderglauben an die Alleingültigkeit« erklären. Eine Religion, davon ließ er sich nicht abbringen, ist so gut wie jede andere, denn »was wahr ist, davon muß auch das Gegenteil wahr sein können«.

Gedanken über die letzten Dinge waren ihm »heilig«, und doch waren auch sie im Laufe seines Lebens einer Wandlung unterworfen: »Aber auch ich sehe nicht eine Kirche, sondern das persönliche Gewissen für die letzte Instanz an«, schrieb er im Mai 1933. Doch später, 1955: »Unser Gewissen ist eine hohe Instanz, aber ich zweifle daran, daß es immer die Stimme Gottes sei; und daß ihm eine andere Instanz, der reine Lebenstrieb gegenübersteht, ist gewiß ein Glück.« »Ein Stückchen Theologie« spielt sein Schema »Frommsein oder Vernunft« durch; die beiden Grundtypen des Menschen, der Fromme und der Vernünftige, werden als Gegensatzpaar begriffen und dargestellt; zu den Frommen zählt er auch sich selbst, sein Leben stünde im »Zeichen eines Versuchs zu Bindung und Hingabe, zu Religion«; zu den Vernünftigen zählt er auch die Denker der gesellschaftlichen Realität, »Hegel, Marx, Lenin (am Ende sogar Trotzki)«. Auf einer ersten und zweiten Stufe der Menschwerdung befehden sich die Frommen und Vernünftigen; aus dieser Aporie entstanden und entstünden weiterhin Glaubenskriege, Rassenwahn, Nationalismus, die menschlichen Gemeinheiten. Aber auch hier darf man Hesse nicht mißverstehen als den, der der Vernunft entsagt. Kurz vor seinem Tode diskutierte er den Glaubensbegriff von Romano Guardini: »Die Annahme dessen, was Guardini ›Glauben‹ nennt, ist nun einmal unmöglich ohne das Opfer der Vernunft. Dies Opfer bringen heißt für mich: Wegwerfen einer der edelsten Gaben Gottes.« Das also wäre das Ziel, ein Bündnis von Vernunft und Glauben. Er deutet diese Utopie in seiner dritten Stufe der Menschwerdung an; hier beginnen sich die Kämpfer auf ihr Aufeinanderangewiesensein zu besinnen. »Von hier führt der Weg in Möglichkeiten des Menschentums, deren Verwirklichung bisher von Menschenaugen noch nicht erblickt worden ist.« Doch nur wenige werden diese Stufe erreichen, und Lehren können wenig helfen. »Die eigentlichen Weisheiten und Erlösungsmöglichkeiten«, schrieb er im November 1930 in einem unveröffentlichten Brief, »sind nicht zur Belehrung und auch nicht zur Unterhaltung da, sondern nur für die, denen das Wasser an den Hals geht.«

Diese Texte, die die religiöse Auffassung Hermann Hesses belegen, werden, gerade in der Konzentriertheit einer solchen Sammlung, all jene überraschen, die bisher diesen Autor Hesse nicht gründlich gelesen haben. Hesses religiöse Anschauungen waren für seine politischen relevant, wie diese seine religiösen beeinflußt haben. Die Texte des Bandes »Mein Glaube« lassen sich deshalb komplementär zu der neuen Sammlung der »Politischen Betrachtungen« lesen. Wie jeder religiöse Mensch, gleich welcher Religion er angehört, fordert auch Hesse den Frieden. Immer wenn in Krisen und Kriegen äußere Führungen und Gesetze versagen, entsteht eine Skepsis gegenüber Dogmen und Weltanschauungen, gegenüber Autorität und Institutionen, gegenüber der Kirche und dem Staat. »Nach meiner Erfahrung ist der ärgste Feind und Verderber der Menschen der auf Denkfaulheit und Ruhebedürfnis beruhende Drang nach dem Kollektiv, nach Gemeinschaften mit absolut fester Dogmatik, sei diese nun religiös oder politisch.« Unter dieses Verdikt fällt auch der Staat. Weder Staaten noch Gewaltakte haben den Humanisierungsprozeß bestimmt, der dauernd geleistet werden muß, damit der Mensch zum Menschen und immer weniger Staat zur Beherrschung des Menschen nötig werde. Hesse leugnete nie den humanisierenden Einfluß des Christentums im Laufe der Geschichte, aber immer sah er fanatisch ausgelegtes Christentum auch als Ursache von Haß und Krieg. Nur dem Buddhismus war es in der Geschichte Tibets gelungen, diese ehemals kriegerische, grausame und gefürchtete Nation Asiens im Laufe der Zeit zu einer der friedlichsten, religiösesten aber auch tolerantesten zu machen.

An diesem Punkt hat sich für den Protestanten Hesse immer wieder der Streit mit dem Protestantismus entzündet. »Was mir an den protestantischen Theologen mißfällt«, schrieb er Mai 1933, »das ist, daß sie nichts zu lehren haben, das Volk leer lassen und sich dafür ohne Kritik und Widerstand der materiellen Staatsmacht zur Verfügung stellen, den Fürsten, den Geldgebern, den Generalen, das tun sie heut, wie sie es immer getan haben ... Man strebt zum Geistigen und endet bei den Kanonen ... und rutscht verantwortungslos in alle Höllen, gegen die man Fels und Widerstand sein sollte.« Dies war auch Hesses Luther-Problem. Luther, so schrieb er noch 1960, »ein Prachtskerl, aber ein Unglück ... Wäre er einfach ein Protestant geblieben, ein Rebell gegen das Pfaffentum, ein Anwalt des Individuums gegen Kirche und Staat, so hätte ich kein Wort gegen ihn zu sagen. Er hat aber selber wieder eine Kirche begründet, um nichts besser als die alte, hat nach Kräften dem Staat, den Fürsten assistiert, die Bauern im Stich gelassen«. Aus solchen Anfängen sei jene »deutsch-protestantische Theologie geworden, die an der Universität von lauter Freiheit, Persönlichkeit, Dynamik redet, und nachher in der Praxis aus dem Pfarrer und der Kirche ein liebedienerisches Werkzeug für den Staat, den Kapitalismus, den Krieg macht«.

Luther konnte ihm kein Vorbild sein. Unter den »Vernünftigen« war es ihm Gandhi; Gandhi erkannte die Gewalt als das Böse und die Gewaltlosigkeit als den Weg derer, die wach geworden sind. Das »Bezwingende« an diesem Führer sah Hesse darin, daß er seinem Ideal unbedingt und bis zu jedem Opfer die Treue hält und nicht von den anderen Gehorsam und Opfer verlangt. Was Gandhi auszeichnete, war eine utopische Qualität seiner Prinzipien; täglich sprach er unter dem berühmten Babul-Baum am mittelalterlichen Shaspur-Tor zu den Arbeitern; er beschwor sie, den Versprechungen der »Habenden« nicht zu folgen; aber immer wieder versuchte er den Einzelnen, »das *innere* Leben des Volkes« umzuformen; als die Arbeiter im Kampfe schwach wurden, kündigte Gandhi sein Fasten an. »Man vergleiche seine Person und sein Leben mit irgendeinem unserer Politiker und Propagandisten, um den Unterschied zwischen ehrgeizigem Führerspielen und echtem, vorbildlichem Führerleben zu zeigen.«

Als »Anwalt des Individuums« begreift sich Hesse. Er will den Einzelnen schützen, ihn hellhörig oder widerstandsfähig machen gegen Dogmen, Rezepte, Programme; er will versuchen, sein Gewissen zu schärfen und seine seelischen Kräfte zu stärken. Der zentrale Satz des »Glasperlenspiels« war und blieb der Glaubenssatz von Hermann Hesse: »Du sollst dich nicht nach einer vollkommenen Lehre sehnen, sondern nach einer Vervollkommnung deiner selbst. Die Gottheit ist in dir, nicht in Begriffen und Büchern.« Von daher gelten ihm auch talmudische, christliche, islamische, hinduistische und buddhistische Grundsätze gleich. Die vielen Methoden, die Religionen anbieten: Gebet, Meditation, Kontemplation, Konzentration, Selbstentäußerung, Gewissenserforschung,

Einsicht, Geduld, Ruhe, zeigten ihm nur, daß Wirkung und Änderung ausschließlich im Einzelnen geschehen und sich nicht durch Theoreme, sondern nur durch eigenes Erleben vollziehen können. Das war es, was Hesse immer wieder zum buddhistischen Glauben hinzog; unter allen Weltreligionen hat der Buddhismus sein Gotteserlebnis nicht begrifflich profaniert. Buddha war für Hesse das Symbol des vollkommenen Menschen, der des Göttlichen in sich bewußt geworden ist und der es zu verwirklichen sucht.

Selbstverwirklichung »auch gegen die üblichen Methoden und Gesetze« versuchte Hesse ein Leben lang. Darin bestand sein Glaube an den Menschen. Das »Liebe deinen Nächsten wie dich selbst« wurde ihm zum Gebot. Mit dem Glauben an das, »was Siddhartha Liebe nennt«, kann man leben.

War auf Grund der »Politischen Betrachtungen« Hesses festzustellen, daß sein politisches Urteil im Gange der Jahrzehnte nie geschwankt habe, daß er nie Mimikry trieb, daß seine Anpassung nur eine Anpassung ans eigene Denken, ans eigene Gewissen war, so gilt diese Feststellung auch für Hesses religiöse Anschauungen. Seine Frömmigkeit ist nicht das Pflegen von feierlichen Gefühlen, »sondern die Achtung des Einzelnen vor dem Ganzen der Welt, vor der Natur, vor dem Mitmenschen, das Gefühl des Einbezogenseins und Mitverantwortlichseins«.

Immer in Krisenzeiten hat Hesses Werk seine höchste Wirkung erreicht: nach dem Ersten Weltkrieg; in der Weltwirtschaftskrise; nach 1945, immer dann, wenn junge Leute vor einem Chaos standen und Orientierung suchten; auch seine Wirkung in den USA heute ist nicht zufällig. Wie immer seine Dichtungen in der Zukunft beurteilt werden mögen, dem Rang der moralischen Haltung Hesses, wie er sich in den politischen und religiösen Anschauungen dokumentiert, wird auch ein ideologischer Gegner den Respekt nicht versagen können.

Es wäre freilich falsch und seiner Absicht wenig entsprechend, seine Anschauungen als festes Programm aufzufassen. Hesses Forderungen, der Einzelne solle Achtung haben vor dem Ganzen der Welt, intellektuelle und religiöse Bemühungen dürfen nicht »bei Kanonen enden«, der Einzelne dürfe kein »liebedienerisches Werkzeug« für Staat, Kapitalismus und Krieg sein und müsse seine Mitverantwortung gegenüber der Gesellschaft empfinden – diese Forderungen bedeuten doch immer wieder das Reflektieren des Ganzen aus dem Individuellen heraus. Ein Überprüfen aller Angebote der Zeit, in der wir leben. Vor allem aber die Bereitschaft des Einzelnen, die Methoden der Ich-Stärkung, des Selbstbewußtwerdens und der Selbstverwirklichung für den Anderen für unsere Umwelt aufzuschließen. Wir wissen heute nicht, in welche Richtung sich unsere industrielle Leistungsgesellschaft entwickeln wird. Wir sind »Auf dem Weg zur vaterlosen Gesellschaft«, doch was wird das neue Identifizierungsobjekt sein? Sicher ist nur, daß wir die von uns in Gang gesetzten ökonomischen, wissenschaftlich-technischen und politischen Prozesse in der Hand behalten müssen, wenn es noch weiter eine Geschichte des Menschen geben soll. Der Versuch, eine individuelle, aufgeklärte Haltung unserer notwendigerweise immer stärker sozial-technisch gesteuerten Gesellschaft zu integrieren, sollte unternommen werden.

Biographisches

Der Autor, der von sich bekannte, daß er nichts geschrieben habe, als das, was aus ihm »herauswollte«, schrieb ein Werk, das im gesamten als Konfession, als Darstellung seines Denkens und Lebens anzusehen ist, »Beschönigung nicht, Bekenntnis nur«. Mit Recht konnte er seine Arbeiten als »Seelenbiographien« bezeichnen, »in allen handelt es sich nicht um Geschichten, Verwicklungen und Spannungen, sondern sie sind im Grunde Monologe, in denen eine einzige Person in ihren Beziehungen zur Welt und zum eigenen Ich betrachtet wird«. In diesem Sinne war Hesses Werk von Anfang an »Spiel und Versuch«, die eigenen Erfahrungen und die eigene Erlebniswelt zu bewältigen und zu ordnen. Eine neue Arbeit begann für Hesse immer in dem Augenblick zu entstehen, da ihm eine Figur sichtbar wurde, welche für eine Zeitlang Symbol und Träger seines Erlebens, seiner Gedanken, seiner Probleme werden konnte. Insofern sind alle Hauptfiguren Entwürfe seines Ichs, von Hermann Lauscher über Hermann Heilner, über Harry Haller bis zu Josef Knecht, der in besonderer Weise als Dienender, Gehorchender und Aufbegehrender zur mythischen Figur des Hesse-Ichs geworden ist.

Alemannisches Bekenntnis

Hesse hat – die Lebensläufe belegen es – auf die gemischte Nationalität seiner Abstammung großen Wert gelegt. Die Eltern seines Vaters waren Balten, russische Ostseeprovinzialen aus Estland. Der Vater kam in Reval zur Welt, wurde später Missionar in Indien und dann Redakteur einer Missionszeitschrift in Calw. Vom Vater, schrieb Hesse, »habe ich einen Teil meines Temperamentes geerbt, von ihm das Verlangen nach Unbedingtheit, zugleich die Anlage zu Skepsis, Kritik und Selbstkritik«. Die Eltern der Mutter hatten zweifache Nationalität. Der Vater war Schwabe, die Mutter stammte aus Neuchâtel in der französischen Schweiz. Von der Mutter, meinte Hesse, habe er die »Leidenschaftlichkeit des Temperaments« geerbt, »die heftige Phantasie, außerdem die musikalische Begabung«. Es ist nie geklärt worden, welche Staatsangehörigkeit Hesse bei seiner Geburt besaß. Er selber wußte es nicht, er vermutete, russischer Staatsbürger gewesen zu sein, denn sein Vater war russischer Untertan und hatte einen russischen Paß. Hesse erhielt jedenfalls in der sechsjährigen Baseler Zeit (1880–1886) die Schweizer Staatsangehörigkeit. Weil er für seine Ausbildung in Maulbronn die württembergische Staatsangehörigkeit benötigte, erwarb er diese; er hat mit dieser unfreiwilligen Staatszugehörigkeit immer wieder gehadert, weil er sich durch sie während des Ersten Weltkriegs zu mehreren Jahren Ersatzdienst verpflichtet fühlte. Erst 1924 wurde Hesse Schweizer Bürger. Von wenigen Reisen abgesehen (die zwei großen führten ihn nach Oberitalien und nach Indien), bleiben die Stationen seines Lebens konstant. Calw, Basel, Calw, Maulbronn, Stetten, Cannstatt, wieder Calw, dann Tübingen (1895), Basel (1899), Gaienhofen (1904) und Bern (1912). Hesse wußte sich diesem Lebens- und Kulturkreis, der von Bern bis zum Schwarzwald, von Zürich und dem Bodensee bis an die Vogesen reicht, zugehörig. Er fühlte sich als Alemanne und er versäumte nicht, im Jahre 1919 sein »Alemannisches Bekenntnis« abzulegen: »Dies südwestdeutsch-schweizerische Gebiet ist mir Heimat«, und Heimat blieb ihm dieser Bereich. Heimisch gefühlt hat sich Hesse weder auf Reisen noch in deutschen Städten, »sondern immer nur da, wo Luft und Land, Sprache und Menschenart alemannisch waren«. Ihm entsprach es, daß dieses »Alemannien« kein politisch abgegrenzter Staat mit Grenzen, Verträgen und Verpflichtungen war. Dieses Land, so schrieb er, hat vielerlei Fehler, Ecken und Winkel, »aber jedes alemannische Tal, auch das engste, hat seine Öffnung nach der Welt«.

Etwas zu seiner Person

»Eigensinn« ist einer der Beiträge aus dem Jahre 1919 überschrieben. Er ist sicher der an Aufschlüssen reichste Text. »Eine Tugend gibt es, die liebe ich sehr, eine einzige. Sie heißt Eigensinn.« Die Tugenden, die von Menschen erfunden sind, haben als Ziel den Gehorsam. Auch der Eigensinn fordert Gehorsam. Während jedoch die Tugenden die Menschen den Bedingungen der Umwelt anpassen und »Geld und Macht, die Erfindung des Mißtrauens« als erstrebenswert ansehen, ist Eigensinn Gehorsam gegen sich selbst und »Ungehorsam gegen Menschensatzung«. »Der menschliche Herdensinn«, schrieb Hesse, »fordert von jedermann vor allem Anpassung und Unterordnung.« Dagegen hat sich Hesse ein Leben lang gewehrt und alle seine Schriften sind Gegengifte gegen diese Forderungen. Aus dieser Haltung resultiert der im gesamten Werk Hesses durchgängige Protest, ja, jene Revolte gegen das Bestehende, gegen überholte, leere Autorität, gegen das Normierte und gegen Mittelmäßigkeit, gegen Konsum, Eigennutz und Profit, gegen Staat und Bürgerlichkeit, gegen Kirche und Schule und immer wieder die Revolte des Sohnes gegen den Vater und dessen Erziehungsmethoden, die Revolte der jüngeren Generation gegen die ältere. Man braucht nicht mehr zu fragen, worin die Aktualität Hesses in unserer Gegenwart besteht und warum heute junge Menschen in aller Welt Hermann Hesse lesen.

Hesse hat seinen Eigen-Sinn ernst genommen und danach gelebt. Als private Person wie als Autor. In seinem privaten Dasein gab es nichts Aufdringliches, nichts Auffallendes, das Schlagzeilen warf. Sein Familienleben, seine drei Ehen, seine drei Kinder, die Beziehung zu Verwandten und Freunden spielten sich im privaten Bereich ab, nahezu ohne Einwirkung auf seine literarische Arbeit.

Als Autor war und blieb Hesse bewußt Einzelgänger, dessen Eigen-Sinn Kollektivierungen ausschloß. Er gehörte nie einer literarischen Bewegung an, keiner Gruppe, keiner Clique, keinem Verband. Der Berliner Akademie trat er nach anfänglichem Widerstreben am 9. 11. 1926 auf Drängen seines Lektors Oskar Loerke bei, verließ sie jedoch bereits im November 1930, und auch die Bitte Thomas Manns konnte ihn nicht bewegen, diesen Schritt rückgängig zu machen. Hesse gab keine Interviews, ihm lag nichts an Publizität, es war ihm gleich, ob er im Kulturbetrieb ›in‹ oder ›out‹ war. Rundfunk und Fernsehen ließ er nicht in sein Haus. Es gab selten öffentliche Auftritte, keine Signierstunden und nur wenige

Vorträge. Die »Nürnberger Reise« und die Aufzeichnung »Autorenabend« berichten, warum diese öffentlichen Auftritte Ausnahmen blieben. Die großen Preise der späten Jahre, den Goethepreis, den Nobelpreis, den Friedenspreis, nahm er an, aber er fügte sich nicht dem Zeremoniell und fuhr zur Entgegennahme weder nach Frankfurt noch nach Stockholm.

Hesse war – neben Samuel Beckett – der bescheidenste Autor, dem ich begegnet bin. »Geld und Macht«, Vermögen und Einfluß galten ihm nichts; er hatte materiell in allen Jahren sein Auskommen, mehr oder weniger ausreichend. Als sich in den späteren Jahren, von 1950–1957, größere Honorare ergaben, stellte er sie seinem Freund und Verleger Peter Suhrkamp für den Wiederaufbau des Verlages zur Verfügung. Das große Honorar der späteren sechziger und siebziger Jahre erreichte ihn nicht mehr; es hätte ihn eher verwundert. Als er starb, war er ohne großes Vermögen und ohne jeden Grundbesitz; das Haus, in dem er seit 1931 wohnte, war ein Lehen der Familie Bodmer auf Lebenszeit, es fiel nach dem Tode seiner Frau wieder an die Besitzer zurück; sein einziger Grundbesitz war sein Grab in San Abbondio.

Hesses Bescheidenheit war Würde, nicht Resignation oder Gleichgültigkeit, Lauheit oder Schwäche. Er wußte zu unterscheiden und er konnte sehr entschieden sein, etwa wenn er forderte und erreichte, daß Friedrich Sieburg wegen seiner Nazi-Vergangenheit aus der Jury des Hesse-Preises austreten mußte, obschon Peter Suhrkamp ihn dazu vorgeschlagen hatte. Wenn es ihm um die Prinzipien seines Eigensinns ging, konnte er heftig werden und Ratschläge seiner Freunde ignorieren. Sehr dezidiert war er in der Sache seines Werkes. Auch hier betrafen ihn die sekundären Dinge der Präsentation oder der Gängigkeit nicht. Wichtig waren ihm die Sicherheit der Textüberlieferung und die Einhaltung der Komposition seines Werkes. Dabei überschätzte er den Wert seiner Arbeiten nie. »Was wird dauern?« sagte er einmal zu mir, »vielleicht das eine oder andere Buch. Ich liebe sie alle gleich und für mich sind sie alle gleich vergänglich.« Die »Gesammelten Dichtungen« von 1952 mußten ihm von Suhrkamp abgerungen werden, irgendwelche Auswahlausgaben schätzte er nicht. Die Niederschriften seiner Arbeiten entstanden aus eigenem Impuls, und deshalb reagierte er allergisch auf »Anregungen«, auf Ideen und Vorschläge, was er schreiben könnte. Als Peter Suhrkamp ihn 1933 in seiner Eigenschaft als Redakteur der »Neuen Rundschau« um einen Beitrag bat, reagierte Hesse empfindlich; die erste persönliche Begegnung zwischen Hesse und Peter Suhrkamp in Bad Eilsen (1936) stand unter dem Eindruck dieser Reaktion.

Hesse, dessen Genie Fleiß, Intensität des Lesens und Schreibens war, der – wie wir jetzt übersehen können – jeden äußeren und vor allem inneren Schritt seines Lebens in seinen Werken und in anderen Aufzeichnungen, vor allem in seinen Briefen dokumentierte, Hesse, der Literat durch und durch, hatte nichts Literatenhaftes, Intellektuelles an sich. Wer ihm in den letzten Jahren begegnete, in seinem Haus oder Garten, im Arbeitszimmer oder in seiner Bibliothek, wo er gewöhnlich Besuche empfing, der konnte noch eine Ahnung von seiner früheren Existenz als vagabundierender Knulp, als leinengekleideter Köhler und Gärtner gewinnen; Hesse hatte immer mehr etwas von einem Naturwissenschaftler, einem Botaniker oder Zoologen als von einem Literaten. Vordringlich war freilich stets der Eindruck der Freundlichkeit, der Güte und Würde. Hesse hörte in der Unterhaltung gerne zu und erzählte dann und wann eine Erinnerung, aber nie kamen große Worte oder affirmative Botschaften über seine Lippen, eher Fragen und Gegenfragen, in denen er die Sicherheit seines Gesprächspartners erkunden oder ihn auch an seinen eigenen Aussagen zweifeln machen wollte. Hierin ähnelte Hesse mehr und mehr den Gestalten der alten Meister, die in seinen letzten Gedichten und Schriften gelegentlich auftauchen, so, wenn er im Jahre 1960, also kurz vor seinem Tod, die Geschichte des Urpatriarchen Bodhidharma erzählte; auf die Frage nach dem höchsten Sinn der heiligen Wahrheit antwortete der Patriarch: »Offene Weite – nichts von heilig.« Im Gedicht »Der erhobene Finger« von 1961 sprach er von Meister Djü-dschi: »Meister Djü-dschi war, wie man uns berichtet, / Von stiller, sanfter Art und so bescheiden, / Daß er auf Wort und Lehre ganz verzichtet, . . . / Wo manche Schüler . . . mit Geistesblitzen / Gern sich ergingen, hielt er schweigend Wacht, / Vor jedem Überschwange auf der Hut.«

Als letztes Selbstportrait darf die Zeichnung des »Älteren Bruders« im »Glasperlenspiel« gelten. Knecht hatte chinesische Sprache und Literatur studiert und da er bei seinen Lehrern mit diesem Studium auf Unverständnis stieß, erkundigte er sich nach dem »Älteren Bruder« und erfuhr, »daß dieser Eremit zwar eine gewisse Achtung, ja einen Ruhm genoß, jedoch mehr den eines kauzigen Outsiders als den eines Gelehrten«. Knecht besuchte ihn: »Ein schmächtiger Mann, in graugelbes Leinen gekleidet, mit einer Brille über blauen, abwartenden Augen, erhob sich von einem Blumenbeet, über dem er kauernd verweilt hatte, kam langsam auf den Besucher zu, nicht unfreundlich, aber mit jener etwas linkischen Scheu, wie Zurückgezogene und Alleinlebende sie manchmal an sich haben.« Knecht blieb eine Weile bei dem Älteren Bruder und ließ sich in die Schriften einweisen. Knecht hat später diese Lehrzeit als »Beginn seines Erwachens« bezeichnet, und Erwachen war für ihn »eine jeweilige Erkenntnis seiner selbst und des Ortes, an dem er innerhalb der menschlichen Ordnung stand«; als wichtigste Erfahrung notierte Knecht, er habe erkannt, »daß Glaube und Zweifel zusammengehören, daß sie einander bedingen, wie Ein- und Ausatmen«.

Zur Lebensgeschichte

In der 1932 in der »Neuen Rundschau« veröffentlichten Abhandlung »Ein Stückchen Theologie« (in »Mein Glaube«) spricht Hesse von den »drei Stufen der Menschwerdung«. Dieser Weg beginne mit der Unschuld (Paradies, Kindheit) und führe von da in die Schuld, in das Wissen von Gut und Böse, in die Verzweiflung, und aus der Verzweiflung entweder zum Untergang oder zu einer Art Erlösung. Man könnte diese Stufen auch in der Lebensgeschichte Hesses sehen. Die erste Stufe würde mit der Zeit des Ersten Weltkriegs enden, geographisch gekennzeichnet mit dem Auszug aus dem alemannischen Raum. Hesse bezeichnete die Jahre bis 1919 als die »bürgerliche Epoche« seines Lebens. Freilich war diese Zeit nicht problemlos. Wir wissen, daß zwei große Konflikte in ihm stattfanden: der die Kindheit bestimmende Konflikt seiner Berufswahl; Hesse war es von seinem dreizehnten Lebensjahr an klar, daß er »entweder ein Dichter oder gar nichts werden wollte«, und leidvoll wurde ihm deutlich, daß man zwar ein Schriftsteller sein, daß jedoch die Umwelt und das ganze Erziehungsbild ein nahezu unüberwindbares Hindernis aufstellten, Schriftsteller zu werden. Der andere Konflikt brach etwa 1914 auf. Das Scheitern seiner ersten Ehe, eine »ergebnislos« verlaufene Indienreise, seine und seiner Frau Krankheiten fielen zeitlich zusammen mit dem von ihm als unerträglich empfundenen Chauvinismus und dem politischen Chaos des Ersten Weltkriegs; er glaubte jedoch, auch unter dem Einfluß der Psychoanalyse, zu entdecken, daß die Schuld an seinem Leiden »nicht außer mir, sondern in mir zu suchen« sei. Damit begann eine zweite Stufe in der Lebensgeschichte Hesses, die Zeit der »täglichen Abschiede« von den gewohnten Vorstellungen; die Wandlung vom »bürgerlich-idyllischen Literaten« zum »Problematiker und Outsider«. Auch hier gibt es eine geographische Entsprechung: Hesse siedelte sich im Tessin an und zog im Mai 1919 in die Casa Camuzzi, die im Winter nicht warm wurde, dafür im Sommer heiß. Es begann die Zeit des Leidens, der Verzweiflung, die Jahre der »Krise des Mannes um Fünfzig«, die Zeit, die im »Demian«, »Klein und Wagner«, in den »Märchen«, im »Kurgast«, im »Steppenwolf« und in der »Krisis« reichlich belegt ist. Eine dritte Stufe sei nur vermutet. Zeitlich und lokal begönne sie mit dem Einzug in das Bodmer-Haus 1931 oder fiele in die zwölfjährige Entstehungszeit des »Glasperlenspiels« von 1931–1942. Wenn die Briefe, Dokumente und Zeugnisse zur Entstehungsgeschichte des »Glasperlenspiels« vorliegen werden, wird der Prozeß sichtbar, dem Hesse, gerade auch unter dem Eindruck der Nazi-Jahre, unterworfen war. Hatte er früher vor, »eine Art ›Oper‹ zu schreiben, worin das menschliche Leben in seiner sogenannten Wirklichkeit wenig ernst genommen, sogar verhöhnt wird«, so entstand in der definitiven Fassung des »Glasperlenspiels« doch der Entwurf zu einer ernst zu nehmenden Utopie. Es gehört zur Wirkungsgeschichte dieses Werkes, daß seine Aktualität (im Gegensatz zu manchen anderen Büchern Hesses) im Zeitpunkt seines Erscheinens – 1943 in der Schweiz und 1946 in Deutschland – und lange Zeit danach latent war und in gewisser Weise noch ist. Vielleicht hat unsere oder eine nachfolgende Zeit mehr Verständnis für das Werk und seinen Protagonisten Josef Knecht, der den elitären, sublimen Kult verließ, um der Gesellschaft als Lehrer zu dienen, als Erzieher, der beim Einzelnen Änderungen bewirken möchte.

Hesses Stellung zum Nationalsozialismus war von Anfang an dezidiert. Die Informationen, die er erhielt, bestärkten ihn, die Meldungen von der Ermordung der Angehörigen seiner Frau in deutschen Konzentrationslagern und die Nachrichten, die ihm die deutschen Emigranten, Thomas Mann, Bertolt Brecht und viele andere, aus erster Hand nach Montagnola brachten. Ebenso klar war für ihn, daß sich diese Zustände durch die Feder eines Einzelnen und durch Unterschriften unter Aufrufe nicht ändern ließen. Hesse sah die Aufgabe des »Geistigen« nicht im »Aktivismus«, sondern in der Vorbildlichkeit seiner Lebensführung, die dem Schriftsteller gemäß ist und länger und intensiver wirkt als Tagesparolen. Er hätte sich auf Trotzki beziehen können, dessen Schriften er in dieser Zeit las und seinen Söhnen zur Lektüre empfahl: »Wenn die erleuchteten Pazifisten den Versuch unternehmen, den Krieg mittels rationalistischer Argumente abzuschaffen, wirken sie einfach lächerlich. Wenn aber die bewaffneten Massen beginnen, Argumente der Vernunft gegen den Krieg anzuführen, dann bedeutete das das Ende des Krieges.« Hesse hat den nächsten Krieg vorausgesagt und vor diesem Krieg gewarnt, im »Steppenwolf«, im »Glasperlenspiel«, und unentwegt in seinen Briefen. In der Idylle »Stunden im Garten« stehen merkwürdige Zeilen: »Aber auch jene Leidenschaft, jene heftige Lust muß man zähmen, / Welche die anderen verbessern, die Welt erziehen, Geschichte / Aus Ideen gestalten will, denn es ist leider die Welt nun / So beschaffen, daß dieser Trieb edlerer Geister, wie alle / Andern Triebe am Ende zu Blut und Gewalttat und Krieg führt«.

Wenn Hesse ein Ziel hatte, so dieses: in seinen Werken und mit seinen Figuren neue Möglichkeiten des Menschseins zu entwerfen. Und wenn er eine Botschaft hatte, dann diese:

Hab Mut zu deinem Eigensinn, sei so gebunden und so frei wie Peter Camenzind und Josef Knecht. Hesse war es. Sein Denken, sein Handeln und sein Leben waren identisch.

»Mir liegt alles Politische nicht, sonst wäre ich längst Revolutionär« – wer so spricht, verrät politische Reflexion. Heute, nach distanzierter Übersicht über sein Werk und nach Kenntnis des Nachlasses, ist zu erkennen, welch eminent politischer Kopf Hesse doch war. Seinen »politischen« Weg begann er erst spät, als Mann von fast vierzig Jahren, der Beginn läßt sich exakt datieren. Zwar mußte er sich in der Schule mit der Maxime herumschlagen, wonach der Krieg der Vater aller Dinge sei, – zwar mußte er als 14jähriger im schwäbischen Landexamen die Frage beantworten: »Welche guten und welche schlechten Seiten werden durch einen Krieg geweckt oder entwickelt?« – sein politisches Erwachen – »der Schock einer Erweckung« – war für ihn der »blutige Unsinn« des Ersten Weltkrieges. Seine besondere Sensibilität für dieses Ereignis war persönlich motiviert. Seine erste Ehe war zerstört; der Versuch, eine bürgerliche Existenz – eine Familie, Haus und gesichertes Einkommen – zu führen, war gescheitert; die Prinzipien seines bisherigen Schreibens und mit ihnen der Erfolg waren ihm fragwürdig geworden; eine »Flucht«, eine Reise nach Indien, erbrachte nicht die erhoffte neue Lebensorientierung. In dieser Situation des Scheiterns und Verzweifelns traf ihn der Ausbruch des Ersten Weltkrieges mit seiner beginnenden »grauenhaften Wirklichkeit« tief und ebenso tief die hymnische Begeisterung, mit der Intellektuelle (darunter solche von Namen und Rang wie Alfred Kerr, Thomas Mann, Gerhart Hauptmann, Stefan George) auf dieses Ereignis reagierten. Dies alles zwang ihn zu dem in der *Neuen Zürcher Zeitung* vom 3. 11. 1914 veröffentlichten Aufsatz: »O Freunde, nicht diese Töne!«. Der Aufsatz hatte große Wirkung. Romain Rolland hörte in ihm Beethovens Stimme, die vox humana mitten in der Bestialität des Krieges, es überwogen jedoch die Kritiken selbst von ehemaligen Freunden und die Haßtiraden, die ihn als »vaterlandslosen Gesellen«, als Verräter brandmarkten, und noch in den zwanziger Jahren wurde er in Süddeutschland unter Bezug auf diesen Aufsatz von einer vereinbarten Lesung ausgeladen. Theodor Heuss hat ihn gegen den Vorwurf, »vaterlandsloser Geselle« zu sein, verteidigt. Man kann heute diese Aufregung verstehen, weil Hesses Protest damals nicht so selbstverständlich war wie das Engagement des Schriftstellers heute.

Hesse mahnte in seinem Aufsatz die Intellektuellen vor der »unheilvollen Verwirrung des Denkens«, sie wenigstens sollten, wenn schon der Wahnsinn durch die Straßen renne, Klarheit und Vernunft bewahren; er erinnerte daran, daß auch Goethe 1813 keine Nationallieder gedichtet habe und »daß die Überwindung des Krieges nach wie vor unser edelstes Ziel und die letzte Konsequenz abendländischer Gesinnung« sei – doch dies wollte sich von Hesse niemand sagen lassen. »Daß Liebe höher sei als Haß, Verständnis höher als Zorn, Friede edler als Krieg« – das mußte, von einem deutschen Dichter 1914 gesagt, als Boykott einer nationalen Idee, als Aufforderung zur Unruhe oder Revolution angesehen werden.

Hesse schwieg danach wieder. Doch gegen und nach Ende des Krieges (parallel zu seiner Tätigkeit in einer Gefangenenfürsorge) entstanden jene Bekundungen, deren Signifikanz und Aktualität damals, in einer Not- und Krisensituation, wenig erkannt wurden, die heute jedoch um so relevanter sind. Es sind die Aufsätze aus den Jahren 1917–1919, die Hesse später im Band *Krieg und Frieden* sammelte.

Zwei Einsichten dieser Jahre bewirkten die radikale Änderung seines Denkens. »Du sollst nicht töten!« – dieses religiöse Gesetz, vor einigen tausend Jahren aufgestellt, ist immer noch nicht uneingeschränkt in den Verfassungen der Länder der Erde verankert. Wir kennen dieses Gesetz, und doch, so konstatiert Hesse: »Wir töten so viel!« Wir töten nicht nur in Kriegen und Bürgerkriegen, nicht nur in Revolutionen und Hinrichtungen. »Wir töten, indem wir begabte junge Menschen aus Not in Berufe gehen lassen, für die sie nicht geeignet sind. Wir töten, indem wir vor Armut, Not und Schande die Augen zudrücken. Wir töten, indem wir aus Bequemlichkeit abgestorbenen Einrichtungen in Gesellschaft, Staat, Schule, Religion gelassen zusehen und Billigung heucheln ... Wir töten auf Schritt und Tritt ... Man kann nicht nur Gegenwärtiges töten, sondern Zukünftiges.«

Die andere – sicherlich vom Studium der Psychoanalyse

geförderte – Einsicht: Krieg und Unfrieden hören nicht von selbst auf. Weder Grausamkeit, Leid und Verzweiflung noch Schäden und Verluste vermögen künftige Generationen von einem neuen Krieg abzuschrecken. Hesse hat schon 1919 einen neuen Krieg vorausgeahnt und vor ihm gewarnt. Friede, so war seine Erfahrung, kann nicht durch Verlautbarungen und Politik, nicht durch Predigten, Programme oder Organisationen erreicht werden. »Die wahre Friedfertigkeit«, die den Frieden allein bedingt, kommt »wie jeder Menschenfortschritt aus der Erkenntnis«. Diese Erkenntnis fordert beim Einzelnen eine neue seelische Bereitschaft, für sein Schicksal nicht andere, nur sich selbst verantwortlich zu machen und danach zu handeln.

Hesse hat diese Änderung seines Denkens selbst als Einschnitt, als Zäsur, als Wende, als Beginn von etwas Neuem erkannt. 1919 erschien *Demian. Die Geschichte einer Jugend* unter dem Pseudonym Emil Sinclair, und anonym erschien ein Pamphlet *Zarathustras Wiederkehr*, das Hugo Ball als »Hesses Revolutionsvermächtnis«, als die »rühmlichste Dichterleistung jener Jahre« bezeichnet hat. Die Schrift *Zarathustras Wiederkehr* wendet sich, an Nietzsche anknüpfend, an die Jugend und versucht die Frage zu beantworten: was sollen wir tun? Die Antwort, die Hesses Zarathustra hier gibt, wird für seinen Autor ein Leben lang gültig bleiben: »Ihr sollt lernen, ihr selbst zu sein.« Dies ist die Erfahrung des *Demian*, die des 2. Teils von *Siddhartha*, vom *Steppenwolf* und vom *Glasperlenspiel:* »Du sollst dich nicht nach einer vollkommenen Lehre sehnen, sondern nach einer Vervollkommnung deiner selbst.« Die Wirkung Hesses in unseren Tagen erklärt sich aus dieser Erfahrung.

Hesse selbst hat sich strikt an diese Erfahrung gehalten. Von 1919 bis 1945 verweigert sich Hesse allen politischen Anlässen; und in der Zeit danach macht er nur selten eine Ausnahme. Nicht, weil er die Weltgeschichte Weltgeschichte sein lassen wollte, sondern weil er einsah, daß der Intellektuelle die Greuel der Welt diagnostizieren, sie jedoch mit seinen Möglichkeiten nicht ändern könne. »Der Dichter«, so schrieb er, »ist weder etwas Besseres noch etwas Geringeres als der Minister, der Ingenieur, der Volksredner, aber er ist etwas vollkommen anderes als sie. Ein Beil ist ein Beil, und man kann damit Holz spalten oder Köpfe. Eine Uhr aber oder ein Barometer sind zu anderen Zwecken da, und wenn man mit ihnen Holz oder Köpfe spalten will, gehen sie kaputt, ohne daß irgend jemand davon Nutzen hätte.« Hesse wurde der Aktivismus der Intellektuellen immer fragwürdiger.

Wir überblicken jetzt sein gesamtes Schaffen und sein immenses Briefwerk. – Die Brisanz, Bedeutung und Aktualität, die viele seiner Texte aufweisen, sind erstaunlich; seine Wirkung heute ist nicht zufällig. Hesse zeigte eine Alternative aus dem moralischen Dilemma des Ersten Weltkrieges; er hat die großen Katastrophen der deutschen Geschichte vorausgesagt; er hat frühzeitig den Ruf nach dem »starken Mann« und »Führer« gehört und abgelehnt; er hat manches an den Vorstellungen der neuen deutschen Bundesrepublik kritisiert. Er hat, 1932, Deutschland – »das seine Revolution nicht vollzogen hat« – eine Aufgabe zugewiesen, die vielleicht ihren Sinn erst heute erhält: »Für die Zukunft erschiene mir Deutschland die Aufgabe zu haben, zwischen Sowjet und dem Westen neue Formen der Entkapitalisierung zu finden und dadurch wieder zu neuem Ansehen und Einfluß zu kommen.« (Aus einem unveröffentlichten Brief an Heinrich Wiegand vom 29. 2. 1932)

Hesses politisches Urteil hat im Laufe der Jahrzehnte nie geschwankt. Er trieb kein Mimikry, seine Anpassung war nur eine Anpassung ans eigene Denken. Er forderte den Gebrauch des eigenen Kopfes, zumindest immer dann, wenn Programme, Rezepte, Ideologien oder Lehren vorherrschen möchten. Gerade das macht ihn der heutigen Jugend so vertrauenswürdig. In einem fast neun Jahrzehnte währenden Leben brauchte er im politischen Bereich weder Rollen zu tauschen noch Fahnen zu wechseln noch Überzeugungen zu korrigieren. Er verriet sein Deutschtum nie, wie sehr er den Nationalismus verachtete. Er bekämpfte den Faschismus in jeder Form und bis in seine letzten Jahre hinein, ohne auch hier zu vergessen, daß das Böse oft Unerfahrenheit und Unkenntnis ist. Er empfahl seinen Lesern die »geistigen Grundlagen« des Sozialismus zu studieren, da für ihn der Sozialismus die stärkste Kritik an der kapitalistisch orientierten Gesellschaft darstelle. Er hielt den Kommunismus für »unentbehrlich und unumgänglich«, aber auch er habe »auf die großen Lebensfragen keine andere Antwort als irgendeine frühere Weisheit«. Die menschlichen Probleme lassen sich nicht wie die mathematischen lösen, weder auf eine »westliche oder östliche«, sondern nur auf eine individual menschliche Weise. Der einzelne Mensch müsse in seinem eigenen Lebens- und Arbeitsbereich den ihm möglichen höchsten Grad an Entwicklung und Entfaltung erreichen, dann würde er von selbst auf »die abgestorbenen Einrichtungen in Gesellschaft, Staat, Schule, Religion« einwirken.

Diese Vorstellung scheint mir heute wichtiger denn je. Die Welt macht gegenwärtig den Versuch, die weltpolitischen Kriegskonflikte abzubauen. Doch ständig tauchen neue Konfliktmöglichkeiten auf, die nicht mehr in das vorhandene Krieg-Frieden-Schema passen. Die Menschheit des Jahres 2000 muß 7 Milliarden Menschen ernähren und weiß nicht wie. Können wir die alten und neu aufkommenden Formen der Ausbeutung und Gewaltsamkeit überwinden? Wie wird angesichts einer immer schnelleren Technisierung die ökologische Basis für eine mit Recht immer anspruchsvollere, auf unser Diesseits ausgerichtete Menschheit sein? Wer kontrolliert die immer mehr anonyme und computergesteuerte Verwaltungswelt, in der wichtige Entscheidungen für die Zukunft fallen? Wer wird dieser Mensch sein oder wie kann er werden, der immer mündiger, mit immer mehr Freizeit und Freiheit ausgestattet sein wird? Der Mensch müßte heute bei sich anfangen. Das meint Hesse, wenn er unter Friede nicht nur Politisches und Militärisches versteht, sondern »den Frieden jedes Menschen mit sich selbst und mit den Nachbarn, die Harmonie eines sinnvollen und liebevollen Lebens«.

Hermann Hesse – heute

Vortrag, zum ersten Male gehalten auf Einladung der Österreichischen Gesellschaft für Literatur in Wien am 8. November 1971[1].

Vor die Aufgabe gestellt, zu Ihnen über das Thema »Hermann Hesse – heute« zu sprechen, die Frage also zu beantworten, warum, aus welchen Motivationen und Bedingtheiten, aus welchen Mißverständnissen, Zufällen oder Notwendigkeiten heraus Hermann Hesse heute wieder zu dem Schriftsteller wurde, den junge und ältere Menschen lesen, rufe ich eine eigene Erfahrung auf, die mich zu diesem Unternehmen ermutigen und mir auch, als gelebte Erfahrung, die Legitimation geben soll. Ich war etwas über 21 Jahre alt, als ich nach knapp vierjähriger Kriegsdienstzeit 1946 in meine zerbombte Heimatstadt Ulm zurückkehrte und dort noch einmal mein Realgymnasium besuchte, um meinen schulischen Vermerk der Reife durch ein ordentliches Abitur zu ersetzen. Für meine Umwelt wie für mich selbst war es die Stunde Null. Mit der äußeren Zerstörung und der äußeren Not korrespondierten die politischen, die intellektuellen, die moralischen Verzweiflungen. Das von den Besatzungsmächten und den neuen Meinungsmachern ausgegebene Schlagwort hieß »Umerziehung«. Doch zu welchen Inhalten? Die Bereitschaft zu einer neuen Orientierung, zu einer »Wandlung« war allenthalben in meiner Generation groß. Doch wer wies eine Richtung? In dieser Situation traf mich, von meinem Deutschlehrer Eugen Zeller angeregt, die Lektüre des *Demian*, des *Siddhartha*, des *Steppenwolf;* im Dezember 1946 erhielt ich durch einen Zufall – aber es gibt von einem bestimmten Lebensmoment an keine Zufälle mehr – den Zufall des Zuteilungsverfahrens des Verlegers Peter Suhrkamp die denkwürdige, auf schlechtem Papier gedruckte zweibändige Ausgabe *Das Glasperlenspiel,* und als ich dieses Werk verschlungen und den *Steppenwolf* wiedergelesen hatte, wurde mir klar, daß das Studium der Werke von Hesse mich in eine Richtung weisen konnte; in den Erlebnissen des Harry Haller und in den verschiedenen Lebensläufen des Josef Knecht schienen mir, dem damals 21jährigen, jene Identifikationsmöglichkeiten gegeben, die ein junger Mensch benötigt und die mir Mut zu einem neuen Lebensbeginn gaben. Auch heute übt Hesse wieder eine große Wirkung aus. Wie entsteht eine solche Wirkung? Ist sie ein Mißverständnis, dem Worte Rilkes folgend, »der Ruhm [ist] schlußendlich nur die Summe aller Mißverständnisse, die sich um einen

Namen kristallisieren«. Oder ist diese Wirkung eine Notwendigkeit? Folgt Hesse einer Zeitströmung oder folgt diese ihm?

Die Rezeption dichterischer Werke vollzog sich in der Literaturgeschichte immer wellenförmig, in Hoch und Tief. Für das Rezeptionshoch müssen bestimmte Zeitvoraussetzungen geschaffen sein. Hölderlin, Büchner, Kleist – um nur drei Namen zu nennen – wurden in ihrer Radikalität erst sehr viel später, um die Zeit des Ersten Weltkrieges, von einer aufbrechenden Jugend entdeckt. Die Wirkung von Hermann Hesse zeigte sich immer am deutlichsten in Krisenzeiten. Der Umsturz der Gesellschaft im verwüsteten Europa nach dem Ersten Weltkrieg sanktionierte neue Vorbilder auch für eine breitere Schicht. Der *Demian,* 1919 erschienen, trägt den Untertitel »Die Geschichte einer Jugend«; sicher, es war die Geschichte eines »wirklichen, einmaligen, lebenden Menschen«, aber sie wurde gleichzeitig als Geschichte einer ganzen Jugendgeneration aufgenommen; eine Generation der dem Weltkrieg Entkommenen suchte in und mit diesem Buch eine neue Orientierung. »Ein überragendes Buch«, schrieb Alfred Döblin, »real sehe ich, fühle ich, erlebe ich die übermoralischen Seelenbewegungen.« Auf C. G. Jung wirkte der *Demian* »wie das Licht eines Leuchtturms in einer Sturmnacht«. Im selben Jahr 1919, dem Geburtsjahr der neuen deutschen Republik, erschien zunächst anonym die politische Flugschrift *Zarathustras Wiederkehr,* »Ein Wort an die deutsche Jugend: Von einem Deutschen«, von Hermann Hesse. Sie appellierte an »einen deutschen Geist, einen deutschen Mut, eine deutsche Mannhaftigkeit, welche sich nicht nur im Herdenlärm und der Massenbegeisterung äußerte«. – Innerhalb der großen weltweiten Krise erscheint 1927 der *Steppenwolf,* die Geschichte einer Krankheit, einer Krise, die Geschichte einer Heilung, eine »Dichtung gegenbürgerlichen Mutes« (Alfred Wolfenstein). Und wieder nach einem beispiellosen Chaos sucht nach 1945 eine enttäuschte, vorbildlos gewordene Jugend nach einem Leitbild und nach einer Orientierung und findet sie im *Glasperlenspiel,* das von 1946 an in Deutschland zu erscheinen beginnt und wie kaum ein anderes Buch in dieser Zeit gelesen und diskutiert wird. Dieses »hochintellektuelle Werk«, schrieb Thomas Mann, »hebt das Trauliche auf eine neue, geistige, ja revolutionäre Stufe: auf echte und treue Art ist es zukunftssichtig, zukunftsempfindlich«. – Für eine kleine Schicht war das *Glasperlenspiel* ein Kristallisationspunkt jener »Wandlung«. Und wieder war jene Wellenbewegung in der Rezeptionsgeschichte zu beobachten: ein Rezeptionshoch bei uns in den Jahren bis 1957, ein fast absolutes Tief am Ende der sechziger Jahre und eine neue Rezeption in den beginnenden siebziger Jahren.

Während die USA sich gegenwärtig in der größten äußeren und inneren Krise ihrer Geschichte befinden, erleben wir in diesem Land die größte Hesse-Rezeption. Aus Anlaß der Ausgabe der neuen amerikanischen Übertragung des *Glasperlenspiels* lautete die Titelzeile der ›New York Times‹ 1970: »Hermann Hesses Wiederentdeckung hat sich zur modischen Welle entwickelt, die Welle zu einem Sturzbach«. In der ›Yale Review‹ war vor kurzem ein Essay zu lesen mit dem Titel »Notes on the Germanization of American Youth«: zwei Autoren, lesen wir dort, zwei deutschschreibende Autoren, üben gegenwärtig den stärksten Einfluß auf die amerikanische Jugend aus: Hermann Hesse und Herbert Marcuse. Die beiden Schriftsteller haben sicherlich wenig gemein, und doch stammt beider Denken aus einem romantischen Hintergrund, und gemeinsam ist beiden ein antizivilisatorisches Element und der Versuch einer Analyse der Krankheit unserer Zeit, verschieden sind freilich die Konsequenzen, die beide zogen.

Die Wirkung Hesses in den USA unserer Tage ist ohne Beispiel. Nachdem Amerika, solange Hesse lebte, sein Werk so geringgeschätzt hatte wie Hesse seinerseits die Amerikaner (1928 spricht er von dem »amerikanischen Gegenwartsmenschen, einem vergnügten und genügsamen Halbmenschen, dessen Musikalität im Handhaben eines Grammophons besteht, für den ein gut lackierter Kraftwagen schon zur Welt des Schönen zählt . . .«), nachdem Thomas Mann mehrfach in Einführungen auf Hesse folgenlos hinwies, nachdem ein so bedeutender, nach den USA emigrierter Verleger wie Kurt Wolff Hesse überhaupt für »unübersetzbar« erklärt hatte[2], nachdem der Nobelpreis von 1946 nur wenige (übrigens sehr schlechte und in späterer Zeit durch den Suhrkamp Verlag zur Revision gebrachte) Übersetzungen bewirkte, die die Literaturkritik nahezu unbeachtet ließ, nachdem also jahrzehntelang niemand vom Werk Hesses Notiz nahm (Thornton Wilders und Henry Millers Wertschätzung des *Siddhartha* waren eine Ausnahme), blieb der entscheidende Hinweis auf Hesse dem psychedelischen Professor Timothy Leary vorbehalten. Er schrieb: »Die Kritiker erzählen uns, Hesse sei ein meisterhafter Romancier. Nun, vielleicht. Doch der Roman ist ein soziales Modell und das Soziale in Hesse ist esoterisch. Auf einer anderen Ebene ist Hesse der Meisterführer zum psychedelischen Erlebnis und seiner Anwendung. Vor deiner LSD-Sitzung solltest du *Siddhartha* und *Steppenwolf* lesen. Der letzte Teil des *Steppenwolfs* ist ein unschätzbares Lehrbuch. Dann, wenn du vor dem Problem stehst, deine Visionen mit der Plastikpuppen-Routine deines Lebens in Einklang zu bringen, solltest du die *Morgenlandfahrt* studieren. Suche dir einen magischen Zirkel. Bundesmitglieder warten überall auf dich. Bei größerer psychedelischer Erfahrung wirst du dich mit dem Problem der Sprache und Kommunikation auseinandersetzen, und deine Gedanken und Taten werden sich in ihrer schöpferischen Verflechtung vervielfachen, wenn du mit den interfakultativen Symbolen, den vielstufigen Metaphern des *Glasperlenspiels* zu spielen lernst.«

Der *Steppenwolf* als ›Lehrbuch‹. Dies war das Ausgangsmotiv für eine sich in Windeseile ausbreitende intellektuelle Mode, aus der bald eine echte stürmische Hesse-Rezeption wurde. Hesse wird diskutiert, real, auf den Straßen und Plätzen, es ist keine schweigende irrationale Mehrheit, die ihn bloß konsumiert. Man muß es in den University Book Shops, auf dem Campus der Universitäten, sonntags im New Yorker Central Park oder abends im New Yorker East Village, in Berkeleys Sproul Plaza gesehen haben, wie lebhaft die Diskussion ist. Amerikanische Universitätslehrer bestätigen, daß noch nie soviel über Hesse gearbeitet und geschrieben worden ist, in einem oder zwei Jahren werden Massen von Druckschriften über Hesse erwartet. Die Zahl der Doktorarbeiten nimmt zu. Ein neueres Verzeichnis in den USA nennt 34 Titel neuer amerikanischer Dissertationen. Hier einige Titel, die mir symptomatisch scheinen: »Die Angst im Werke Hermann Hesses« – »Der Vagabund im Werke Hermann Hesses« (kommt mehrfach vor!) – »Die erzieherischen Ideale in Hesses Werken« – »Die romantischen Züge in den Hauptfiguren Hesses« – »Hermann Hesse als Kritiker des modernen Lebens« – »Das Problem der Jugend in den frühen Werken Hermann Hesses« – »Freundschaft in den Novellen Hermann Hesses«; dann werden immer wieder Vergleiche angestellt, Hesse und Goethe, Hesse und Novalis, Hesse und D. H. Lawrence, Hesse und Thomas Wolfe: »a study in creative vitality«. An den Universitäten sind Vorträge und Seminare über Hesse äußerst beliebt. Jetzt entdeckt auch die Literaturkritik das Werk von Hermann Hesse. Ralph Freedman schrieb in The New York Times Book Review: »Hesse gelang es, eine Sprache zu finden, die ebenso symbolisch wie persönlich ist und die junge Leute ihre Nöte erkennen und klären läßt ... Kafka, Proust, Joyce sind die originelleren Stilisten, aber keiner von ihnen spricht jene einfache Sprache, die freilich kompliziert ist, die aber die Suche nach Lösungen ausdrückt: Eben das ist das Geheimnis des Erfolges von Hesse.« – Der Kritiker in ›Life‹ stellte fest: »Hesse spricht die Sprache der Jugend. Bei ihm fühlt sie sich nicht mehr an Ketten gelegt. Indem sie der Vergangenheit einen Tritt versetzen und elterliche Autorität zu Grabe tragen, zerbrechen Hesses Helden ihre Begrenzungen und werden mündig. Letztlich liest die Jugend in Hesses Prosa eine Dichtung der Mündigkeit«.

Es war danach fast selbstverständlich, daß der Buchmarkt sich der Werke Hesses bemächtigte. Alle großen Werke sind in Leinen und in Paperback in großen Auflagen erschienen, *Siddhartha* erreichte als erstes Buch die Millionengrenze. Jetzt werden einzelne Werke als Taschenbücher in einer Auflage von 2 Millionen veröffentlicht; bei 200 Millionen Einwohnern der USA bedeutet dies, daß jeder 100. Amerikaner eines oder mehrere Werke Hesses lesen kann. 1973 ist *Siddhartha* in 3 Millionen Exemplaren verbreitet! Ich bin der Meinung, daß dies schon kein Mißverständnis mehr sein kann und daß die zahlreichen wissenschaftlichen Arbeiten Zeichen einer ernsthaften Diskussion sind. Wenn man die amerikanischen Stimmen zusammenfaßt, wird deutlich, daß ein Teil der amerikanischen Jugend im gegenwärtigen amerikanischen Dilemma in den Gestalten der Werke Hesses Identifikationsmöglichkeiten gefunden hat, Identifikationen für den gesellschaftlichen Protest wie für einen individualen Lebensprozeß, für Verweigerung wie für Mitverantwortlichsein.

Die neue Rezeption Hesses ist nicht auf die USA allein beschränkt. Doch während in den USA und in den westlichen Ländern zunächst eine Hippiewelt sich der »anarchischen« Werke Hesses bemächtigt, wird in der Sowjetunion ein anderes Interesse manifest. Dort ist eben in großer Auflage (man spricht von 100 000 Exemplaren – genauere Ziffern gibt es bekannterweise nicht) das *Glasperlenspiel* erschienen. Prof. Reso Karalaschwili, ein Hesse-Experte und Verfasser verschiedener Arbeiten über Hesse, schrieb aus Georgien an den Sohn von Hermann Hesse und schickte ihm seinen Artikel aus der sowjetischen Jugendzeitschrift »Ziskari«, in dem Hesse als »großer Schriftsteller«, der gelesen, bewundert und geliebt sei, vorgestellt wird. – Ein Absolvent der Moskauer Pädagogischen Hochschule schrieb ein Buch »Hermann Hesse und die Schweizer Literatur« und schickte dem Sohn Hesses das Buch »als Zeichen, daß auch in der Sowjetunion das Werk Ihres Vaters geschätzt und geliebt wird«. – Aus Moskau kam der Bericht eines »Kybernetik-Kollektivs«, dem Naturwissenschaftler, aber auch Künstler angehören. Man sieht dort im *Glasperlenspiel* ein kybernetisches Spielmodell, es folge der »kinetischen Tendenz« dieses Kreises. Die sowjetischen Kinetiker waren aber ebenso begeistert von dem erzieherischen Charakter des Buches, sie sprechen vom Orden der Glasperlenspieler als einem Orden, der von einer übergeordneten Idee getragen ist, so wie ein marxistisches Gesellschaftsmodell von der übergeordneten Partei bestimmt ist. »Das ist ein besonderes Ereignis in unserer Zeit«, schreibt der sowjetische Kybernetiker, »nicht so sehr das System des Ordens fasziniert uns, sondern vielmehr Knecht, der vom Orden erzogene Knecht, der die Hierarchie und – was die Hauptsache ist – sich selbst überwunden hat, dabei aber in seiner Seele Achtung, Verständnis und Liebe für den Orden, für den Ordensgeist behielt. Das ist meines Erachtens das Schwierigste, was ein Mensch aus sich machen kann.«

Der sowjetische Kritiker W. Sedelnik[3] untersucht in einer »Betrachtung über Josef Knechts Leben und Tod« mit dem

Titel »Spiel und Leben« den »humanistischen Gehalt« des *Glasperlenspiels*. In der tiefen Sorge des Autors »um die Zukunft des kulturellen Erbes der frühbürgerlichen Epoche« liegt für diesen Kritiker die »hohe humanistische Bedeutung des Romans, seine fortwährende Zeitgemäßheit und Anziehungskraft«. Nehmen wir nach diesen amerikanisch-sowjetischen Abschweifungen unser Thema wieder auf: Warum lesen heute so viele Menschen wieder die Werke von Hermann Hesse?

Ich möchte für die Wirkung Hesses vier Gründe nennen:
1. das fernöstlich-anthropologische Element in seinem Werk
2. seine Sprache
3. seine Revolte gegen Repression
4. den im Werk dargestellten Prozeß der Individuation

I. Das fernöstlich-anthropologische Element

Hesse hat, weil ihm eine Einzelnationalität unwichtig war, auf die Internationalität seiner Herkunft Wert gelegt. Die Eltern seines Vaters waren Balten; der Vater kam in Reval zur Welt und wurde Missionar in Indien. Die Eltern der Mutter hatten zweifache Nationalität und Stammesart, Schwäbisches und Westschweizerisches. Hesse war wahrscheinlich bei Geburt russischer Staatsbürger, sechsjährig erhielt er die Schweizer Staatsbürgerschaft; später wurde er – gegen seinen Willen, nur um in Maulbronn studieren und sein Landexamen ablegen zu können – Württemberger; erst 1924 wurde er Schweizer Bürger. Die Frage, ob Hesse also Schweizer oder Deutscher sei, hat Max Frisch für sich schon 1947 entschieden: ». . . ich schlage vor, daß wir ihn Europäer nennen.« (Basler Nachrichten, 6. 7. 1947) Das Elternhaus war konfessionell streng protestantisch ausgerichtet, doch der ehemals in Indien missionierende Vater brachte viel Indisches ein. Die Mutter vermittelte ihm Sinn für die Dichtung. Sein Großvater, ein berühmter schwäbischer Indologe, Sinn für indisches Schrifttum.

»Was ich an Wissen um das Geheimnis habe«, schrieb Hesse 1937, »ist mir nicht offenbart worden, sondern gelernt und zusammengesucht, es ging bei mir den Weg über das Lesen und Denken und Suchen, und das ist nicht der göttliche und unmittelbarste Weg, aber ein Weg ist es auch. Einmal bei Buddha, einmal in der Bibel, einmal bei Lao Tse oder Dschuang-Dsi, einmal auch bei Goethe oder andern Dichtern spürte ich mich vom Geheimnis berührt« (an Otto Basler, 1. 12. 1937).

Drei Kulturkreise also sind die Basis für Hesses geistige Existenz: der *abendländische*, der *indische* (genauer südasiatische) und der *chinesische, ostasiatische*.

Es ist ausgeschlossen, im Rahmen des Themas meines Vortrags die Beziehung Hesses zum Fernöstlichen, zum Indischen und Ostasiatischen ganz auszuleuchten. Ich kann hier nur Stichworte geben:

Um die Jahrhundertwende hatte die deutsche Romantik die indische Philosophie entdeckt, Schopenhauer und Nietzsche hatten dies vorbereitet. Hesse berichtete, er habe indische Philosophie studiert, seit er sich, etwa 1902, also 25 Jahre alt, mit Schopenhauer beschäftigte. Wenig später las Hermann Hesse Nietzsche, und die Frucht dieser Lektüre waren 1919 *Demian* und jene bereits erwähnte politische Flugschrift *Zarathustras Wiederkehr,* die Hugo Ball »Hesses Revolutionsvermächtnis« und die »rühmlichste Dichterleistung jener Jahre« genannt hatte. Zentrale Studien galten den Reden Buddhas und der »Bhagavad Gita«. Was ihn für die Dauer zu Buddha und zur »Bhagavad Gita«, diesem großen Erbauungsbuch, hinzog, war seine Erfahrung, daß »die für unser Seelenbedürfnis brennendsten Fragen dem Verstand und gar der Logik ganz unlösbar sind«. In der »Bhagavad Gita« entdeckte Hesse den Gedanken der Einheit über den Gegensätzen, die Möglichkeit der Versöhnung eines dialektischen Weltprinzips; der Weg dorthin führt durch vertiefte Selbsterkenntnis.

Auch der dritte, der *chinesische* Kulturkreis führt nach Hesse zur Selbsterkenntnis. »Wenn dieser indische Geist ein vorwiegend seelenhafter und frommer ist, so gilt das geistige Streben der chinesischen Denker vor allem dem praktischen Leben, dem Staat und der Familie.«

Hesses Studium des Chinesischen ist immens und doch fast unbekannt. Heute weiß man, daß Tolstoi 28 Jahre seines Lebens (1882–1910) chinesischen Studien gewidmet und nachweislich 39 chinesische Werke gelesen hat. Man weiß nicht, daß Hesses Beschäftigung mit China sich über 60 Jahre hinzog und daß er sicher über hundert chinesische Werke gelesen, diskutiert und über sie geschrieben hat. Das chinesische Thema hat Hesse sein Leben lang nicht verlassen. Die erste theoretische Arbeit über Konfuzius stammt aus dem Jahre 1909 und die buchstäblich drei letzten essayistischen Arbeiten von Hesse aus dem Jahre 1960 sind chinesischen Themen gewidmet. Neben der taoistischen und konfuzianischen Komponente des chinesischen Kulturkreises hat Hesse in seinen letzten Jahren dann noch eine dritte studiert und geliebt: die chinesische Form des indischen Buddhismus, den chinesischen Zen-Buddhismus, dem er zwei letzte bedeutende Gedichte aus dem Jahre 1961, also ein Jahr vor seinem Tode, widmete: »Der erhobene Finger« des Zen-Meisters Djü-dschi und das Gedicht: »Junger Novize im Zen-Kloster«, mit der Schlußstrophe:

Sammle dich und kehre ein,
lerne schauen, lerne lesen!
Sammle dich – und Welt wird Schein.
Sammle dich – und Schein wird Wesen.

Diese beiden Gedichte stehen im Zusammenhang mit der Lektüre eines Buches, das 1960 erschien und von Hesses Vetter, dem Japanologen Wilhelm Gundert, übersetzt war: Bi Yän Lu, »Meister Yüan-Wus Niederschrift von der smaragdenen Felswand«; in diesem Werk sah Hesse die Zen-Weisheit kristallisiert, jenes mit Worten nicht erfaßbare höchste Gut; Worte, die in seine Nähe kommen, sind Seligkeit, Friede, Erlösung.

Was suchte Hesse bei den Chinesen, das er bei den Indern nicht fand? Für ihn wirkte die indisch-asketische Weisheit und Weltentsagung auf die Dauer doch etwas jugendlich-puritanisch, dagegen war die Weisheit Chinas »die eines erfahrenen, klug gewordenen Mannes, den die Erfahrung nicht enttäuscht, den die Klugheit nicht frivol gemacht hat«.

Wahrscheinlich war seine erste Berührung mit chinesischer Literatur das 1903 im Insel Verlag erschienene Buch von Lao Tse, das »Tao Te King«, mit dem Untertitel »Die Bahn und der rechte Weg des Lao Tse«. Im September 1911 trat Hesse eine Indienreise an, die ihn aber vom Indien seiner Vorstellungen her enttäuschte, und die, ganz charakteristisch, ihn der chinesische Geisteswelt und Mentalität näherbrachte als der indischen. Er sei, so schrieb er, hier dem chinesischen Volk begegnet (freilich. mit den Chinesinnen machte er schlechte Erfahrungen. Die einzig negative Äußerung, die es von Hesse über Chinesen gibt, schrieb er auf einer Ansichtskarte aus Singapur an einen Freund als Warnung: »Das ist die Hölle, wo ich gestern inmitten hyänenhafter Chinesinnen mein Geld verspielt habe«). Wir wissen, daß Bertolt Brecht in Moskau an der Peking-Oper von dem weltbekannten Frauendarsteller Mei Lang Fang inspiriert wurde. Hermann Hesse war fasziniert von einem chinesischen Theater, wo jede Bewegung voll Sinn, voll Harmonie, voll Musikalität gewesen sei.

Nach Lao Tse las Hesse die ebenfalls im Insel Verlag 1910 erschienene Auswahl Martin Bubers der »Reden und Gleichnisse des Tschuang-Tse«; später las er dann die vollständige Übersetzung dieses großen Werkes von Richard Wilhelm, »eines der herrlichsten Bücher«. Das dritte philosophische Buch stammt von Liä Dis »Dschung Hü Dschen Ging«, in Richard Wilhelms Übersetzung »Das wahre Buch vom quellenden Urgrund«. Die erste chinesische Prosadichtung, die Hesse gelesen hat, waren die von Martin Buber aus dem Englischen übersetzten, 1911 im Verlag Rütten & Loening erschienenen »Chinesischen Geister- und Liebesgeschichten«; diese Geschichten bezeichnete Hesse, so in einer Rezension, als »dichterisch wertvoll«, und er sah auch deutlich den Unterschied zwischen den westlichen und östlichen Geistergeschichten; hier bei uns eine klare Trennung zwischen Tag und Nacht, in der östlichen Spukgeschichte gehen die Geister ohne weiteres auch in die Tageswelt über.

Für Hermann Hesse war Lao Tses Hauptwerk, das »Tao Te King«, von dem auch Brecht sich inspirieren ließ, ein Buch vom Urprinzip allen Seins, das Buch einer Ethik, durchaus dem Neuen Testament vergleichbar. Wenn Hermann

Hesse schrieb: »Weich ist stärker als hart, Wasser stärker als Fels, Liebe stärker als Gewalt«, so sind diese aus dem »Tao Te King« abgeleiteten Zeilen in ihrer Erfahrung nahezu identisch mit der Antwort, die Bertolt Brecht in seinem Gedicht »Legende von der Entstehung des Buches Tao Te King« auf die Frage des Zöllners nach der Summe, »hat er was rausgekriegt?«, den Knaben antworten läßt:

»Daß das weiche Wasser in Bewegung
Mit der Zeit den mächtigen Stein besiegt.
Du verstehst, das Harte unterliegt.«

Nun, meine Damen und Herren, müßte ein eigener Vortrag beginnen: Hermann Hesse und das »I Ging. Das Buch der Wandlungen«, jenes uralte Weisheits-, Orakel- und Zauberbuch der Chinesen, das, gemeinsam mit der Bibel und dem Tao Te King, den nachhaltigsten Einfluß auf Hesse ausgeübt hat. Dieses aus dem 7. Jahrhundert v. Chr. stammende, auf 64 Hexagramme aufgebaute Kompendium der Weltweisheit erschien 1924 in deutscher Übersetzung von Richard Wilhelm. Hesse beschloß seine Rezension von 1926 mit dem Satz: »Dort steht alles geschrieben, was gedacht und was gelebt werden kann«, und seitdem begleitete es ihn (als Theodor Heuss Hesse die Mitgliedschaft zum Orden Pour le Mérite antrug, befragte dieser das I Ging, das Orakel stimmte zu). Der eigentliche Niederschlag des »Buches der Wandlungen« findet sich im *Glasperlenspiel.* Ich kann nur Stichworte geben: zu den 64 Hexagrammen, zu den Symbolen und Möglichkeiten schuf Hesse eigene Zeichen. Erst sollte das I Ging dem *Glasperlenspiel* nicht eingefügt werden. Trotz vieler Analogien besteht ein grundlegender Unterschied: Die Wandlungen des I Ging sind dem Tao unterworfen. Dem Tao des Himmels: dem Dunklen und dem Lichten; dem Tao der Erde: dem Weichen und dem Festen, und dem Tao des Menschen: der Liebe und der Gerechtigkeit. Das Glasperlenspiel, der Inbegriff der kastalischen Geistigkeit, dagegen ist eine Abstraktion aller möglichen Geistesformen, Theoreme und Ideologien. Erst später in seinem Inaugurationsspiel vom chinesischen Häuserbau führte Knecht das I Ging in das System des *Glasperlenspiels* ein. Knecht hatte das Buch der Wandlungen und die Technik der 50 Schafgarbenstengel beim »Älteren Bruder«, einem durch das Studium der Chinesen weise gewordenen Eremiten, gelernt. Von ihm, der seine Meinung über das *Glasperlenspiel* nur in Orakeln ausdrückte, lernte Knecht das Entscheidende, und bei ihm wurde sein späteres Ausscheiden aus dem Orden vorbereitet.

Es gibt noch einen »Chinesen« im *Glasperlenspiel,* der nicht als solcher gekennzeichnet ist: den Altmusikermeister. Anstelle weiterer Analogien möchte ich auf seine Gestalt hinweisen, eine Art Synthese zwischen dem Fährmann Vasudeva, Siddhartha und dem Diener Leo aus der *Morgenlandfahrt:* Er ist selbstbewußt und doch selbstlos. Sein Streben ist nicht nach außen, sondern nach innen, ins Zentrum gerichtet. Er lehrt, jedoch nicht oder immer weniger durch Worte, sondern durch sein Beispiel.

Hesse läßt den Altmusikmeister auf die Frage Josef Knechts nach der Wahrheit und ihrer Lehre antworten: »Es gibt die Wahrheit, mein Lieber! Aber die ›Lehre‹, die du begehrst, die absolute, die vollkommen und allein weise machende, die gibt es nicht. Du sollst dich auch gar nicht nach einer vollkommenen Lehre sehnen, Freund, sondern nach Vervollkommnung deiner selbst. Die Gottheit ist in *dir*, nicht in Begriffen und Büchern. Die Wahrheit wird gelebt, nicht doziert. Mach dich auf Kämpfe gefaßt, Josef Knecht, ich sehe wohl, sie haben schon begonnen.«

Die Bücher von Hesses chinesischer Lektüre sind erhalten, und zwar mit Anmerkungen und Hervorhebungen Hesses. Im »Tao Te King« hat Hesse zwei Zeilen angestrichen, die sich nahtlos in den *Demian,* den *Steppenwolf,* in das *Glasperlenspiel* einfügen ließen:

Eh' nicht das Äußerste erreicht ist,
Kehrt sich nichts ins Gegenteil.

In der Zeitschrift »März« von 1910 rezensierte Hesse die »Sprüche des Konfuzius«. Dort schon tauchen die für Hesse typischen »*Stufen* der Entwicklung« auf, Demians, Siddharthas, Hallers, Leos, Knechts Stufen. Mehr und mehr vertieft sich Hesse seit den dreißiger Jahren in das Studium des Konfuzius, und Knecht macht dann mit der konfuzianischen Sozialethik wie mit der konfuzianischen Tugendlehre ernst: er quittiert den Ordensdienst, aus Einsicht in die gesellschaftlichen Verhältnisse, um Vorbild zu sein für einen Jüngeren, aber auch aus Eigen-Sinn. Hesse hat jenen innersten Lehrsatz des Konfuzius erkannt und für sich realisiert (er hat ihn mir einmal bei einem Besuch in Montagnola lächelnd zitiert, als er sagte, bei Lebensfragen erinnere er sich gern an Konfuzius): »Treue zu sich selbst und Güte zu anderen.«

In einem der drei letzten Aufsätze aus dem Jahre 1960, »Blick nach dem Fernen Osten«, geht Hesse auf die »heutige Weltlage« ein; er sieht auch für China den Menschen im Mittelpunkt und nach wie vor seien die »Tugenden der Selbstbeherrschung, der Höflichkeit, der Geduld, des Gleichmuts« entscheidende chinesische Qualitäten. Einer, der jüngst China bereist hat, Olof Lagercrantz, hat in seinem »China-Report« festgestellt, daß in diesem neuen China im Volk wie in der Mao-Bibel »die Rolle des Menschen größere Bedeutung habe als anderswo«.

Können Sie bei den nachfolgenden Zitaten ohne weiteres entscheiden, welches Hermann Hesse und welches den »Worten des Vorsitzenden Mao Tse-tung« zuzuordnen ist?

1. Zitat: »Was unsere Zeit braucht und verlangt, ist nicht geschicktes Beamtentum und Betriebsamkeit, sondern Persönlichkeit, Gewissen, Verantwortlichkeit.«
2. Zitat: »Wärme des Herzens, Verantwortungsgefühl und moralische Integrität sind die größten aller Eigenschaften.«[4]

Meine Damen und Herren: unsere heutige Zeit, unsere letzten zehn Jahre waren ausgefüllt von Theorien einer neuen Gesellschaft, und wir wollten diese Diskussionen, deren Ziel es ist, den Menschen aus seiner selbstverschuldeten Unmündigkeit herauszuführen. Aber vielleicht haben wir zu sehr versucht, den Menschen diesem Gesellschaftsmodell anzupassen. Ich meine, es müßte vielmehr so sein, daß Modelle der Gesellschaft sich dem Menschen anpassen sollten. Ich bin überzeugt, daß als Ergänzung unserer Theorie der heutigen Gesellschaft (einer Industriegesellschaft mit wachsender Freizeit, aufhörendem Überfluß und nicht mehr expandierendem Wachstum) auch eine neue Theorie des Individuums notwendig ist. Die Frage nach einer »Wissenschaft vom Menschen« wird immer dringlicher. Schon im *Steppenwolf* finden wir die Verzweiflung, daß wir diese Wissenschaft vom Menschen noch nicht haben und daß deshalb, ich zitiere, »inmitten der zerstörten und von Aktiengesellschaften ausgesogenen Erde« eine Sehnsucht »nach neuer Sinngebung« entsteht. »Hätten wir eine Wissenschaft«, heißt es im ›Tractat vom Steppenwolf‹, »die den Mut und die Verantwortung besäße, sich mit den Menschen zu beschäftigen statt mit den bloßen Mechanismen der Lebenserscheinungen, hätten wir etwas wie eine Anthropologie, so wären diese Tatsachen jedem bekannt.« Hesse hat diesen Satz 1926 geschrieben. Heute plädiert Alexander Mitscherlich in seinem »Versuch, die Welt besser zu bestehen« für ganz ähnliche Thesen, für eine neue Kultivierung der menschlichen Grundrechte. Und, dies wäre zu fragen, stimmt nicht die Überlegung, die Erich Fromm (in dem von ihm und dem Zen-Forscher D. T. Suzuki gemeinsam herausgegebenen Buch mit dem Titel »Zen-Buddhismus und Psychoanalyse«) anstellte, wonach der schöpferische Geist sich neunzehn Jahrhunderte um die Vervollkommnung der Menschen bemüht habe, das zwanzigste Jahrhundert jedoch vordringlich nur um die Perfektionierung der Dinge, der computergesteuerten Dinge unseres Alltags, von der Datenbank bis zum Mondflug? Und wer kontrolliert diese immer immenser und immer anonymer werdenden Apparate? Hesses Einsicht war: »Heute liegt die politische Vernunft nicht mehr dort, wo die politische Macht liegt ... Es muß schon ein Zustrom von Intelligenz und Intuition aus nichtoffiziellen Kreisen stattfinden, wenn Katastrophen verhütet oder gemildert werden sollen.« Alexander Mitscherlich nimmt Hesses These von der Einwirkung nichtoffizieller Kreise auf, wenn er urteilt: »... daß die Entscheidung für ein erträgliches Leben der Menschenart bei der Gruppe liegen wird, die neben der Leidenschaft der Perfektionierung der Dinge die Leidenschaft der Selbsterkenntnis zu wecken weiß.« Für eine solche Gegensteuerung, für eine solche Stärkung der Ich-Kräfte des Einzelnen bietet sich das Werk Hesses gerade für junge Leute an. Die These des »Eigen-Sinns« zieht sich durch sein gesamtes Werk. Noch der ältere Hesse empfiehlt: »Gegen die Infamitäten des Lebens sind die besten Waffen: Tapferkeit, Eigensinn und Geduld. Tapferkeit stärkt. Der Eigensinn macht Spaß, und die Geduld gibt Ruhe.«

Lassen Sie mich noch eine Bemerkung hinzufügen: Es gibt heute Religionstheoretiker, die für den Weg der Völker zu einer Gemeinschaft jenes einheitliche metaphysische Feld suchen, in dem Christus und Buddha, Tao und caritas dei, die östliche kosmische Religion und die westliche geoffenbarte Religion, archaischer Magismus und moderner Strukturalismus kommunizieren könnten. Im Werk Hermann Hesses ist ein solcher Versuch, wie ich meine, von bedeutender Art, begonnen.

II. Hesses Sprache

Als zweiten Grund für die Wirkung Hesses gerade auf junge Leute nenne ich seine Sprache, die in ihrer scheinbaren Einfachheit der Sprache junger Leute entspricht. Es hat nicht an Versuchen gefehlt, Hesses Sprache als Kitsch zu denunzieren. Nun, mit Ernst Bloch zu sprechen (aus Anlaß von Richard Wagner), kann man sagen, daß jedes Werk seine Kitschecke enthält. Aber Kitsch (der Ausdruck wurde bekanntlich um 1870 von Malern erfunden, die ihre Arbeiten zu Geld »verkitschen« wollten), bedeutet doch immer, gewollt und mit primitiven Mitteln Illusion und Rührung zu erwecken. Das kann man Hesse nicht unterstellen. Dazu war er zu selbstkritisch, zu selbstzweiflerisch. Noch am 17. März 1926 (also zur *Steppenwolf*-Zeit) beendete er einen Brief an seinen Freund Hubacher (der die melancholische Formel: »heute tot, morgen rot« enthielt) mit der Unterschrift: »Hermann Hesse. Unterhaltungsschriftsteller«. Hesses Selbstkritik resultierte aus einem klaren, an der großen Literatur erzogenen Kunstverstand und aus einer wachsenden Sicherheit im Arbeitsprozeß der späten zwanziger Jahre (wie er sie in dem für seine Arbeitsmethode aufschlußreichen werktheoretischen Text »Eine Arbeitsnacht« am 2. 12. 1928 formuliert hat). Hesse schrieb bei allem Gelingen und Nichtgelingen, bei allen Höhen und Tiefen einer so breit ausgelegten dichterischen Landschaft, einen durchgehenden, eigenen Stil, eine schöne, musikalisch-deutsche Sprache. Schon am 6. 4. 1899 schrieb er an den Verleger Diederichs: »Bis jetzt ist mein einziges sicheres Gut in literarischen Dingen eine fleißige und peinliche Schätzung der Sprache, vor allem nach ihrem musikalischen Wert.« Diese Übung hat Hesse beibehalten. Sein personaler Stil reicht von den frühen Novellen der Gaienhofer Zeit bis hin zu den Lebensläufen des *Glasperlenspiels* und zu den Kabinettstücken der Altersprosa, dem »Kaminfegerchen«, der »Unterbrochenen Schulstunde«, den Prosastücken »Geheimnisse« und »Glück«. Bertolt Brecht notierte am 22. August 1921 in sein Tagebuch: »Ich lese H. Hesses *Klingsors letzter Sommer*. Diese Novelle ist sehr schön . . .« Nach der Lektüre des Novellenbandes *Diesseits* schrieb der Mann, den Hannah Arendt kürzlich als den bedeutendsten Kritiker unserer Zeit bezeichnet hat, schrieb Walter Benjamin über den Autor dieser Erzählungen: »Er kann sehr viel!« Hesse selbst hat immer wieder die Sprache als Phänomen untersucht: »Da er (i. e. Schriftsteller)«, heißt es in dem Essay »Sprache«, »nun in unserer Zeit kein anderes Ideal hat als das seiner selbst, da er nichts will und wünscht, als ganz er selbst zu sein und das zu tun und auszusprechen, was Natur in ihm gebraut und bereitgelegt hat, darum macht er aus seiner Feindschaft gegen die Mitbürger das möglichst Persönliche, das möglichst Schöne, das möglichst Sprechende«. *Das möglichst Persönliche, das möglichst Schöne, das möglichst Sprechende*: Das sind die Elemente für die Einfachheit der Sprache und ihrer Wirkung. Nicht immer, eigentlich selten, gelingt ihm dieser Transformationsprozeß in der Sprache seiner Lyrik; aber wir wissen ja, daß ein Lyriker, wie Gottfried Benn sagte, höchstens fünf oder sechs gute Gedichte im Laufe seines Lebens schreiben könne. In der Prosa jedoch gelingt Hesse diese Verwandlung. Hesse schreibt eine ausgewogene, ausgereifte, ungekünstelte, höchst vernünftige und verständliche Prosa. Seine Sprache hat Musikalität und Bedeutung. Seine Worte haben Klang und Sinn, sie sind Worte und Signale, Worte und Zeichen.

Hesses einfache Sprache hat komplizierte Struktur, sie ist das Einfache, das sich schwer gewinnen läßt. Früh fühlte er seine Begabung zum Dichter, und er kämpfte dafür. Ein Leben lang hat er mit sich und an sich gearbeitet, auch sein Ingenium war durch Fleiß geprägt. Seine Formbegabung entwickelte er durch Lektüre im Vergleich mit großer, insbesondere der französischen Literatur, seine Sprache entstand durch Filterung, durch Prüfung des eigenen Sprachvermögens an der großen klassischen und romantischen Dichtung. Hesse hatte ein inniges Verhältnis zur Weltliteratur, seine zunächst in einem umfangreichen Auswahlband gesammelten Rezensionen legen davon ein beredtes Zeugnis ab, sie ergeben zusammengenommen eine komplette Literaturgeschichte. Als Peter Handke diese *Schriften zur Literatur* las, schrieb er in einem Brief vom 22. 7. 70 an mich: »Dieser Hermann Hesse ist nicht nur eine romantische Idee der Amerikaner, sondern ganz gewiß ein vernünftiger, überprüfbarer, großer Schriftsteller.« Und Peter Handke fährt in diesem Brief mit einem Satz fort, den jene sich ins Gewissen prägen sollten, die noch vor kurzem den Tod der bürgerlichen Literatur, den Tod der Literatur und ihrer Tradition überhaupt proklamieren wollten: »Was mich vor allem beeindruckt«, so Peter Handke, »ist diese Zärtlichkeit und Freundschaft der Literatur gegenüber, die ich eigentlich auch selber langsam wiedergewinne, während mir die Verächtlichkeit gegenüber Literatur immer verächtlicher wird.«

III. Die Revolte gegen Repression

Als dritten Grund für die Wirkung Hermann Hesses nenne ich die in seinem Werk zum Ausdruck kommende Revolte gegen jede Art von Repression. Diese Revolte gegen überholte, leere Autorität, gegen Automatismus, gegen das Normierte und Mittelmäßige, gegen Konsum, Eigennutz und Profit, gegen die Bürgerlichkeit und ihren Staat, gegen Kirche und Schule und immer wieder die Revolte der jüngeren Generation gegen die ältere, die Revolte des Sohnes gegen den Vater und dessen Erziehungsmethoden.

Woher rührt dieses Element des Protests und der Revolte? Sein Biograph Hugo Ball konnte es noch nicht sehen, das Kapitel »Kindheit« beginnt bei ihm mit dem Satz »Hermann Hesse ist das jugendliche Volkslied in unendlicher Variation«. Das aber ist nach unseren Kenntnissen nicht mehr aufrechtzuerhalten. Einige Wochen nach dem Tod Hesses führte mich Frau Ninon in das Sterbezimmer und bat mich, Schränke, die nur mit einer Leiter zu erreichen waren und die nach ihrer Kenntnis Jahrzehnte nicht aufgeschlossen waren, zu öffnen. In verschiedenen Bündeln wohlverschnürt fanden sich dort nicht nur das Tagebuch der Mutter, sondern Konvolute von Briefen, Aufzeichnungen, Tagebüchern der Verwandten, der Eltern, Großeltern und Geschwister, der Mitschüler und Freunde des jungen Hermann Hesse; diese Dokumente sind eine einmalige und einzigartige Fundgrube für die Kultur- und Familiengeschichte des ausgehenden 19. Jahrhunderts. Sofort entstand die Idee, diese Dokumente auszuwählen und zu edieren. 1966 erschien, von Ninon Hesse herausgegeben, der Band *Kindheit und Jugend vor Neunzehnhundert,* der diese Brief- und Lebenszeugnisse von und über Hesse aus den Jahren 1877 bis 1895 enthält. Für die Erkenntnis der Psyche des jungen Hesse bedeuten diese Dokumente sehr viel. Erst jetzt sehen wir, daß das zentrale Erlebnis des jungen Hesse, der nur anscheinend wohlbehütet in der Bildungswelt seiner Großväter und Eltern aufwuchs, die wachsend komplizierte Beziehung zum Vater war. Hesse war fraglos das, was man ein schwieriges Kind nennt. Das Tagebuch der Mutter nennt den Zweijährigen »einen unglaublich lebhaften und verwegenen Jungen«; von dem Dreijährigen schreibt sie: »... aber sein Eigensinn und Trotz sind oft geradezu großartig.« Eigensinn und Trotz – sie prägen den Menschen Hesse von allem Anfang an. Zwar bilden schwäbische Landschaft und Natur und der 15 Sprachen sprechende Großvater Gundert ein stabilisierendes Element, aber ein schwerer Konflikt mit dem Vater deutet sich früh an. Der Junge war vom Vater zur Theologenlaufbahn bestimmt. Der Dreizehnjährige, der durch seinen Vater Schweizer war, wurde naturalisiert und besuchte in Göppingen die Lateinschule. Das Landexamen hat Hesse in *Unterm Rad* geschildert, ebenfalls seine 1892 erfolgte Flucht aus dem Stift Maulbronn. *Unterm Rad* aber ist – was das Biographische betrifft – eine Oberflächenzeichnung. In den Dokumenten des Bandes *Kindheit und Jugend vor Neunzehnhundert* ist der Konflikt unmittelbar aufgezeichnet. Die Revolte der Jünglinge in Maulbronn; ein geplanter Totschlag; die gescheiterte Lehre; das Unverständnis der Eltern; die Schwierigkeit der Anpassung; kurz, »das Ausbrechen aus der Gemeinschaft« von Familie und Bürgerlichkeit. Hesse kannte schon früh das Schicksal Hölderlins, auch jener hatte über seinen Aufenthalt in Maulbronn von einem »traurigen Ansatz von Rohheit« geschrieben, und er war, an seiner Unfähigkeit oder seinem Willen, sich nicht anzupassen, in seine Krankheit gefallen. Hesse verweigerte sich ebenfalls der Anpassung und fiel in eine Neurose, die durchaus medizinischen Charakter hatte und die in einem Jahre währenden Kampf gegen Lehrer, Ärzte, Pfarrer und Anstaltsdirektoren, vor allem aber gegen den eigenen Vater immer mehr verschärft wurde. Nach einer enttäuschten Liebe und einem Selbstmordversuch bringt man Hesse nach Bad Boll zu dem Wunderarzt und Dämonenvertreiber Christian Gottlieb Blumhardt (der die Gottliebin Dittus von der Besessenheit geheilt und auch Mörike behandelt hatte) und zu dessen Sohn Christoph Friedrich Blumhardt (der wegen seiner ›Einführung des Reiches Gottes auf Erden‹ in Gegensatz zur Kirche kam, sein Pfarramt aufgab, der SPD beitrat und den Anstoß gab zu der Bewegung eines religiösen Sozialismus). Doch weder Vater noch Sohn Blumhardt können die Dämonen des jungen Hesse austreiben; rückschauend muß man sagen, glücklicherweise, denn erst heute sehen wir die Zusammenhänge zwischen Neurose und schöpferischer Begabung, zwischen den individualen und gesellschaftlichen Zwängen und dem Zwang des Schriftstellers, diese Zwänge zum Ausdruck zu bringen. Sie dekretieren die Einweisung des jungen Hesse in die Heilanstalt in Stetten. Zweimal wurde Hesse dort von seinen Eltern eingeliefert. Man lese Hesses Briefe aus dem Jahre 1892. Es sind Dokumente, die ihresgleichen suchen, Dokumente der Verzweiflung, des Protestes, der Ohnmacht, Dokumente des Versuchs, einem jungen Menschen »den Willen zu brechen«, ihn »verrückt zu machen«, »ihn zu töten«. Hesse wehrt sich, er beginnt zu schreiben, Briefe, Gedichte:

Leb wohl, du altes Elternhaus,
Ihr werft mit Schande mich hinaus.
Zum Teufel geht die Freiheit auch,
Sie war ja immer höchstens Rauch.
Ich werd' ins Irrenhaus geschickt,
Wer weiß – ich bin wohl gar verrückt.

Der Fünfzehnjährige kämpft um seine Entlassung aus der »Heilanstalt für Schwachsinnige und Epileptische« in Stetten. Seine Briefe an die Eltern unterzeichnet er »Achtungsvoll. H. Hesse, Nihilist« oder »H. Hesse. Exulant«. Der Anstaltspfarrer nimmt ihm die Romane Turgenjews weg, »solche Geschichten verrücken seinen Kopf – . . . und sind nichts für sein Alter«. Immer wieder drängt er auf Entlassung. In einem Brief vom 11. September, den ich durchaus vergleichen möchte mit Kafkas berühmtem ›Brief an den Vater‹, rechnet er mit dem Pietismus des Elternhauses ab. Ich zitiere aus diesem Brief: »Papa nennt Stetten den ›besten‹ Ort, weil ich da dingfest bin und Ihr mich los seid . . . Dieser kalte, halb gelehrte, halb praktische Pfarrer mit seinen Predigten . . . diese Kranken mit den abstoßendsten Gesichtern und Manieren, alles ist mir in der Seele verhaßt und wie gemacht, einem jungen Menschen zu zeigen, wie elend dieses Leben mit allem ist . . . Man hat mich mit Gewalt in den Zug gesetzt, herausgebracht nach Stetten, da bin ich und belästige die Welt nimmer. Im übrigen bin ich zwischen den vier Mauern mein Herr, *ich gehorche nicht und werde nicht gehorchen* . . . Was hilft es mir, wenn Papa x-mal wiederholt, ›Glaube, daß wir es gut mit dir meinen‹. Diese Phrase ist nicht die Bohne wert . . . Und jetzt frage ich, nur als Mensch (denn ich erlaube mir, gegen Eueren Willen und meine 15 Jahre eine Ansicht zu haben): Ist es recht, einen jungen Menschen, der außer einer kleinen Schwäche der Nerven so ziemlich ganz gesund ist, in eine Heilanstalt für Schwachsinnige und Epileptische zu bringen, ihm gewaltsam den Glauben an Liebe und Gerechtigkeit und damit an einen

Gott zu rauben ... Ihr sagt als ›Fromme‹: ›Die Sache ist ganz einfach, wir sind Eltern, du bist Kind, damit basta‹. Ich aber sage von meinem Standpunkt aus: Ich bin Mensch, Person, wie Schiller sagt, meine Erzeugerin ist allein die Natur ... Ich erhebe vor der Natur ernst und heilig Anspruch auf das allgemeine Menschenrecht ... Ich sage, ich habe von der Natur gar nicht das *Recht*, unter Schwachsinnigen und Epileptischen zu leben ... Ihr seid echte, wahre Pietisten, wie Nikodemus, ein Jude, in dem kein Falsch ist. Ihr habt andere Wünsche, Anschauungen, Hoffnungen ... Ihr seid Christen, und ich – nur ein Mensch ... Wenn Ihr mir schreiben wollt, dann bitte nicht wieder von Eurem Christus. Er wird hier genug an die große Glocke gehängt ... ›Christus und Liebe ...‹ steht an jedem Ort und dazwischen – alles voll Haß und Feindschaft. Ich glaube, wenn der Geist des verstorbenen Christus, des Juden Jesus, sehen könnte, was er angerichtet, er würde weinen. Ich bin ein Mensch, so gut wie Jesus, sehe den Unterschied zwischen Ideal und Leben so gut wie er, aber ich bin nicht so zäh wie der Jude, ich! Lebt wohl!« Die Reaktion selbst auf einen Brief wie diesen, der bei den Eltern immerhin Verwirrung hervorrief, konnte ihn nicht befriedigen. So rechnet er am 14. September mit seinem Vater ab: »Sehr geehrter Herr, da Sie sich so auffällig opferwillig zeigen, darf ich Sie vielleicht um 7 Mark oder gleich um den Revolver bitten. Nachdem Sie mich zur Verzweiflung gebracht, sind Sie doch wohl bereit, mich dieser und sich meiner rasch zu entledigen ... Aber so kann und will ich nimmer leben und wenn ich ein Verbrechen begehe, sind nächst mir Sie schuld, Herr Hesse, der Sie mir die Freude am Leben nahmen. Aus dem ›lieben Hermann‹ ist ein anderer geworden, ein Welthasser, eine Waise, deren Eltern leben. Wären nur Anarchisten da! Hermann Hesse, Gefangener im Zuchthaus zu Stetten, wo er ›nicht zur Strafe‹ ist. Ich beginne mir Gedanken zu machen, wer in dieser Affaire schwachsinnig ist.«

Ich mußte diese Dokumente so ausführlich zitieren, weil sie wenig bekannt zu sein scheinen und weil sie von der Hesse-Kritik kaum zur Kenntnis genommen werden. Kafkas ›Brief an den Vater‹ ist inzwischen lesebuchfähig geworden. Die Keimzelle der Protesthaltung Hesses wird nicht beachtet.

Das »Ich-gehorche-nicht« des Fünfzehnjährigen bleibt typisch für Hesse, der 50 Jahre später in seinem Alterswerk *Glasperlenspiel,* in dem berühmten Schreiben, in dem der Glasperlenspielmeister seinen Dienst aufkündigt, die *Bedingungen* beschreibt, bei denen *»es unsere einzige Pflicht ist, zu widerstreben«.*

Drei Jahre später – 1895 – kam Hesse nach Tübingen. Wieder wurde er mit dem Schicksal Hölderlins konfrontiert und wieder stieß er auf die Tatsache, daß Hölderlin in die Krankheit gefallen ist, weil sich seine dichterischen Ideale in der Realität nicht verwirklichen ließen. Und hier lernte Hesse nun den Geist Schwabens kennen, der seit Renaissance und Reformation geprägt ist durch eine Reihe machtvoller Institutionen mit dem Herzstück des Tübinger Stifts. Hesse erfuhr, wie Hölderlin, Hegel und Schelling sich eingezwängt fühlten in einem gesellschaftlichen Ausleseprozeß, der die Besten durch ein raffiniertes System von Schulen hindurchtrieb, bis sie sich als Professoren und Pastoren und Beamte anpassen ließen. Dagegen revoltierten einige Stiftler, und auch diese Revolte, so lernte es Hesse, stand wiederum in schwäbischer Tradition. Gerade die Theologen waren Träger des Kampfes gegen die Orthodoxie. Johann Albrecht Bengel, der Urenkel des schwäbischen Reformators Brenz, machte im 18. Jahrhundert der Staatskirche größte Schwierigkeiten, und dieser Bengel war es ja auch, dem Hesse seinen von ihm nicht freigegebenen und postum edierten vierten Lebenslauf des *Glasperlenspiels* widmete. Auch Hesse trat in Tübingen den Gang zur Wurmlinger Kapelle an, wo 1792 Hölderlin, Hegel und Schelling dem verhaßten Pfaffen- und Schreiberstaat Altwürttemberg die revolutionäre Parole hinschleuderten: »Vernunft, Freiheit und die unsichtbare Kirche«, Forderungen, denen sich Hesse 100 Jahre später durchaus anschließen konnte.

Diese historischen und pädagogischen Vorgänge sind in das Bewußtsein und Werk Hesses eingegangen. Das Schulthema zieht sich von *Unterm Rad,* was durchaus wörtlich zu verstehen ist, bis hin zum *Glasperlenspiel,* in dessen Erziehungssystem es nicht mehr einen allmächtigen Direktor, sondern eine Erziehungsbehörde gibt, die Prüfungen abgeschafft hat. Interessant in diesem Zusammenhang ist auch eine sehr frühe

Äußerung von Hesse: »Die Schule ist die einzige moderne Kulturfrage, die ich sehr ernst nehme und die mich gelegentlich aufregt. An mir hat die Schule viel kaputt gemacht und ich kenne wenig bedeutende Persönlichkeiten, denen es nicht ähnlich ging. Gelernt habe ich dort nur Latein und Lügen, denn ungelogen kam man in Calw und im Gymnasium nicht durch – wie unser Hans [der Bruder Hesses] beweist, den sie ja in Calw, weil er ehrlich war, fast umbrachten. Der ist auch, seit sie ihm in der Schule das Rückgrat gebrochen haben, immer unterm Rad geblieben.«

Die antibürgerliche Attitüde schlägt gelegentlich in Anarchismen um, so wenn im *Steppenwolf* Harry Haller seinen Haß auf die »still schöppelnden Bürger« losläßt. Sie kennen die berühmte Stelle: »Es brennt alsdann in mir eine wilde Begierde nach starken Gefühlen, nach Sensationen, eine Wut auf dies abgetönte, flache, normierte und sterilisierte Leben und eine rasende Lust, irgendetwas kaputt zu schlagen, etwa ein Warenhaus oder eine Kathedrale oder mich selbst ... Denn dies haßte, verabscheute und verfluchte ich vor allem doch am innigsten: diese Zufriedenheit, diese Gesundheit, Behaglichkeit, diesen gepflegten Optimismus des Bürgers, diese fette gedeihliche Zucht des Mittelmäßigen, Normalen und Durchschnittlichen.« Als Peter Weiss den *Steppenwolf* zum ersten Mal las, erkannte er: »Dieses Buch ist von einem Bruder von mir geschrieben worden ... Hier war meine Situation gezeichnet, die Situation des Bürgers, der zum Revolutionär werden möchte und den die Gewichte alter Normen lähmen.«

Die zitierten Sätze wurden von Hesse 1926, vor 45 Jahren also, geschrieben. Heute werden ganz ähnliche, ja gleiche Thesen von jungen Leuten argumentativ oder aktionistisch aufgenommen, wenn sie sich gegen die Zwänge unserer heutigen Gesellschaft wehren und, wie Hesse 1926, heute den Konsumverzicht und die Verweigerung postulieren. Selbst bei der zur Erweiterung des Bewußtseins benutzten Droge können sich junge Leute auf den *Steppenwolf* berufen, übrigens zusammen mit Walter Benjamin, der am 29. September 1930 in sein Tagebuch notierte: »Einen letzten Anstoß, Haschisch zu nehmen, gaben mir gewisse Seiten im *Steppenwolf*, die ich heute früh gelesen hatte.«

Freilich haben weder Hesse noch Benjamin zu unkontrolliertem Drogenkonsum stimulieren wollen. Bei Hesse handelte es sich um einen momentanen Ausbruchsversuch und bei Benjamin um ein (mit Ernst Bloch und einem Arzt) unternommenes Experiment, das durchaus negativ ausging.

Noch ein anderes aktuelles Problem, das uns heute beschäftigt, läßt sich bei Hesse nachlesen, das Thema der Umweltverschmutzung. Von den sogenannten »nützlichen« Erfindungen heißt es bei Hesse: ». . . überall hinterlassen diese nützlichen Kulturerscheinungen einen langen Schweif von Schweinerei, von Krieg, von Tod, von verheimlichtem Elend. Hinter der Zivilisation her ist die Erde voll von Schlackenbergen und Abfallhaufen . . . während dagegen dafür, daß der Mensch die Violine erfunden, und dafür, daß jemand die Arien im Figaro geschrieben hat, keinerlei Preis bezahlt werden muß. Mozart und Mörike haben der Welt nicht viel gekostet, sie waren wohlfeil wie der Sonnenschein, jeder Angestellte in einem technischen Büro kommt teurer.«

Vorahnungen und Voraussagen kommender Katastrophen und Kriege, das frühe Erkennen des faschistischen Terrors, neuralgische Probleme der Gesellschaft, die vielfältig differenzierten Nöte des Einzelnen; dies trifft im Werk Hesses immer wieder zusammen, doch das ist das Merkwürdige: Hesses gesamtes Werk vom *Camenzind* bis zum *Glasperlenspiel*, seine literarischen, politischen, moralischen, theologischen Schriften erreichen immer wieder und gerade in Krisenzeiten junge Menschen, Generationen von jungen Menschen. Denjenigen, die Kriegsdienstverweigerer verurteilen, ruft Hesse zu, gerade diese seien »das allerwertvollste Symptom der Zeit«. Er erreicht bei einer weiten Schicht junger Menschen eine höchst erstaunliche, uns allen Hoffnung gebende Immunisierung gegen den Größenwahn der Technik, den Größenwahn des Nationalen, den Größenwahn von Ware und Geld. – Wenn sich heute ein junger Mensch in geistiger Not befindet oder sich in Protest oder Widerstand oder Verweigerung verhält, kann er im Werk Hesses – und dies ist sicherlich nicht zuletzt seine Wirkung – einen Teil seiner Probleme vom Autor gelebt und beschrieben finden.

IV. Der Prozeß der Individuation

In all seinen Werken analysiert Hesse beängstigende Zeichen der Zeit, so im *Glasperlenspiel:* »... die öde Mechanisierung des Lebens, das tiefe Sinken der Moral, die Glaubenslosigkeit der Völker, die Unechtheit der Kunst«; diese Sätze, vor genau 40 Jahren geschrieben, kennzeichnen sie nicht auch oder gerade unsere heutige Situation? Doch Hesse verharrt nicht bloß in der Analyse, nicht nur im Protest und in der Verweigerung. In all seinen Werken, und zwar von allem Anfang an, vom *Peter Camenzind* bis zu den letzten Prosastücken, schildert er mit einer Intensität und Konsequenz, wie sie kein anderes dichterisches Werk dieses Jahrhunderts aufweist, den Prozeß der Individuation, die Antwort auf die Frage: wie werde ich ich selbst. Dieses Ich-Werden, diese Entwicklung ist nur möglich durch Erziehung. Doch ist diese Erziehung nur mit Selbsterziehung zu bewirken. Mit fünfzehn Jahren begann Hesse bewußt und energisch seine Selbsterziehung. Ihm, der sich nicht anpassen und doch nicht untergehen wollte, blieb gar nichts anderes übrig. In seinen frühen Werken stand noch die unberührte, ungebrochene Natur gegen die intellektualistische Zerrissenheit der Großstadt; im *Demian* ist es die Erziehung durch den Freund und durch die Frau. *Siddhartha* ist geradezu die Apotheose der Selbsterziehung, die Geschichte des Weges zum vollkommenen Dasein. Der *Steppenwolf* ist neben dem Buch der Lebens- und Künstlerkrise ein Erziehungsroman, und Humor ein Element dieser Erziehung, so wenn der drittletzte Satz lautet: »Einmal würde ich das Lachen lernen.« Das *Glasperlenspiel* ist ganz dem Prozeß der Individuation gewidmet. Josef Knecht hatte dem Orden als Glasperlenspielmeister, als »Eichmeister geistiger Werte« gedient, er bestand jedoch auf dem Recht des Einzelnen, die Ordensregeln zu durchbrechen. Es wäre reizvoll, in dieser Hinsicht die Bezüge zwischen Hesse und Bertolt Brecht zu studieren. Zwei für den späten Brecht bedeutsame Maximen »Wirklicher Fortschritt ist nicht Fortgeschrittensein sondern Fortschreiten« und die Aufforderung, die Brecht von Bloch übernommen hatte: »Transzendieren, nicht Transzendenz« finden ihre

Entsprechung im *Glasperlenspiel,* wenn dort der alte Knecht sagt: »Mein Leben sollte ein Transzendieren sein, ein Fortschreiten von Stufe zu Stufe, es sollte ein Raum um den andern durchschritten werden, so wie eine Musik Thema um Thema, Tempo um Tempo erledigt, abspielt, vollendet und hinter sich läßt, nie müde, nie schlafend, stets wach, stets vollkommen gegenwärtig.« Und ganz konsequent zitiert der alte Josef Knecht die Verse aus einem Gedicht des jungen Knecht:

»Wir sollen heiter Raum um Raum durchschreiten,
An keinem wie an einer Heimat hängen,
Der Weltgeist will nicht fesseln uns und engen,
Er will uns Stuf' um Stufe heben, weiten.«

Knecht verläßt die pädagogische Provinz Kastalien, verläßt die abstrakte kastalische Geistigkeit mit dem sozialen Auftrag, Lehrer zu werden, Erzieher, um Menschen zu helfen, ihr Ich leichter zu finden. Er verläßt auch die vollkommene Lehre des Glasperlenspiels, den sublimen Kult, den »Inbegriff des Geistigen und Musischen«, und als Lehrsatz bleibt ihm nur die Forderung: »Du sollst dich nicht nach einer vollkommenen Lehre sehnen, sondern nach einer Vervollkommnung deiner selbst.«

Es ist auffallend, wie sehr sich Hesse in seinen Dichtungen, mehr noch in seinen Briefen, mit den Problemen einer »vollkommenen Lehre« auf den Gebieten des Politischen und Religiösen beschäftigt. Und es ist weiter auffallend, daß diese Beschäftigung intensiver wird, je mehr sich die Zeit auf jene faschistische Diktatur zubewegt, die Hesse vorausgesehen hat. In zwei Bänden der Bibliothek Suhrkamp – ›Politische Betrachtungen‹ und ›Mein Glaube‹ – sind in veröffentlichten und bisher unveröffentlichten Texten Hesses politische und theologische Bekenntnisse zusammengefaßt. Erstaunlich die essentielle Übereinstimmung der politischen Schriften mit den religiösen. Hier wie dort sieht sich Hesse als »Anwalt des Individuums«. »Marx will die Welt ändern, ich aber den einzelnen Menschen«, schreibt er in einem Brief. »Er wendet sich an Massen, ich an Individuen.« Diesen Einzelnen will Hesse schützen, ihn hellhörig und widerstandsfähig machen gegen Dogmen, Rezepte, Programme. »Nach meiner Erfahrung ist der ärgste Feind und Verderber der Menschen der auf Denkfaulheit und Ruhebedürfnis beruhende Drang nach dem Kollektiv, nach Gemeinschaften mit absolut fester Dogmatik, sei diese nun religiös oder politisch.« Ein Mensch des Werdens und der Wandlungen zu sein, hat Hesse für sich ein Leben lang beansprucht. Er lebte außerhalb der Kirchen und Gemeinschaften. Es gab Zeiten, da er mehr mit dem Buddhismus als mit dem Christentum sympathisierte; doch immer wieder, unter sanftem oder lautem Protestieren, nahm er seine christliche Herkunft an; nicht so sehr die protestantische Kirche des Elternhauses, eher die römisch-katholische, aber auch sie nur mit Distanz, »sobald ich ihr näher trete, riecht sie wie jede menschliche Gestaltung nach Blut und Gewalt, nach Politik und Gemeinheit«. Luther war für ihn kein Vorbild, zwar ein »Prachtkerl, aber ein Unglück«. »Er hat selbst wieder eine Kirche begründet, um nichts besser als die alte, hat nach Kräften dem Staat, den Fürsten assistiert und die Bauern im Stich gelassen.« Auch mit den Lehren des politischen Bereichs rechnet er ab. »Wahrscheinlich gehört die Zukunft dem Kommunismus.« »Ich glaube an den Kommunismus als Programm für die kommende Menschheitsstunde, ich halte ihn für unentbehrlich und unumgänglich. Aber ich glaube deswegen keinesfalls daran, daß der Kommunismus auf die großen Lebensfragen bessere Antworten habe als irgendeine frühere Weisheit.« Hesse glaubte an die Zukunft des Kommunismus, und doch weigerte er sich, seine Feder in den Dienst der Partei zu stellen. Der Grund für diese Verweigerung liegt für Hesse im Problem der Gewalt. »Es ist zwar erlaubt«, schreibt er 1934, »für seinen Glauben zu sterben, aber nicht, für seinen Glauben zu töten.«[5] Genau dieser Punkt war es auch, der in dem Briefwechsel und in der Verbindung mit Romain Rolland eine so große Rolle spielte. »O Freunde, nicht diese Töne!«, »nicht diese chauvinistischen Töne«, hatte Hesse 1914 zu Beginn des Weltkriegs als einziger der bekannten deutschen Autoren ausgerufen und sich in mehreren Aufsätzen zum Pazifismus und Widerstand und gleichzeitig zu einem größeren geistigen Vaterland bekannt. Er hielt nichts

von Aktionismus, vom direkten politischen Engagement des Schriftstellers. Der Schriftsteller ist allein, muß allein sein, weil er allein seinem Gewissen verantwortlich ist. Seine Aufgabe ist Analyse, Vorhersage, Warnung. Hesses politisches Urteil hat im Laufe der Jahrzehnte nie geschwankt. Er ist unter den deutschen Schriftstellern von Rang auch darin einzigartig, daß er nie gezwungen war, die Fahne zu wechseln. Er trieb keine Mimikry, seine Anpassung war eine Anpassung ans eigene Denken. Da die Deutschen ihre Revolution versäumt hatten und sie eine faschistische Diktatur erwartete, sah Hesse für diese deutsche Mitte nur eine einzige Lösung: Europa. Die europäische Idee leuchtete ihm ein, und vielleicht, so schreibt er einmal in einer Attacke gegen die Nazis, kann nur ein Europa den Frieden bringen. Doch auch hier betonte er, daß dieses Europa nicht durch Gewalt oder Revolution, sondern nur durch Überzeugung und durch Liebe entstehen könne. »Je weniger ich im ganzen an unsere Zeit glauben kann, je mehr ich das Menschtum verkommen und verdorren zu sehen meine«, schreibt Hesse 1933, »desto weniger stelle ich diesem Verfall die Revolution entgegen und desto mehr glaube ich an die Magie der Liebe. Ich freue mich darüber, daß es auch schon im *Steppenwolf* steht: die Welt war nie ein Paradies, sie ist nicht früher ein Paradies gewesen und jetzt Hölle geworden, sondern sie ist immer und jederzeit unvollkommen und dreckig und bedarf, um ertragen und wertvoll zu werden, der Liebe, des Glaubens.«
Dies alles, so meine ich, erklärt hinreichend die Wirkung Hesses in unseren Tagen. Dies widerlegt die wenigen »klassischen« Fehlurteile über Hesse, so Musil, der im Tagebuch notierte, Hesse sei ein »Großschriftsteller ohne schriftstellerische Größe«, oder Alfred Kerr, der Hesse einen »skandalös harmlosen Schriftsteller« nannte, oder Gottfried Benn, der Hesse als »einen durchschnittlichen Entwicklungs-, Ehe- und Innerlichkeitsromancier – eine typisch deutsche Sache« empfand. Dies widerlegt auch gelegentliche zeitgenössische Meinungen, die die Dichtung Hesses als schönen Schein der Fiktion, als Literatur des Privatschmerzes abtun wollen und ihn als Autor einer »Science Fiction der Innerlichkeit« sehen und seinen Weg nach Innen als Flucht und Ausflucht, als Ersatzwelt verstehen. Hesses Weg nach Innen ist Sehen *und*

Erkennen, ist Begreifen *und* Träumen, ist Ratio *und* Magie. In einem seiner letzten Briefe vom Februar 1961 schrieb er: »Wo Ratio und Magie eins werden ... da ist vielleicht das Geheimnis der Kunst.« Indem er etwa im *Glasperlenspiel* über die Grenzen einer bewußt erfaßten Lebenswelt hinausträumt, schafft er nicht Ersatzwelten, er vollendet vielmehr seine Lebensrealität in der Utopie, und wir wissen heute aus dem Studium marxistischer Theoretiker, etwa von Ernst Bloch, daß Wirklichkeit ohne Utopie verkrüppelte Wirklichkeit ist. Die Entstehung des *Glasperlenspiel* ist – dies läßt sich erst heute nach Kenntnis der Materialien des Nachlasses erkennen – untrennbar verbunden mit der Entwicklung der politischen Verhältnisse jener Zeit ab 1930 in Deutschland. Vielleicht sieht man einmal im *Glasperlenspiel* den großen intellektuellen Gegenentwurf zur Barbarei und zu den Verbrechen des Dritten Reiches, als scharfe Analyse dieser Zeit und gleichzeitig als Utopie, deren Zukunftserwartung Inhalte der klassischen Utopien, wie die Rückkehr zur Natur, die Idee des ewigen Friedens und die einer klassenlosen Gesellschaft aufnimmt. Ein Ernst Blochsches »Noch-Nicht« hat Hesse im Motto des Werkes formuliert. Hesse flieht nicht vor der Wirklichkeit, er überschreitet sie, denkend, träumend, dichtend. Er transzendiert Wirklichkeit. Transzendieren, diese bedeutende Maxime des späten Bertolt Brecht, war ein Lieblingswort des alten Josef Knecht. Transzendieren, das heißt auch, Grenzen überschreiten: Grenzüberschreitungen zu offenen, nicht fixierten Horizonten hin. Solche Grenzen überschreiten Hermann Lauscher, Peter Camenzind, Knulp, Emil Sinclair, Siddharta, Klingsor, Klein, Harry Haller und Josef Knecht. Sie alle sind Außenseiter, Heilige, Märtyrer, Ketzer und Rebellen. Sie kritisieren das, was ist. Sie bicten kcinc Lösungen, sondern individuelle Modelle, Entwürfe, Lebensläufe, Phantasien des Möglichen. Dies mag Franz Kafka zu Hesse hingezogen haben, berichtet doch Max Brod, Kafka habe Hesse »mit Begeisterung« gelesen. Eben weil es im Werk Hesses keine Lösungen und keine Rezepte gibt, sondern weil Prozesse dargestellt sind, ist die Problematik seines Werkes aktuell und wird überdauern. Man kann sich auch fragen, ob die Offenheit und das Ungelöstsein seiner Probleme, die Unabweisbarkeit der gestellten Fragen für den

Einzelnen, nicht eben den Rang dieses Werkes konstituieren. Weil sein Werk keine Fixierung zuläßt, keine Dogmatik als verbindlich erklärt, sondern weil die Figuren seiner Dichtung bereit sind zum Spiel, zum »Magischen Theater« des *Steppenwolf,* zur Phantasie, zum Aufbruch in immer neue Lebensbereiche, zu immer neuem Suchen, zu immer neuen Zielen, »wir sollen heiter Raum um Raum durchschreiten«, bleiben Teile seiner Dichtung so lebendig und für uns aktuell, weil auch unsere Gesellschaft sich gegenwärtig in einem Aufbruch befindet, in einer Suche nach neuen Zielen. Und für diesen Weg brauchen wir befreiende Phantasie, damit wir uns der Entfremdung bewußt sind und sie meistern können. Weil solche Kunstauffassung hinter der Realität das Noch-Nicht-Mögliche zeigt, das jedoch möglich werden kann, dient sie letztlich der Befreiung, einem freieren Menschen und dadurch einer freieren Gesellschaft.

Diese Betonung der Phantasie und Spielbereitschaft scheint mir kein zufälliges, auch kein rückwärtsgewandtes, eher ein objektives Zeichen zukünftiger Literaturmöglichkeiten. Um das »Prinzip Hoffnung«, einen Kräftezuwachs für den Menschen zu realisieren, brauchen wir eine Literatur mit der Bereitschaft zu Phantasie und Spiel, eine Literatur, die vom Wirklichen ausgehend auf das Mögliche verweist. So sah dies auch Theodor W. Adorno in seiner bedeutenden, postum erschienenen »Ästhetischen Theorie«: »Phantasie ist auch, und wesentlich, die uneingeschränkte Verfügung über die Möglichkeiten der Lösung, die innerhalb eines Kunstwerkes sich kristallisieren ... Einzig durchs Seiende hindurch transzendiert Kunst zum Nichtseienden.« So sah dies auch Roger Garaudy, der jüngst eine neue Kunst der Erfindung forderte, nicht so sehr eine Kunst der Logik als eine Kunst der Phantasie.[6] In jedem großen Kunstwerk (und das folgende Zitat, mit dem ich schließen möchte, könnte von Hesse sein, stammt aber von Roger Garaudy) wird »Realität überwunden und transzendiert: es fordert uns heraus, ja gebietet uns, anders zu sein als bisher, gleichsam, als schreie es uns entgegen: sei frei wie ich«. Frei zur Treue zu sich selbst, frei zur Güte zu anderen.

Anmerkungen

1 Wolfgang Kraus hatte mich im Sommer 1971 zu einem Hesse-Vortrag vor der Österreichischen Gesellschaft für Literatur in Wien eingeladen; diese Einladung regte mich zur Niederschrift an. Ich schulde Wolfgang Kraus Dank in jenem Sinne, den Bertolt Brecht einem Anreger für eine Arbeit gab, »er hat sie ihm abverlangt«.
Ich durfte diesen Vortrag an verschiedenen Orten halten, jeweils mit Änderungen oder Erweiterungen. Beim Vortrag vor dem Frankfurter Ring betonte ich mehr das »fernöstliche« Element, beim Karlsruher Vortrag aus Anlaß der Verleihung des Hermann-Hesse-Preises 1974 an Adolf Muschg betonte ich den politischen Charakter von Hesses Schriften, und bei den zahlreichen Vorträgen vor Schülern, Jugendgruppen und Lehrlingen betonte ich das Pädagogische, die Selbsterziehung bei Hesse. Ich durfte den Vortrag auch im Ausland halten, und ich danke Herman Meyer, Amsterdam, für seine Einführung meines Vortrags in Holland. Bei meinem Vortrag in Paris war Robert Minder anwesend, ihm zu Ehren sprach ich einleitend jene Bemerkung zum Verhältnis Hermann Hesses zu Frankreich, die ich, von Funden im Nachlaß inspiriert, für den Pariser Vortrag erarbeitete:

Bemerkungen über die Beziehung Hesses zur französischen Literatur.

Ich bedanke mich für die Ehre der Einladung, hier in Paris, der eigentlichen Hauptstadt des europäischen Geistes, sprechen zu können, in der Stadt, deren Realität wie deren Mythos und Apokalypse so manchen Autor meines Verlages inspiriert hat – bis zu Walter Benjamin, dessen bedeutendstes Werk, die Pariser Passagen-Arbeit, in etwa 2–3 Jahren von uns zum ersten Mal veröffentlicht werden kann. Ich entschuldige mich bei unserem deutschen Kulturinstitut, daß ich nicht das vielleicht für diesen Ort angemessenere Thema »Hermann Hesse und Frankreich«, sondern das Thema »Hermann Hesse – heute« gewählt habe. In der Tat wäre nämlich bei Thema »Hesse und Frankreich« eine neue Saite anzuschlagen. Es wäre zumal der Irrtum von Ernst Robert Curtius, diesem großen Vermittler zwischen dem französischen und deutschen Geist zu berichtigen; in dem Essay »Hermann Hesse«, den Ernst Robert Curtius in seinen »Kritischen Essays zur europäischen Literatur« veröffentlichte, stehen neben manchen sachlichen Fehlern die heute so leicht widerlegbaren Sätze: »Aber von den Werken der großen Altersgenossen ist Hesse nie berührt worden. Das lebendige Europa des 20. Jahrhunderts hat er gemieden. Frankreich hat ihm nichts gegeben« (S. 216). Dem Thema »Hesse und Frankreich« ist bisher nur eine einzige Arbeit gewidmet, eine Abhandlung von Maurice Colleville, – wenn wir von Detailarbeiten, etwa von M. Pierre Grappins »Romain Rolland et Hermann Hesse«, und von einigen Äußerungen Schlumbergers und vier Erwähnungen in Robert Minders Buch »Dichter und Gesellschaft« absehen. Doch auch Colleville, der die Beziehungen Hesse–Gide und Hesse–Rolland untersucht, kommt zum Resultat, daß von »direkten Beziehungen nicht die Rede sein kann«. Nun, was sind bei einem Dichter direkte Beziehungen? Gewiß, Hesse hat nie französischen Boden betreten. Die französische Sprache hat er in der Gymnasialschule gelernt. Er hatte wenig persönlichen Kontakt mit französischen Kollegen gehabt, weil er zwar Französisch lesen und schreiben, jedoch nicht gut sprechen konnte. Er las französische Literatur auch in der Originalsprache. Und immerhin gibt es von ihm Nachdichtungen von Verlaine-Gedichten (von denen er sagte, es seien die »beseeltesten, zartesten aller französischen Gedichte«). In seinem Nachlaß fand sich die Übertragung einer Fabel von Voltaire. Einer seiner ersten Leseeindrücke war Baudelaire. Er selbst hat mir einmal in Montagnola aus Baudelaires »Mon cœur mis à nu« die Zeilen zitiert:

> »Qu'est-ce que l'homme supérieur? Ce n'est pas le spécialiste. C'est l'homme de loisir et d'éducation générale. Etre riche et aimer le travail.«

Und eines der letzten Bücher, die er noch kurz vor seinem Tode las, war der Briefwechsel Gide–Claudel, den er in einem seiner letzten Briefe als einen »Dialog zwischen einem Singvogel und einer Lokomotive« bezeichnete. Curtius muß Hesses großer Essay von 1929 »Eine Bibliothek der Weltliteratur« entgangen sein – er erwähnt ihn auch nicht –, denn sonst hätte er nicht urteilen können, Frankreich habe Hesse nichts gegeben. In diesem Essay gibt Hesse eine Anleitung zur Errichtung einer Bibliothek. Von allen außerdeutschen Literaturen nimmt darin die französische Literatur den größten Raum ein. Mit Villon beginnt Hesse, und dann stellt er mit klaren, treffenden Begründungen »das Unentbehrliche« der französischen Literatur in seine Bibliothek ein: Montaigne, Rabelais, Corneille, Racine, Molière, Lafontaine, Fénelon, Voltaire, Diderot, Rousseau, LeSage, Abbé Prévost, Stendhal, Baudelaire, Balzac und immer wieder Balzac (über den er 1925 schreibt: »Mit wahrem Vergnügen atmete ich nach Jahren wieder diese heftige (balzacsche) Luft, wo es so warm nach Paris, nach Geld, nach Frauen riecht«), und weiter reiht er seiner Bibliothek ein: Zola, Flaubert, Merimée, Verlaine, Rimbaud.

Weder E.R. Curtius noch Maurice Colleville konnten freilich die Rezensionen Hesses kennen, die jetzt erst gesammelt und in Auswahl ediert wurden. Und hier ergibt sich Überraschendes. Wieder nehmen die Rezensionen französischer Bücher von allen nichtdeutschen Literaturen den größten Raum ein. Und hier läßt sich Hesse von den »Werken der großen Altersgenossen« berühren, von Bergson, Léon Bloy, Claudel, Bernanos, Georges Duhamel, Maurice Maeterlinck, Charles Péguy, Valery Larbaud, Paul Valéry, Camus und immer wieder von Romain Rolland und André Gide. Große Bedeutung hatte Marcel Proust für Hesse; Hesse und Rilke waren die ersten deutschen Literaten, die im deutschen Sprachbereich auf das Werk Prousts ständig verwiesen. Hesse gewinnt aus der Berührung mit der großen französischen Literatur ästhetische Maßstäbe, die ihm für die eigene Arbeit wichtig sind und die er aus der deutschen Literatur nicht gewinnen kann. Er erkennt das politische Engagement des französischen Schriftstellers. Immer wieder weist er auf Voltaire hin, um ihn aus der »Puderwolke und Literaturgeschichte« heraustreten zu lassen. Voltaire wird zu einer wichtigen Entdeckung für Hesse. Voltaire – und ich zitiere Hesse – »ist aus der Gesinnung, aus dem Politischen heraus zum Dichter geworden«; Hesse rühmt an ihm, dem Revolutionär und Empörer, daß er nicht zugunsten neuer Ideen die alten Formen zerschlagen, »sondern sie mit neuem Geist erfüllt und zur Vollendung gebracht hat«. Wie viel hat André Gide Hesse gegeben, seine Probleme seien auch die seinen, und wie sehr bewunderte er die von Gide erreichte Freiheit von Dogmen und Freiheit von Gemeinschaften, und er sieht auch Gides wie seine eigene Suche nach einem Ersatz für die verlorene Geborgenheit, eine Suche »nach Vorbildern und Normen, welche die allzu gefährdete Losgebundenheit des Individuums korrigieren und heilen könnten«. Wie konsequent und unbeeinträchtigt sein Urteil war, das zeigt die letzte Rezension eines französischen Buches, Saint Exupérys »Nachtflug«, über das er mitten im Kriege,

1942, schrieb: »Ein schönes und ernstes Buch, und doch lehne ich es ab, aus umgekehrten Gründen wie André Gide es lobt. Das schöne Buch verteidigt, ja vergöttert den Mann, der eisern genug ist, Nacht für Nacht junge Menschen in Lebensgefahr zu hetzen, im Dienst einer Gesellschaft, einer Geldverdienemaschine, höchstens noch im Dienste einer primitiven Gottheit, genannt etwa ›Technik‹ oder ›Fortschritt‹. Ich lehne diese Gottheiten ab ... ich lehne diesen Zauber ab, heute wie einst.«

Eine neue, gründlichere Untersuchung des Themas »Hesse und Frankreich«, die auch auf das umfangreiche Briefwerk zurückgreifen könnte, das in Kürze ediert wird, könnte vielleicht zeigen, daß Hesses Wendung vom Nationalen weg zum Europäischen sich sicherlich nicht ohne die Berührung mit der französischen Literatur vollzogen hat. Nirgendwo taucht so oft die Idee des Europäischen bei Hesse auf als in der Auseinandersetzung mit französischer Literatur; zwischen ihm und Rolland wurde eine »union de l'esprit européen« diskutiert, die, so meint Hesse, »in Bälde mächtig wachsen wird«. Man braucht sich, um zur französischen Literatur zu finden, nur mit der eigenen heutigen deutschen zu beschäftigen. »Es scheint« – schrieb Hesse – »auch als Reaktion auf die Formlosigkeit und menschliche Dürftigkeit unseres heutigen Schrifttums ein neues Verhältnis zur französischen Prosa des 18. Jahrhundert erwacht zu sein.« In derselben Arbeit rühmt er Diderot als den Vorläufer des Europäers, den »aufrechten, kritischen, mißtrauischen, aber tapferen und gutwilligen« Intellektuellen.

Das, meine Damen und Herren, wären einige Anmerkungen zu dem neu aufzunehmenden Thema »Hesse und Frankreich« und zur endgültigen Klärung der Frage, was Frankreich ihm gab, doch nun wenden wir uns dem Thema zu, zu dem das Haus heute Sie und mich gebeten hat.

2 Für mich ist dies eine meiner eigentümlichsten Erfahrungen. Kurt Wolff schätzte Werk und Person Hesses außerordentlich. Zweimal, einmal in New York, noch in seinem Büro von Pantheon Books, dann in einem Pariser Hotel sprachen wir über die Situation Hesses in den USA, die uns beiden unwürdig schien. Doch Kurt Wolff, der Verleger, den ich verehrte und der wie kein anderer deutscher literarischer Verleger Erfahrungen auf dem amerikanischen Buchmarkt gesammelt und sich zu eigen gemacht hatte, belehrte mich über die Unübersetzbarkeit eines Teils deutscher Dichtung. Jede Litera-

tur, die aus der romantischen Tradition herrühre, könne nicht ins Englische beziehungsweise Amerikanische dieser Tage übersetzt werden. »Stellen Sie sich vor, wie Mörikes Zeile ›Gelassen stieg die Nacht ans Land‹ im Englischen lauten würde.« Für ihn war aus diesen Gründen Hesse unübersetzbar. Damals konnte man wirklich noch nicht sehen, daß sich in eben diesen Jahren die Technik des Übersetzens in den USA wesentlich verbesserte und daß damals, nachdem der Schock über gewisse deutsche Vorgänge nachließ, das Interesse an der deutschen Sprache und am Deutschen allgemein sich wieder belebte und daß damit Voraussetzungen für eine neue Rezeption deutscher Literatur geschaffen wurden.

3 W. Sedelnik, »Spiel und Leben. Eine Betrachtung über Josef Knechts Leben und Tod«, enthalten in »Materialien zu Hermann Hesse ›Das Glasperlenspiel‹. Zweiter Band. Texte über das ›Glasperlenspiel‹. Herausgegeben von Volker Michels«, Frankfurt 1974, S. 239 ff. Auf die beiden von Volker Michels edierten Materialienbände, die eine Fülle neuer Dokumente zur Entstehungs- und Wirkungsgeschichte bieten, sei besonders hingewiesen.

4 1. Zitat: Hermann Hesse, Brief »An einen Studenten in Potsdam«, Mitte Februar 1933.
2. Zitat: Aus den »Worten des Vorsitzenden Mao Tse-tung«, mitgeteilt von Olof Lagercrantz, »China-Report«, st 8, S. 106.

5 Hermann Hesse schrieb Anfang März 1933 als Antwort an Freunde auf Anfragen, »Warum ich mich nicht auf die Seite der Kommunisten stelle«, das Gedicht *Absage*. Er vermerkte dazu: »In dieser Form nicht brauchbar, nur einigen Freunden mitgeteilt.«

Absage

Lieber von den Faschisten erschlagen werden
Als selbst Faschist sein!
Lieber von den Kommunisten erschlagen werden
Als selbst Kommunist sein!
Wir haben den Krieg nicht vergessen. Wir wissen,
Wie das berauscht, wenn man Trommel und Pauke rührt.
Wir sind taub, wir werden nicht mitgerissen,
Wenn ihr das Volk mit dem alten Rauschgift verführt.
Wir sind weder Soldaten noch Weltverbesserer mehr,

Wir glauben nicht, daß ›an unserem Wesen
Die Welt müsse genesen‹.
Wir sind arm, wir haben Schiffbruch gelitten,
Wir glauben alle die hübschen Phrasen nicht mehr,
Mit denen man uns in den Krieg gepeitscht und geritten.–
Auch die Euren, rote Brüder, sind Zauber und führen zu Krieg und Gas!
Auch Eure Führer sind Generäle,
Kommandieren, schreien und organisieren.
Wir aber, wir hassen das,
Wir trinken den Fusel nicht mehr,
Wir wollen Herz und Vernunft nicht verlieren,
Nicht unter roten noch weißen Fahnen marschieren.
Lieber wollen wir einsam als ›Träumer‹ verderben
Oder unter Euren blutigen Bruderhänden sterben,
Als irgend ein Partei- und Machtglück genießen
Und im Namen der Menschheit auf unsre Brüder schießen!

6 Roger Garaudy hat diesen Vortrag 1971 in der Berliner Akademie der Künste gehalten. Das Zitat ist eine Nachschrift.
Noch in einem anderen Zusammenhang kann ein Gedanke von Roger Garaudy mit einem von Hermann Hesse verbunden werden. In einem Text »Statt eines Nachwortes zu ›D'un Réalisme sans Rivages‹, in: Marxismus und Literatur, herausgegeben von Fritz J. Raddatz, Hamburg 1969, Bd. II, S. 227, schreibt Garaudy: »Denn die Wirklichkeit ist, wenn sie den Menschen einschließt, nicht nur das, was sie ist, sondern auch alles, was ihr fehlt, alles, was sie noch werden muß . . .« Dieser Ausdruck des utopischen Charakters von Literatur findet eine interessante Entsprechung in dem Motto, das Hermann Hesse dem *Glasperlenspiel* vorangestellt hat. Es wird dort Albertus Secundus zugeschrieben, stammt aber von Hesse selbst: ». . . denn mögen auch in gewisser Hinsicht und für leichtfertige Menschen die nicht existierenden Dinge leichter und verantwortungsloser durch Worte darzustellen sein als die seienden, so ist es doch für den frommen und gewissenhaften Geschichtsschreiber gerade umgekehrt: nichts entzieht sich der Darstellung durch Worte so sehr und nichts ist doch notwendiger, den Menschen vor Augen zu stellen, als gewisse Dinge, deren Existenz weder beweisbar noch wahrscheinlich ist, welche aber eben dadurch, daß fromme und gewissenhafte Menschen sie gewissermaßen als seiende Dinge behandeln, dem Sein und der Möglichkeit des Geborenwerdens um einen Schritt näher geführt werden.«

Alle Zitate der Werke Hesses sind der Werkausgabe oder den vorliegenden Briefausgaben entnommen. Quellenangaben im Text sind nur dann erfolgt, wenn Texte nicht in Buchform erschienen sind.

Quellennachweis

»Hermann Hesse ›Das Glasperlenspiel‹. Eine Besprechung«. Tübinger Studentische Blätter, Dezember 1948.

»Hermann Hesses Anschauung vom Beruf des Dichters«. Inaugural-Dissertation zur Erlangung des Doktorgrades einer hohen Philosophischen Fakultät der Universität zu Tübingen. Vorgelegt von Siegfried Unseld aus Ulm. Manuskript, Tübingen 1951.

»Zur Genesis des ›Glasperlenspiels‹«. Enthalten in: »Hermann Hesse, eine Werkgeschichte« von Siegfried Unseld, suhrkamp taschenbuch, Band 143, Frankfurt 1973, S. 173 ff.

»Nachruf auf Ninon Hesse«, veröffentlicht in: Frankfurter Allgemeine Zeitung vom 7. 10. 1966 und Neue Zürcher Zeitung vom 10. 10. 1966.

»Zu den Briefen Hermann Hesses«. Schwäbische Donau-Zeitung vom 21. 7. 1951.

»Zu Hermann Hesses 75. Geburtstag«. Schwäbische Donau-Zeitung vom 2. 7. 1952.

»Hermann Hesse als Erzieher«. Enthalten in: »Offene Welt«, Zeitschrift für Wirtschaft, Politik und Bildung, Frankfurt, Oktober 1956.

»Hesses Glaube«. Nachwort zu: Hermann Hesse, »Mein Glaube, eine Dokumentation«. Auswahl und Nachwort von Siegfried Unseld. Bibliothek Suhrkamp, Band 300, Frankfurt 1971, S. 144 ff.

Biographisches. Enthalten in: Hermann Hesse, »Eigensinn. Autobiographische Schriften«. Auswahl und Nachwort Siegfried Unseld, Bibliothek Suhrkamp, Band 353, Frankfurt 1972.

Politisches. Enthalten in: »Der Friede und die Unruhestifter. Herausforderung deutschsprachiger Schriftsteller im 20. Jahrhundert«. Herausgegeben von Hans Jürgen Schultz, suhrkamp taschenbuch, Band 145, Frankfurt 1973, S. 55 ff.

Hermann Hesse
in den suhrkamp taschenbüchern

Lektüre für Minuten. Gedanken aus seinen Büchern und Briefen. Ausgewählt von Volker Michels. Band 7, 240 S., 85. Tsd. 1973

Unterm Rad. Erzählung. Band 52, 420 S., 65. Tsd. 1973

Materialien zu Hermann Hesse, »Der Steppenwolf«. Herausgegeben von Volker Michels. Band 53, 380 S., 30. Tsd. 1973

Das Glasperlenspiel. Band 79, 618 S., 65. Tsd. 1973

Materialien zu Hermann Hesse, »Das Glasperlenspiel«, Teil I: Texte von Hermann Hesse. Herausgegeben von Volker Michels. Band 80, 390 S., 20. Tsd. 1973

Die Kunst des Müßiggangs. Kurzprosa aus dem Nachlaß. Herausgegeben von Volker Michels. Band 100, 378 S., 20. Tsd. 1973

Materialien zu Hermann Hesse, »Das Glasperlenspiel«, Teil II: Texte über das Glasperlenspiel. Herausgegeben von Volker Michels. Band 108, 378 S.

Klein und Wagner. Erzählung. Band 116, 112 S., 20. Tsd. 1973

Peter Camenzind. Erzählung. Band 161, 164 S.

Der Steppenwolf. Band 175, 120 S.

Siddhartha. Eine indische Dichtung. Band 182, 237 S.

Demian. Die Geschichte von Emil Sinclairs Jugend. Band 206, 266 S.

Ausgewählte Briefe. Band 211, 576 S.

Hermann Hesse
in der Bibliothek Suhrkamp

Die Morgenlandfahrt
Erzählung. Band 1, 124 S., 95. Tsd. 1973

Narziß und Goldmund
Erzählung. Band 65, 320 S., 75. Tsd. 1973

Knulp
Drei Geschichten aus dem Leben Knulps
Band 75, 128 S., 71. Tsd. 1973

Demian
Die Geschichte von Emil Sinclairs Jugend
Band 95, 214 S., 209. Tsd. 1972

Der vierte Lebenslauf Josef Knechts
Zwei Fassungen. Band 181, 164 S., 17. Tsd. 1973

Der Steppenwolf
Roman
Band 226, 240 S., 211. Tsd. 1973

Siddhartha
Eine indische Dichtung
Band 227, 136 S., 130. Tsd. 1973

Politische Betrachtungen
Band 244, 168 S., 12. Tsd. 1973

Mein Glaube
Betrachtungen. Band 300, 152 S., 20. Tsd. 1972

Kurgast
Mit den ›Aufzeichnungen von einer Badener Kur‹
Band 329, 136 S., 13. Tsd. 1972

Stufen
Ausgewählte Gedichte. Band 342, 248 S., 15. Tsd. 1973

Eigensinn
Autobiographische Schriften. Band 353, 256 S., 12. Tsd. 1972

Glück
Späte Prosa: Betrachtungen
Band 344, 143 S., 12. Tsd. 1973

Iris
Ausgewählte Märchen
Band 369, 170 S., 1973

Gesammelte Schriften in Einzelausgaben

Beschwörungen; Bilderbuch; Briefe; Das Glasperlenspiel; Der Steppenwolf; Diesseits; Erzählungen; Kleine Welt; Fabulierbuch; Frühe Prosa; Gedenkblätter; Gertrud; Knulp; Krieg und Frieden; Kurgast; Die Nürnberger Reise; Märchen; Narziß und Goldmund; Peter Camenzind; Prosa aus dem Nachlaß; Roßhalde; Schriften zur Literatur; Siddhartha; Traumfährte; Unterm Rad.

Briefe

Kindheit und Jugend vor Neunzehnhundert. Hermann Hesse in Briefen und Lebenszeugnissen 1877–1894; herausgegeben von Ninon Hesse

Hermann Hesse, Gesammelte Briefe, 1895–1921. Unter Mitwirkung von Heiner Hesse; herausgegeben von Ursula und Volker Michels

Briefe. 2. erweiterte Ausgabe

Hermann Hesse – Thomas Mann. Briefwechsel; herausgegeben von Anni Carlsson

Hermann Hesse – Peter Suhrkamp. Briefwechsel 1945–1959; herausgegeben von Siegfried Unseld

Über Hermann Hesse

Dank an Hermann Hesse. Reden und Aufsätze

Hermann Hesse – Eine Chronik in Bildern; herausgegeben von Bernhard Zeller

Hugo Ball: Hermann Hesse. Sein Leben und sein Werk

Emmy Ball-Hennings: Briefe an Hermann Hesse

Adrian Hsia: Hermann Hesse und China

Siegfried Unseld: Hermann Hesse, eine Werkgeschichte

Sonderausgaben

Hermann Hesse, Die Erzählungen

Hermann Hesse, Weg nach Innen

Hermann Hesse, Schriften zur Literatur, 2 Bde.

insel taschenbuch

Herman Hesse, Leben und Werk im Bild. Von Volker Michels

Herman Hesse, Kindheit des Zauberers. Ein autobiographisches Märchen. Illustriert und mit einer Nachbemerkung von Peter Weiss.

Hermann Hesse
Die Erzählungen

Sonderausgabe in zwei Bänden. Herausgegeben von Volker Michels. 1020 Seiten
Erstmals gesammelt und um 12 unbekannte Erzählungen aus dem Nachlaß ergänzt.

Die Erzählungen Hermann Hesses, hier erstmals zusammengefaßt und in chronologischer Folge geordnet, bekräftigen sinnfällig die Feststellung Thomas Manns: »Deutscheres gibt es nicht als diesen Dichter und das Werk seines Lebens – nichts, das deutscher wäre im alten, frohen, freien und geistigen Sinn, dem der deutsche Name seinen besten Ruhm, dem er die Sympathie der Menschheit verdankt.« Zwar waren Hesses große Erzählungen, *Knulp, Der Steppenwolf, Narziß und Goldmund, Die Morgenlandfahrt,* von jeher bekannt und beachtet, doch die zahlreichen, nicht als Einzelausgaben erschienenen kürzeren Erzählungen sind unbekannter geblieben. In Sammelbänden verstreut, waren sie schwerer zugänglich und nicht als Gesamtheit überschaubar.
Die ersten dieser in fünf Jahrzehnten entstandenen Erzählungen stammen aus dem Jahre 1903, die letzte wurde 1953 geschrieben. Sie zeigen den Weg und die Entwicklungen eines Epikers, dessen wohltuend unheldische Helden vor alltäglich-unscheinbarem Hintergrund in immer neuen Brechungen die ganze Vielfalt menschlicher Psyche und Verhaltensweisen spiegeln. Nicht unerhörte Begebenheiten, sondern das Unerhörte der alltäglichen Begebenheiten kommt hier zu Wort. Denn so vertraut die Schauplätze anmuten, die Konflikte, die dort ausgetragen und festgehalten werden, wachsen weit über das Lokale hinaus. Der Mikrokosmos des scheinbar Provinziellen und Individuellen verweist vom Detail auf das Ganze. Dabei bedeutet die Lektüre dieser Erzählungen nicht Arbeit, sondern Regeneration. »Denn Hesse kann«, schrieb Kurt Tucholsky, »was nur wenige können. Er kann einen Sommerabend und ein erfrischendes Schwimmbad und die schlaffe Müdigkeit nach körperlicher Anstrengung nicht nur schildern – das wäre nicht schwer. Aber er kann machen, daß uns heiß und kühl und müde ums Herz ist.«

st 157 Carl-Wolfgang Sames, Die Zukunft der Metalle
Mit 75 Abbildungen und Tabellen
320 Seiten
Die hochentwickelten Industriestaaten verarbeiten und verbrauchen heute schon den größten Teil aller produzierten Metalle, und das explosionsartige Anwachsen der Weltbevölkerung und das legitime Streben aller Völker nach einem Lebensstandard, wie ihn die Industriestaaten vorleben, werden einen ungeheuren Anstieg des Metallbedarfs bis zum Jahre 2000 bewirken. Die Folge: ein beispielloser Run auf die Lagerstätten. Welche Gefahren drohen?

st 158 Arthur Koestler, Der Yogi und der Kommissar
Auseinandersetzungen
Aus dem Englischen übertragen von Friedrich Klumpp
288 Seiten
Mit seinem weltberühmten Roman *Sonnenfinsternis* entlarvte Koestler den Mechanismus der Stalinschen Kommunistenverfolgung. In seinem Essayband *Der Yogi und der Kommissar* geht es ihm um die Synthese des Heiligen und des Revolutionärs. Beide repräsentierten extrem entgegengesetzte Einstellungen, Verhaltensweisen gegenüber der Welt. Die Suche nach dieser Synthese ist für Arthur Koestler nach einer bewegten politischen Vergan-

genheit die Richtschnur für seine Auseinandersetzung mit der Zeit.

st 159 Martin Walser, Das Einhorn. Roman
400 Seiten
»*Das Einhorn* ist ein köstliches Werk, das zu denken gibt, aus dem man immer noch schöpft, über dem man ins Träumen gerät. Minuziös, unermüdlich, hartnäckig legt es Schichten frei, von denen das menschliche Gewissen nichts wußte. ... Sein Vorhaben ist umfassender: es ist ein Infragestellen des kulturellen Verbrauchs in einem Wohlstandsland, in einer Hemisphäre, die mit Produkten und Abfallprodukten einer billigen und weit verbreiteten sozialen Ethik überfüllt ist. Es ist aber auch eine Suche mit Nuancen von Wärme und Zärtlichkeit, eine Suche im Innersten des Menschen, denn der Autor schneidet nicht ins bloße Fleisch.« *Rémi Laureillard*

st 161 Hermann Hesse, Peter Camenzind
Erzählung
160 Seiten
Hesses erste, 1902/03 geschriebene Erzählung *Peter Camenzind* machte ihren Autor mit einem Schlag berühmt. Dieser in unmittelbarer Nachfolge von Gottfried Kellers *Der grüne Heinrich* stehende »Erziehungsroman« hat mit seinen erfrischenden, allem Pathetischen abholden Naturschilderungen bis heute nichts an Charme, Farbe und Frische verloren.

st 162 Theodore Lidz, Das menschliche Leben
Die Entwicklung der Persönlichkeit im Lebenszyklus
Aus dem Amerikanischen von Ludwig Haesler
2 Bände. Band 1 432 Seiten, Band 2 384 Seiten
Dieses Buch von Theodore Lidz stellt in gemeinverständlicher, aber nicht simplifizierender Form dar, was psychoanalytisch orientierte Anthropologie und Ich-Psychologie in den letzten Jahrzehnten von Freud über Sullivan, Erikson und Piaget bis zu Lidz selbst ermittelt haben über die Entwicklung der Persönlichkeit, über den spezifischen Lebenszyklus, den man von der Geburt bis zum Tode durchläuft, über die Bedingungen seelischer Gesundheit und Störung.

st 163 Ödön von Horváth, Sladek oder Die schwarze Armee
Historie in drei Akten (11 Bildern)
Herausgegeben mit einer Dokumentation und einem Nachwort von Dieter Hildebrandt
144 Seiten
In seinem Sladek-Stück behandelt Horváth eines der düstersten Kapitel der Weimarer Republik, die mörderischen Methoden der Schwarzen Reichswehr, einer militärischen Untergrundorganisation, die viel zur Abwirtschaftung des jungen Staates beitrug.

st 165 Abram Kardiner, Edward Preble, Wegbereiter der modernen Anthropologie
Aus dem Amerikanischen von Ursula Bahn
304 Seiten
Als Wegbereiter der modernen Anthropologie werden Charles Darwin, Herbert Spencer, Edward Tylor, James Frazer, Emile Durkheim, Franz Boas, Bronisław Malinowski, Alfred Kroeber, Ruth Benedict und in einem größeren Sonderkapitel Sigmund Freud vorgestellt. Das Buch setzt keine Spezialkenntnisse voraus und bietet einen ausgezeichneten Zugang zu den Voraussetzungen der heutigen Diskussion der Wissenschaft, die uns am unmittelbarsten betrifft – der modernen Anthropologie.

st 167 Psychoanalyse und Justiz
Theodor Reik, Geständniszwang und Strafbedürfnis (1925)
Franz Alexander und Hugo Staub, Der Verbrecher und sein Richter (1929)
Mit einer Einleitung herausgegeben von Tilmann Moser
448 Seiten
Was in diesen beiden klassischen Texten der Psychoanalyse, in den zwanziger Jahren entstanden und dann verbannt, über die psychischen Mechanismen gesagt wird, die zwischen der Gesellschaft und ihren straffällig gewordenen Mitgliedern wirken und sich in der Institution Justiz selbstgerecht verfestigt haben, gewinnt heute, da diese Institution von außen und selbst schon von innen her in Frage gestellt zu werden beginnt, eine neue Bedeutung und Sinnfälligkeit.

st 168 Peter Handke, Die Unvernünftigen sterben aus
112 Seiten
Peter Handkes neues Stück ist eine Studie über Unter-

nehmer. Über die Automatismen ihrer Sprache und ihrer Gesten, über ihre Macht und ein Stück über die Funktionsmechanismen der Marktwirtschaft und das nahezu perfekte Rollenspiel derer, die sie steuern. Ein Stück über die Fremdbestimmtheit auch der Herrschenden.

st 169 Uwe Johnson, Das dritte Buch über Achim
Roman
304 Seiten
Der Journalist Karsch fährt durch die DDR, um den Lebenslauf des gefeierten Radsportlers Achim T. zu beschreiben. Was die Beschreibung des wahren Lebensbildes des Rennfahrers Achim T. unmöglich macht, ist nichts anderes als die Grenze selbst, die Ost und West trennt. »Herr Johnson, dessen Prosa Schlagworte, Umgangssprache, Schlageridiom und Jargon aller Arten frei ausbeutet, hat einen großen ironischen Roman über ein eigentlich tragisches Thema geschrieben.«
The Times Literary Supplement

st 170 Gerd Hortleder, Die Faszination des Fußballspiels
Soziologische Anmerkungen zum Sport als Freizeit und Beruf
176 Seiten
Die Begeisterung für den Fußballsport spiegelt den Wunsch einer Gesellschaft nach Irrationalem wider oder den nach Mythen, was nicht unbedingt das gleiche ist. Die Sehnsucht nach einem spannenden und schönen Fußballspiel ist, gemessen an dem, was in dieser Gesellschaft besser sein könnte, ein überflüssiger Traum. Vielleicht gehört es zu jenem Überflüssigen, von dem Ortega gesagt hat, es allein sei notwendig für den Menschen.

st 172 Peter Handke, Der kurze Brief zum langen Abschied. Roman
208 Seiten
Ein junger Österreicher reist quer durch die USA, auf der Flucht vor und zugleich auf der Suche nach seiner Frau Judith. Er trifft Claire, nimmt, im Anschluß an eine Aufführung von Schillers *Don Carlos*, an einem Gespräch über das Verhältnis von Bühne und Wirklich-

keit teil, erlebt seinen Bruder in seiner naiven Verbundenheit mit der Kindheit und redet mit John Ford über Natur und Geschichte. Dieses Buch ist ein zeitgenössischer Entwicklungsroman, die abenteuerliche Geschichte einer Trennung und spannend wie ein Kriminalroman.

st 173 Ulrich Plenzdorf, Die Legende von Paul & Paula
Filmerzählung
Mit 34 Abbildungen
96 Seiten
Ulrich Plenzdorf, dessen Buch *Die neuen Leiden des jungen W.* wie kein anderes in Ost und West Furore machte, ist auch Autor des Drehbuchs zum Film *Die Legende von Paul & Paula,* dem diese »Filmerzählung« zugrunde liegt. »Kein DEFA-Film hatte je so viel Erfolg wie dieser.« *(FAZ)*

st 174 Materialien zu Rainer Maria Rilke ›Aufzeichnungen des Malte Laurids Brigge‹
Herausgegeben von Hartmut Engelhardt
352 Seiten
Dienen die Interpretationstexte dazu, Geschichte als Geschichte dieses einen Werks und der mit ihm beschäftigten Wissenschaft zu zeigen, so erlaubt die Auswahl von Parallelstellen zu dem Buch aus den Briefen wie die charakteristischer Selbstdeutungen Rilkes einen Einblick in die künstlerische Arbeit und deren nicht unbedingt authentische Selbstdarstellung durch den Dichter.

st 175 Hermann Hesse, Der Steppenwolf. Erzählung
256 Seiten
Der erstmals 1927 erschienene Roman *Der Steppenwolf* ist dasjenige Buch Hesses, das die internationale Renaissance seines Autors ausgelöst hat und ihn zum meistgelesenen europäischen Schriftsteller in den USA werden ließ. Thomas Mann sagte vom *Steppenwolf*, daß das Buch an experimenteller Gewagtheit dem *Ulysses* von James Joyce nicht nachstehe.

st 176 Walter Benjamin, Der Stratege im Literaturkampf
Zur Literaturwissenschaft
Herausgegeben von Hella Tiedemann-Bartels
160 Seiten

Die Auswahl aus dem dritten Band der *Gesammelten Schriften* Walter Benjamins enthält Kritiken und Rezensionen, die Benjamin in den zwanziger und dreißiger Jahren zu Neuerscheinungen auf dem Gebiet der Literaturgeschichte und Literaturkritik publizierte. Die Sammlung will nicht so sehr als historische Darstellung der Literaturwissenschaft im Medium ihrer Kritik durch Benjamin Interesse beanspruchen; sie möchte vielmehr der Erforschung dessen dienen, was Benjamin aus der ›abscheulichen Öde‹ des Wissenschaftsbetriebs herauszuführen suchte.

st 177 Theodor W. Adorno, Versuch über Wagner
160 Seiten
Da Wagner nicht nur absolute künstlerische Größe zugeschrieben wurde, sondern auch eine fatale weltanschauliche Führerrolle, hat das Gerede um ihn die wahre und gerechte Aufdeckung des eigentlichen Sachverhalts verhindert. Mit dem *Versuch über Wagner* unternimmt Adorno die heute fällige Revision des »Falles Wagner«. Die Methode dieses Versuchs stellt insofern ein Neues dar, als Adorno sich nicht an die herkömmliche Trennung der Disziplinen: Ästhetik, Geschichtsphilosophie, Musiktheorie und kritische Analyse hält, sondern Elemente aus ihnen allen in wahrhaft philosophischem Geiste zu einer einheitlichen Gesamtkonzeption zusammentreten läßt.

st 179 Dolf Sternberger, Panorama oder Ansichten vom 19. Jahrhundert
Mit einem Vorwort
256 Seiten
Das Panorama war das charakteristische Erzeugnis einer Zeit, die ihre eigene Geschichte zum imposanten Rundbild täuschend zusammenfaßte. So heterogene Errungenschaften wie Eisenbahn und Gasanstalt, Sinnesphysiologie und materialistische Philosophie, Sklavenbefreiung und Genrekunst, Gesellschaftsreisen und Innendekoration fügen sich in Sternbergers zitierender Deutung zu einem durchgängigen Schriftbild. Bedeutende und unbedeutende Geister treten auf: Hermann Helmholtz und Anton von Werner, Richard Wagner und Hans Makart, Friedrich

Nietzsche und Eugenie Marlitt. Das zentrale Kapitel analysiert die Entwicklungslehre Darwins. Sternbergers Thesen und Einsichten schärfen den Blick für die Illusionen unserer eigenen Tage.

st 181 Arthur Koestler, Die Wurzeln des Zufalls
Einzig berechtigte Übertragung aus dem Englischen von Irmgard Schoppmeier unter Mitwirkung von Hans-Joachim Grünzig
176 Seiten
Koestlers ideenreiche Untersuchung über das alltägliche und doch höchst ungewöhnliche Phänomen Zufall führt einen kühnen Schritt voran in faszinierendes Neuland. Während die Erforschung der außersinnlichen Wahrnehmungen als gleichberechtigte wissenschaftliche Disziplin anerkannt wird, hat die nüchterne theoretische Physik gewissermaßen bisher als unumstößlich geltende Naturgesetze widerlegt. Begriffe wie Zeit, Raum, Ursache und Wirkung haben ihre herkömmliche Bedeutung verloren.

st 182 Hermann Hesse, Siddhartha. Eine indische Dichtung
128 Seiten
Diese Legende von der Selbstbefreiung eines jungen Menschen aus den familiären und gesellschaftlichen Konventionen zu einem eigenständigen Leben variiert die Erkenntnis, daß Bewußtsein nicht überlieferbar ist durch Lehren, sondern nur durch eigene Erfahrung erworben werden kann. In dieser Dichtung suchte Hesse zu ergründen, »was allen Konfessionen und allen menschlichen Formen der Frömmigkeit gemeinsam ist, was über allen nationalen Verschiedenheiten steht, was von jeder Rasse und von jedem Einzelnen geglaubt werden kann«.

st 183 H. H. Stuckenschmidt, Schöpfer der neuen Musik
Porträts und Studien
320 Seiten
Stuckenschmidt selbst gehört in gewissem Sinne zu den Schöpfern der Neuen Musik. Freilich nicht als Komponist, aber als Kritiker. In Berlin Ende der zwanziger und Anfang der dreißiger Jahre waren es besonders die jungen Kritiker H. H. Stuckenschmidt und Heinrich Strobel, die hier für Schönberg, Strawinsky, Alban Berg,

Hindemith, Béla Bartók usw. eintraten, Aufführungen ihrer Werke durchsetzten und mit ihrer Kritik begleiteten.

st 184 Horst Nachtigall, Völkerkunde. Eine Einführung
Mit zahlreichen Abbildungen
160 Seiten
Auch jene Rückzugsvölker, die abgedrängt am Rande der Zivilisation leben, sind unsere Zeitgenossen. Das Verständnis für diese vergessenen Völker zu wecken, ist Ziel der modernen Völkerkunde. Als wissenschaftliche Disziplin hält sie sich fern von Barbarenverachtung und dem Idealisieren fremder Völker. Dieses Buch holt die Völkerkunde aus ihrem Reservat heraus und beschreibt ihre Gegenwartsaufgaben bis hin zur Entwicklungspolitik.

st 185 Ingeborg Weber-Kellermann, Die deutsche Familie. Versuch einer Sozialgeschichte
Mit zahlreichen Abbildungen
204 Seiten
Der Rückblick auf die Geschichte der Familie macht deutlich, daß im Mittelalter der Hausvater dem ganzen Haus als Planer und Verwalter der Ökonomie vorstand, als Vertreter seines Hausrechts in der Gemeinde, als Gatte und Vater und Gestalter der häuslichen Kultur wie auch als Meister und Wirt. Mit der Trennung von Arbeitsplatz und Wohnstätte im Verlaufe der Industriellen Revolution wandelt sich der Typus der Familie von demjenigen der gemeinsam wirtschaftenden und hausenden Großfamilie zur Kleinfamilie. Erst in der gegenwärtigen Gesellschaft stellt sich wieder die Aufgabe, einen neuen Familientypus ohne vorgeformte Abhängigkeiten zu entwickeln.

st 196 Federico García Lorca, Über Dichtung und Theater
Deutsch von Enrique Beck
144 Seiten
Diese Sammlung entlegener Quellen und Dokumente von und über García Lorca macht deutlich, welch einzigartige dichterische Existenz und menschliche Potenz Spanien und die Welt verlor, als Lorca, 38 Jahre alt, von der Falange erschossen wurde. Aus den zahlreichen Mosaiksteinchen persönlicher Äußerungen entsteht das

Bild eines Menschen, der in Leben, Sprechen und Schreiben Anmut mit Würde vereinte, Heiterkeit des Herzens mit einem wachen sozialen Gewissen. Zur Werkinterpretation, für die Kenntnis von Lorcas poetischen und theatertheoretischen Absichten ist der Band unentbehrlich.

st 201 Bertolt Brecht, Frühe Stücke
224 Seiten.
Baal. Trommeln in der Nacht. Im Dickicht der Städte. Brechts Entwicklung zur großen epischen Dramatik, zum »wissenschaftlichen Theater«, ist erst aus der Kenntnis seiner Jugendwerke, in denen schon wesentliche Themen seiner Welt vorgezeichnet sind, richtig zu verstehen. Alle Stücke »zeigen ohne Bedauern, wie die große Sintflut über die bürgerliche Welt hereinbricht ...« *Bertolt Brecht*

st 203 Hans Werner Riedel, Die Kontrolle des Luftverkehrs. Flugsicherung und Fluglotsen
Mit zahlreichen Abbildungen
208 Seiten
Die Kontrolle des Luftverkehrs, die Flugsicherung, ist ein Detail in der Welt der Technologie. Was sich dort wirklich abspielt, welche Mittel und Leistungen eingesetzt werden, welchen Schwierigkeiten der Fluglotse in einem Mensch-Maschine-System ausgesetzt ist, darauf versucht dieses Taschenbuch eine Antwort zu geben.

st 204 Karl Kraus, Magie der Sprache. Ein Lesebuch
Herausgegeben und mit einem Nachwort
von Heinrich Fischer
368 Seiten
Für dieses Buch, das ein lebendiges Lesebuch und keine akademische Anthologie ist, hat der Herausgeber aus mehr als 30 Büchern und über 900 Nummern der *Fackel* einen Extrakt geschaffen, der die zeitlose Wortgewalt, die polemische Kraft, aber auch das Heitere, Wortspielerische, das Zarte dieses Sprachkünstlers und Dichters vergegenwärtigt.

st 205 Max Frisch, Dienstbüchlein
176 Seiten
Das *Dienstbüchlein* enthält Frischs Erinnerungen an seine Schweizer Militärzeit von 1939 bis 1945. »Ich bin

ungern Soldat gewesen. Immerhin sind Erfahrungen nicht abzugeben mit der Uniform, Erfahrungen mit unserem Land, mit sich selbst.« An diese Erfahrungen erinnert sich Frisch heute, an die Tage in Uniform, an 650 Militärtage ohne Arrest. »Indem ich mich heute erinnere, wie es damals so war, sehe ich es natürlich nach meiner Denkart heute. Ich wundere mich, wieviel man hat erfahren können, ohne es zu sehen.«

st 207 Hartmut von Hentig, Magier oder Magister? Über die Einheit der Wissenschaft im Verständigungsprozeß
256 Seiten
Viel zu lange schon sind für Hartmut von Hentig die Wissenschaftler Magier gewesen, die mit dem Anspruch auftraten, durch ihre wissenschaftliche Praxis die Wahrheit finden zu können, ohne je in der Lage zu sein, Laien diesen Anspruch glaubhaft zu vermitteln, geschweige, sie am Prozeß der Wahrheitsfindung teilhaben zu lassen. Statt dessen sollen die Wissenschaftler nun »Magister« werden, das heißt, sich vordringlich der Erklärung dessen widmen, »was sie herausfinden, warum sie es erforschen, wie man es verwendet und wie man es lernen und weitergeben kann«.

st 238 Dietrich Hofmann (Hrsg.), Schwangerschaftsunterbrechung. Aktuelle Überlegungen zur Reform des § 218
352 Seiten
Dem vorliegenden Band geht es darum, der Vielfalt und der Unterschiedlichkeit der Auffassungen Rechnung zu tragen, welche die Position der verschiedensten Berufe, Kräfte und Gruppierungen unseres Landes kennzeichnen. Der Anspruch auf Sachlichkeit basiert auf der Klarstellung naturwissenschaftlicher, medizinischer Erkenntnisse, der Erkenntnisse eines Juristen, eines Moraltheologen, eines Soziologen und eines Psychiaters.

Alphabetisches Gesamtverzeichnis der suhrkamp taschenbücher